中国历代墨宝

[台湾商务印书馆学术经典]

中国历代思想家 宋明

（二）

主编：
台湾中华文化总会
王寿南

九州出版社
JIUZHOUPRESS
全国百佳图书出版单位

目　录

陈亮

林耀曾　著

目　录

一、生平事迹

陈亮，字同甫，学者称为龙川先生，南宋婺州永康人（今浙江永康市）。历世居住在永康县治陵（相传是陈朝一位皇帝的陵墓）旁边七八里的前黄。他的曾祖父陈知元，在宣和年间，因为隶籍武弁，照例要到京城服役，在一次保卫战中，追随大将刘延庆，在固子门外，壮烈为国牺牲。他的祖父陈益，年少时，很有才气与抱负，但考试屡次不中，要想从军杀敌，也没有如愿，晚年只好以纵情于杯酒自娱。他的父亲陈次尹，却是一个非常敦厚老实的人。陈亮生于宋高宗绍兴十三年（公元一一四三年），刚出生时，目光便炯炯有神，长大以后，才气超迈，喜欢谈议兵事，纵论世局，滔滔不绝，口若悬河。写文章更是工巧便捷，下笔千言。他曾经稽考古人的用兵与成败，写了一篇《酌古论》，提出了许多看法与意见，郡守周葵看到这篇文章，就找他来讨论，大为欣赏与赞誉，待他为上宾。后来周葵调任参政，综理国家的政务，朝中凡是有禀白与请示的，必定叫他们先听听陈亮的意见，于是陈亮更有了与当时豪俊之士结交的机会，尽情地发挥他的议论。隆兴初年，与金人订立和约，一般人都觉得非常高兴，以为从此以后天下可以太平，百姓们都可以安居乐业，唯有陈亮大不以为然，上奏《中兴五论》，强调金人自窃据中原以来，安于逸乐，群逐浮华，日趋怠惰，生活腐化，已经没有当年驰驱沙场，骑射善战的长处，而政令渐弛，萎靡不振，国势大不如前，这是反攻逐敌，收复失土的最好机会。朝廷应该励精图治，内修政事，外练强兵，以达成复仇雪耻，中兴大国的使命与任务。他的建议虽然很好，可是却没有下文。只好回到故乡，闭门苦读，论学著书。十年以后，孝宗淳熙五年（一一七八年），陈亮改名陈同，到京城上书孝宗皇帝，征引史事，博论世局，并提出了几点建设性的建议。大意是：

（1）中国是天地正气的象征，天命所钟，人心所归，衣冠礼乐萃集的上邦，不可以长久偏寓于一方。中原沦入魔掌，同胞们在受着异族的蹂躏，堂堂天下之尊的皇帝——徽钦二圣，却被敌人俘虏，拘禁，这种悲惨的事实，是汉唐盛世从来没有发生过的。南渡以后初期，全国上下都痛心疾首，义愤填膺，誓死杀敌雪耻，自秦桧倡导和议，忠臣义士为之气沮，士大夫们更是贪求眼前的安乐，苟延残喘，忍辱偷生，忘记了君父的大仇。

（2）和议一成，虽然可以得到眼前的安乐，暂时的休息，但也因此导致人心的怠惰，松懈了平时的戒备。须知军队的精锐，要靠平时不断的战斗和训练，战略的运用，要靠不断的考验与应付，资财的给养，也要多方的调度与策划，不是安坐空谈就能做到的。强敌在境，随时来犯，朝野上下，必定敬慎戒惧，一心一德，枕戈待旦，发愤图强，这是国家之福，不是国家之祸。如今与金人订立和约，互不侵犯，遂以为天下无事，粉饰太平，废弃兵威，涣散人心，那么就事不可为，而祸至无日了。

（3）本朝立国之初，有鉴于以前的藩镇拥兵自雄，割据土地，称霸一方，恣睢跋扈，不受节制，以致皇帝有名无实，天下之祸乱不已。太祖皇帝于是立法创制，把所有的军政大权，收归中央，各地方的官吏，由中央政府任命，资财亦由中央政府调度，郡县不得自专。修文偃武，遵法循制，一切政务的处置，人才的选用，各有规矩准绳，不得逾越，按部就班，层次分明。不求度外的奇才，不慕绝世的隽功。这样虽然可以使天下承平了二百余年，但因不重兵威，军事力量的薄弱，国防的空虚，遂导致契丹南侵之祸。若不是澶渊一战，侥幸得胜，则中国早就难以立足于天下了。庆历以后诸臣，也知道事势如此，要想改法易令，可惜的是都不得当，反而产生相反的作用。殊不知本朝立国之势的弊病，正在太注重于文事，事权过于分散，郡县无足轻重，不能有所作为，兵财集中于上，运用不够灵活。如果能够针对这些要点加以改革，切实施行，可以奠定社稷数百年的基础，更可以复兴故国了。

（4）吴（今江苏、浙江等地）蜀（今四川等地）为天地之偏气，而钱塘（今属浙江杭州）又只是吴的一隅。论形势，无险可守；论风俗，又甚华靡。自南渡以后，士大夫耽于眼前的安逸，纷纷修治园林台榭，游宴自娱，俨然把它当作安乐园。没有一点复兴的气象，财货资源日渐衰竭，人才亦日趋凡下，这样要想反攻复国，收复失地，那怎么可能呢？荆（指荆州，今湖北荆州市）襄（指襄阳，今湖北襄阳市）地方，在春秋时，楚国用以虎视齐晋。到了战国，它还能与秦争帝王之业；光武崛起南阳（指南阳郡，河南省南阳县等地），遂定天下；诸葛由此辅先主，存续了汉室的绪统；其他如周瑜、鲁肃、吕蒙、陆逊、陆抗、邓艾、羊祜等人，也都是用荆襄的地方施展他们的才能，显著他们的英名。自隋唐以来，遂为偏僻之地。本朝二百年来，更降为荒落之邦，但它的形势，东面通吴会，西面连接巴蜀，南面一直到湖湘，北面可以控制关洛，左右伸缩，都可以有进取的机会。现在如果积极经营这个地方，开发它的资源，培养有用的人才。然后把都城迁到建业，精简行政机构，又在武昌设立行宫，表示不敢安居怠惰，以驻扎江淮的军队，防备金人的侵入，另外精选一个性情沉鸷、胸有谋略、气度宽宏、忠勤爱国的人，交给他经营荆襄的重任。赋予适当的权限，放宽不必要的拘束牵制，听凭权宜处置。这样便能收到振奋人心、富国强兵的效果，开拓复国的机运，成就中兴的形势。

（5）今世的儒士，他们崇尚性命之学，蔚为风气，摇头摆尾，高谈阔论，自以为只要能够正心诚意，就可以解决一切的问题，不重视事实的困难，也忘记了君父的大仇，空言立论，无补于实际。这是什么“性命”呢？今世的才臣，他们自以为懂得富国强兵的道理，但平时并不讲究立国的本末，也不知道如何才能处事应变，身居高位，只是大声地在那里嚷嚷，这又算什么富强呢？陛下有复仇的决心，仁爱百姓，又能明照群臣，而却委任无用的庸臣，笼络那些小儒，迁延大有为的岁月。实在觉得非常气愤，所以忘记了自身的卑贱，说了所要说的话。

书奏上去，孝宗皇帝看到以后，大为感动，要想把这篇奏章悬挂在朝堂公布，策励群臣；并援用真宗时种放的先例，召令上殿，加授官职，不次擢用。当时左右大臣还不明白孝宗皇帝到底是什么意思，唯有曾觌知道，就派人去找陈亮，说是要见他。陈亮看不起曾觌的为人，跳墙逃走了。曾觌知道陈亮不肯去见他，心里老大的不高兴，许多大臣也因为陈亮的心直口快，坦言无讳，很不满意，于是纷纷说他的坏话，迫得孝宗皇帝改变了原意，只好命令宰相去跟陈亮谈谈，问问还有什么意见。可是陈亮却不肯对他们说些恭维与奉承的话，反而有很多直率的批评，自然是扞格不入。陈亮等了好些时候，一直没有消息，于是再次二度上书。大意是：

艺祖皇帝经画天下的大指，如果推原其意而加以变通，是绝对可以恢复中原的。但是变通的方法有三：有可以迁延几十年的策略，有可以延续一百多年的计划，也有可以奠定今后几百年基础的。这些话，只有像陛下那样睿智英明的圣主才可以听得进去的，所以我是要亲自跟您说，不敢在大臣面前透露。可是大臣们奉了您的旨意来问我，我只好对他们约略地说了大体上可以说的三件事：一是二圣被俘的惨痛事实，是国家莫大的耻辱，也是天下人所共愤的。五十年来，这种同仇敌忾的心理却渐渐地淡薄了。当今之计，正要主上与二三大臣率先振作其气，发泄其愤，使人人都感觉到复国雪耻、驱逐虏寇是他们自己不能推卸的责任。二是国家规模，各有定制，一切行事，都有规矩准绳，遵循奉行，官吏们处理公务，谨慎拘泥，唯恐不符合规定，哪有时间与精力去筹建度外的奇功呢？三是艺祖皇帝任用文人来接替武臣的职务，所以本朝是以儒立国的，儒道的振兴，也优于前代。可是到了现在，却渐渐地变成了迂腐颟顸，暮气沉沉。现在最迫切的是主上及二三大臣能改变以往的作风，培养蓬勃的朝气，使各方面的工作，都不会缺乏适当的人才，各种人才也都能发挥最大的长处。这样既不违背艺祖皇帝立国的本旨，而东西驰骋，平定祸乱，也不要专门依赖武臣了。

孝宗皇帝看过了，觉得陈亮的确有点才气，便想给他官做，陈亮却笑笑说："我的本意原是想替国家社稷奠立几百年的基础，难道是用这种手法来求官做么？"立刻渡江回去。回到家里，实在觉得很没有意思，便天天和那些放荡不羁的朋友们喝酒，喝醉了就瞎吹牛，说大话，甚至于骂起皇帝来。其中有一个人平时与陈亮不大相合，常想抓住机会来陷害他，于是就把这件事情向官府告密。当时的刑部侍郎何澹，曾经做过陈亮考试时的考试官，因为没有取中陈亮，陈亮觉得很不服气，在私下里常常说了些很难听的话，何澹也有些耳闻，非常恨他。于是就把这件告密的案子，转呈上去，移交司法机关审理。在审理时，陈亮吃尽了苦头，被拷打得体无完肤，受不住酷刑的煎熬，屈打成招，只好承认有图谋不轨，蓄意叛逆的动机与事实。这件事很快地传到了皇帝的耳朵里，孝宗皇帝知道是陈亮，就秘密地派遣左右的人去查访，探知真相。到了司法机关审理确定，把结果与判决送呈皇帝作最后的核定时，孝宗皇帝便说："这不过是酸秀才喝醉了酒胡说八道，有什么了不起的大罪？"这件案子就此搁置，陈亮也就无事了。过了没多久，陈亮家里的家僮杀了人，凑巧的是被杀的那个人以前曾经当面侮辱过陈亮的父亲陈次尹，被害人的家属于是就怀疑一定是出于陈亮的主使，一状告到官府。官府以严刑拷打陈亮家的家僮，逼问他是不是这样，那家僮虽然几次被打得晕了过去，始终没有承认。于是又把陈亮的父亲抓起来关在婺州（浙江金华县）的牢狱里，一方面又属意御史们对陈亮提出纠劾，说是他的情节重大，移送司法机关法办。那时的宰相王淮，深知孝宗皇帝不愿处死陈亮，而陈亮的朋友辛弃疾、罗点素也很钦佩陈亮的才学，竭力营救，终于把这件事化解了。陈亮自以为有豪杰的气概，却屡次牵连在重大的刑案中，坐了牢，挨了揍。回家之后，越发专心读书，励志向学，学问也就更渊博了。在学术上，除了崇拜孟子以外，唯有佩服王通。常常这样说："穷研精微的义理，辨析古今的同异，原心于秒忽，较理于分寸，以积累为功夫，以涵养为正道，我比不上他们。如果以堂堂的阵势，正正的旗帜，像风雨云雷并发那样的雄壮气势，像龙蛇虎豹出没那样的变幻莫测，胸怀奇谋韬略，熟知兴亡成败，天下古今，了如指掌，那我就比他们强得多了。"所谓"他们"，是指朱熹、吕祖谦这些人说的。太上皇高宗皇帝逝世，金国派遣使臣来吊祭，礼数上十分简慢。乾道七年（一一七一年）皇太子领临安府尹事，陈亮感激孝宗皇帝的知遇，遂到金陵详细观察形势，再度上疏。大意是说：

有非常的人，才可以建立非常之功，要想建立非常之功，而用常人，那是绝不能成功的。秦桧倡导和议，误国二十年，把全国上下的民心士气都消磨尽了。幸亏陛下有削平宇内，恢复中原的志意，经过了二十年才又把它振作起来，先前因为高宗皇帝年事已高，为了悉心奉养，以尽孝道，所以不想有大规模的举动，震惊慈颜，如今高宗皇帝逝世，丧礼也已完成。天下的英雄豪杰都在摩拳擦掌，等待陛下的号令，怎么能忍心使努力了二十年才恢复的民心士气又萎靡下去呢？天下不是坐在那儿就可以取得，打仗也不是绝对都能取胜的，驰驱运动不是年纪大的人所能胜任的。东宫太子坐镇京城称为监国，领兵行动称为抚军。陛下为什么不在这时候任命太子为抚军大将军，巡视建业（今江苏省南京市江宁区），统领各路兵马，另设置长史、司马等官吏，替他处理一切事务，而您也可以充裕的时间，均调天下，运用人才，以应无穷之变了。高宗皇帝与金国有父兄之仇，生不能报，死后必定寄望子孙，为什么还郑重其事地讣告仇敌呢？我们这里一连派了三位使臣，送了许多的宝货金帛，可是他们仅来了一位使臣，像大国对小邦一样，随便地敷衍一下，这样的简慢、轻视，仁人义士没有不为之痛心疾首的，难道像您那样的圣明智勇，反而能忍得下去么？如果您认为大义当正，抚军的建议还可以行的话，就应该先经理建业，然后再派遣太子巡视。就是今年不打算反攻，而经理建康（即建业，晋改为建康）的计划，与金人相绝，也足以鼓动天下的士气，陛下中兴复国的大志，可以一伸了。

陈亮的意思，想激孝宗皇帝力图恢复，可是那时候孝宗皇帝正想要把皇帝的位置让给他的儿子，所以也就没有理会，由是更引起了政府官员们的怨恨，以为陈亮是一个狂人、怪人。有一次，乡人聚餐，婺州地方的风俗，把胡椒粉放在菜肴里，表示对宾客们的特殊敬意，同席有人回家去就暴死了。那人怀疑食物里有异味，可能是下了毒药，临死时说：这是陈某人害我的。于是陈亮又成了杀人的嫌犯，县令王恬认为确有其事，把这件案子转送上去，御史台官特别谕令监司选择酷吏用严刑来拷问，一无所得，案子移送大理院。一般人都以为陈亮这一回是死定了。大理寺少卿郑汝谐审阅案卷与单词，大为惊异说："这个人实在是天下的奇才，国家若是无罪而杀才士，不但上干天怒，下亦伤国脉。"遂在光宗皇帝面前竭力为陈亮开脱，才得无事。不久，光宗皇帝殿试进士，策问礼乐刑政的要道，陈亮应试，以君道、师道答对。而且还说："我非常感叹陛下对寿皇莅政二十八年间处理大小政务，没有不加以留意的，而在视寝问安的时候，察言观色，也一定有很多的领悟，既然已经得到机要，就要切实施行，难道只是着重表面，一个月里朝见四次，装给人家看呢？"那时候光宗皇帝已经好久没有去重华宫朝见寿皇了，大臣们一再劝谏，都不听，看到了陈亮的对策，大加赞赏，以为善处父子之间。本来他的这本卷子，录取在第三名，皇帝特别把它擢置第一，后来拆了密封，知道是陈亮，皇帝很高兴地说："我的赏识，果然不差。"于是任命他为签书建康军节度判官。陈亮大魁天下，始得扬眉吐气，回顾以往的岁月，历尽了人世的酸辛，艰涩困苦，运蹇命穷，几次罹于大狱，幸能死里逃生，受尽别人的歧视、冷落、讽刺、嘲笑，不禁为之感慨万千。衣锦荣归，回到了故乡，他的弟弟陈充来迎接，兄弟见面，不觉互相拥抱哭了起来。陈亮沉痛地对他弟弟说："如果将来我做了大官，那你也会有办法的，只要我们兄弟俩能穿着官服，见先人于地下，我就很满足了。"听到这话的人，都觉得有点凄楚与哀伤。陈亮在人生的历程，虽然是峰回路转，苦尽甘来，可是却在赴任以前的一天晚上，与世长辞，那时是光宗绍熙五年（一一九四年），寿止五十五岁。陈亮平日学问，专重经济事功，不喜性命玄理，才气洋溢，又很自负，熟谙史迹，深知兴亡迁变的道理，对于事理大势，颇有一些精辟的见解，文笔口才都属上乘，头脑灵活，聪明绝顶，胸怀大志，而不见用于世，遭时不遇，甚不得意，所以常常有虎落平阳、怀才不展的不平之鸣，对于时势人事，刻意批评，嬉笑怒骂，揄扬备至，不留一点余地，引起很多人对他的愤恨与歧视，把他看成了一个不可理喻的狂人，几乎要把他置于死地。但是他的为人，却是粗豪爽直，坦然率真，虽然有些放荡任性，并不矫揉做作，待人非常诚恳，也很守信用，言谈之间，多本君臣父子之义。他没有做过官，对于人才的举荐，非常的热心，家境也不太富裕，仅足以温饱而已。后世的人，以他在晚年奉承迎合，掩饰光宗皇帝不孝的行为，来求取功名，颇有微辞。但是以这样超异的奇才，却不见用于世，穷愁困苦，潦倒终生，如果不是他最后能大魁天下，考中了第一名进士，恐怕后世也不知道有他这样的一个人，那么我们怎么能忍心用这种严酷的眼光来批评他呢？

二、中兴大业的规划

隆兴初年，与金人约和，朝野上下，都以为从此以后天下太平，可以休息生养，安居乐业了。而独陈亮期期不以为可，他觉得钱塘一隅，本来就不是可以创业的地方，进不能攻，退亦无险可守，一旦君臣士民习于暂时的安乐，丧失了恢复进取的雄心，精神萎靡，意志消沉，国势就不可为了，所以他力主与金人相绝发愤图强；并且认为金人自占据中原以后，生活渐趋浮华腐化，政事也渐败坏，已经没有当年那种奔驰沙场，骁勇善战的威势，这是反攻复国最好的时机，因上《中兴五论》。他认为中兴要道有三。

1. 彻底革新政务

宋太祖开国定法立制，一切行事各有规矩准绳，选用人才，也有尺度资格的限制，收天下郡县的事权，归之于中央，以京官董理地方事务，三年一任，期满更调，养成了循规蹈矩、守法遵令的风气。宋太祖当初定制的原意，本是为了防止像唐朝肃代以后那些封疆大吏们，专权跋扈，拥兵据地，不听朝廷的节制的事情发生。虽然他的这种制度带来了二百年的承平，可是也造成了军力的薄弱，国防的空虚，以致多次招致异族侵陵的灾祸。在内政方面也渐有等因奉此，因循敷衍，不求改进的劣习，时间的齿轮不断的向前滚动，时代的潮流也不断地在改变，宋太祖制定的那一套法度，陈亮认为已经不十分适用了。他主张中兴之道，首要之务，在究变通之理，彻底从事政务的革新。他提出了下列的几个方案。

（一）清简中书省的事务：汉武帝设中书令，总掌禁中书记，中书省的名称，起于魏晋，历朝官属沿革都不一样，唐朝初年改为西台与凤阁，后又恢复中书省，宋朝沿唐之旧，设置中书省。它的职权范围是进拟庶务，宣奉命令，凡台谏章疏，群臣奏请，兴革改创，以及一切没有固定法式的事务的取旨宣行，官吏们的任用升迁等等。中书省的长官是中书令，佐天子执大政，参与机要，工作繁杂，责任重大。所以陈亮建议必须清简中书省的事务，专一事权，以立国家大计为主，着重于国家政策的拟订，确立施政的方针，这样才能像一个优秀的舵手，领航正确的方向。

（二）重赋六卿的权责：《周礼》大冢宰、大宗伯、大司徒、大司马、大司寇、大司空为六卿，也就是后世的吏、礼、户、兵、刑、工六部的尚书，宋朝的制度，六部各设置尚书一人。吏部尚书掌理文武官吏选试、任用、迁叙、考课、封爵、策励、赏罚等事务。户部尚书掌理全国财政与户籍，如岁入岁出、贡赋租税的征敛、户口变动的记载等事务。礼部尚书掌理礼乐、祭祀、朝会、宴享、学校、贡举等事务。兵部尚书掌理兵员的训练、选拔、军队的调度、军用物质的保养与供应，以及国防、护卫、役政等事务。刑部尚书掌理司法，如刑事案件的审定、狱政的处理等事务。工部尚书掌理百工水土的政令、制作、营缮、计置、采代等有关建设的事务。六部都属于尚书省，是全国实际执行政务的机构，所以他建议重赋六卿的权责，依照既定的国家施政方针，遵从政策性的指示，自行适当处置，减少不必要的牵制，加强责任心，行政效率必定大为提高，也不会因循敷衍，推拖塞责了。

（三）建立台谏的权威：宋朝制度，台谏是两个不同的机构，职务对象也有不同，所谓台官是指御史中丞、侍御史、殿中侍御史、监察御史等官，属御史台。谏官是指谏议大夫、拾遗、补阙、司谏、正言等官，属门下省。台官职司风宪、纠察百官、弹劾奸慝、巡按郡府州县狱讼、军戎、祭祀、营作、出纳。谏官则专掌谏诤讽谕、箴规阙失。前者对象是百官，后者对象是皇帝，虽然对象不同，而同是纠举阙失，就能建立起台谏的权威，发挥作用，君臣上下，必定不敢胡作非为，朝廷的纲纪，也随之而清了。

（四）改善选士任官的制度：宋自太祖立制，选士任官，各有一定的法度，太平兴国以后，选士尤重科名，任用官吏亦有严格的资格限制，重要的、高级的官员，必定要由这一途出身，而科举考试则以诗词策论为主，于是那些好唱高调，舞文弄墨的人被选上了。这些人文章虽然做得很好，可并不都是长于治事的干才，科名与实用脱了节。官吏的调任升迁，也有年资、尺度的限制，按部就班，次序有节，而非常时期需建非常之功，非常之功需要非常之才，豪杰俊士往往因为常法旧制的拘束限制，欲求而不可得。所以陈亮主张必须改善选士任官的制度，不可拘泥于旧法，因势而变通，减少考试录取的名额，增加荐举的人数，不重尺度年资，完全以才能作为任用的准绳，俊杰奇才，可以不次擢用。引用度外的奇才，才能建立不世的奇功。

（五）提高监司的素质：监察州郡的官，称为监司，指转运使而言。转运使的官，唐朝就已经开始设置，但只是转运各道财赋，输入京师。五代时，藩臣各擅聚财赋，不缴纳中央政府，所以到了宋朝，太祖皇帝特置诸道转运使，专门负责督导各郡县的赋税，转运财赋；最初只是限于军需粮饷之类，后来渐渐由于事实上的需要，举凡边防、盗贼、刑讼、金谷、考绩等都要委任转运使，于是转运使便成了督察郡县的各大行政区域的实际行政长官，像这样重要的职务，它的人选当然要谨慎简择，因为它关系地方的政风、郡邑的治绩，也与人民的生活息息相关，所以陈亮特别提出要提高监司的素质。

（六）摒弃虚文，崇尚实务：南渡以后，建都临安，外则强寇临境，内则盗贼蜂起，局处钱塘一隅，财穷力绌，风雨飘摇，国步艰难，这正是枕戈待旦，卧薪尝胆的时候，而朝廷上下崇尚虚文，不求实务，政府机构则百司庶府俱备，编制过于庞大，行事动止则讲究礼乐，粉饰太平。这只是一个空壳子，不但浪费了国家的公帑，也延误了复国的大业，须知非常时期，必以实务为先，精、简、速、实，因事而立制，因制而求才，不需表面的装饰，只求实际的效果，权宜应变，始能事半功倍。

（七）开发资源，充实财力：反攻复国的大业，必须要有丰裕的物资、强大的财力作为后盾，反攻号角一响，挥军北指，军械武器的供应、粮饷衣甲的补给，都有大量的物资消耗，这就要靠平时的筹划与储藏了。注意开发山泽鱼盐的资源，增加蔬谷桑麻的生产，滋繁户口，促使生产力的成长，节约用度，充裕国家的资财，平时一分的努力，战时就收到十分的效果。

（八）加强边防的战力：太祖皇帝鉴于肃代以后，藩镇拥兵自雄，所以就把藩镇的兵权收归中央，修文息武，以京官权知郡县，京师驻扎重兵以为护卫，郡县虽有少数的军队，但一切行动听命中央，不能自专，于是就渐渐地形成了军威不振，边防空虚的现象，这也是宋朝自始而终屡次受到异族侵凌的原因。陈亮找出了这个重要的原因，建议任命大将督守边陲，赋以相机自行处置的全权，因为军事上的态势，以时机为先，尤其是在战时，战争的情况，瞬息之间，千变万化，幽深莫测，若不能及时把握，贻误戎机，后果的可怕是可想而知的。京师距离边陲遥远，往返费时，每事请旨，在时间上不能得到先机，在情况上也不能适应了。如果能赋以全权，得以自专，那么，这些弊病没有了，战力也自然随之以增强。

2. 部署有利形势

南北对峙，隔江相望，防线绵亘好几千里，如长蛇横在道路中一样，长江天堑，飞鸟难渡，南宋以重兵屯守两淮，构筑坚强的防御工事，金人也以精锐之师，严密的戒备和固守。陈亮认为若论进取之势，必定要分兵两路，东面攻秦，西面攻齐，秦和齐就好像天下的两只胳膊，如果能先拿下秦齐，那么大江以南，长淮以北的地方，都掌握在我们的手中了。目前敌我隔江相持难下，不若先经营襄汉（指汉阳，今湖北武汉市汉阳区），造成有利的形势。那地方西面连接巴蜀，东面通往吴会，南面一直到湖湘，北面可以控制京洛，土地肥美，物产丰富，地形四通八达，左右伸缩，随时都有进取的机会，最好能够任命一位德高望重、明达机智的重臣，镇抚荆襄，以其天然优越的条件，从事资源的开发，士兵们平时也参加耕作，增加粮食的生产，因其地形，设置险阻，在各重要的地方，构筑城堡，沟通军民之间的感情，使他们和睦相处，互助合作，开诚布公，以昭大信，争取百姓们的爱戴。谨慎选择地方上的行政官吏，省简刑罚，以免扰民，薄敛赋税，减轻人民的负担。荆楚地方的民俗，十分剽悍，可在农闲的时候，讲练武艺，荆楚地方的奇才剑客，在历史上是很有名气的，不妨随时招募，充实军队的实力。然后朝廷把京城迁往建业，在武昌（今湖北鄂城市）设立行宫，皇帝常常去那儿巡视停驻，金人以为我们的意图是在窥伺京（指汴京，今河南开封）、洛（河南洛阳），必定会加强陈（指陈州，即河南淮阳县）、许（指许昌，即河南许昌县）、汝（指汝州，今河南汝州市）、郑（指郑州，今属河南郑州市）这些地方的守备，把大量的军队调到这些地方来防御，迫得他们兵力的部署，不能把重点完全放在东面，必须东西兼顾，只好把原先布防在东面的一部分军队，抽调到西边来，这样一来，兵力分散而减弱，防务空虚，也就给了我们攻取秦、齐的大好机会。

3. 乘机应变的策略

襄阳既然成为重镇，均（指均州，今湖北丹江口市）、随（指随州，今湖北随县）、信阳（今河南信阳市）以及光（指光州，今河南潢川县）、黄（指黄州，今湖北黄冈市）一带，也依照艺祖皇帝委任边将的方法，拨给他们州兵，还准许他们自己募集，以征敛所得的地方赋税，自行处置，给养军队，又加重他们的权责，作战时可以见机权宜行事，各城互相援救，相邻的地方彼此密切的联络，一旦机会来临，触机一发，如金虏来犯江淮（长江淮水之间，今属江苏、安徽等地），荆襄方面的军队出而攻取唐州（今河南唐河县）、邓州（今河南邓州市），直指颍（指颍州，今安徽阜阳市）、蔡（指蔡州，今河南汝南县）。显示一定要截断敌人的后路，再命令附近各州的军队转城进驻，步步为营，深沟高障，坚垒固壁，更招集当地的豪士，以一千家为一单位构筑城堡，作长远的打算。敌人来攻，凭城固守，出奇制变，列城相应，首尾如一，进屯光、黄、襄、郢（指郢州，今湖北钟祥市）的军队，也可相依为援。那时候四川方面的主将，率领大军出攻凤翔（今陕西凤翔县）的敌人，另外派遣一支精锐的部队从祈山（在今甘肃西和县西北）出去，横截陇右（陇山之右，指今甘肃陇山以西的地方），再抽调一支轻装备快速的部队由子午谷（在今陕西洋县东）直扑长安，驻扎金（指金州，今陕西安康市）、房（指房州，今湖北房县）、开（指开州，今重庆市开县）、达（指达州，即四川达县）的军队，乘势进入武关（在今陕西丹凤县东），秦地就可以完全光复。东线派遣水师由海道登陆山东，捣其脊背，再分兵两路，直捶其胸，齐地也可以完全光复了。如果齐秦能够得手，以乘胜之师，雷霆之势，再图京洛，那是绝无问题的。天下可定，中原可复，也就可以完成了中兴大业。陈亮这一套应变策略，用的是声东击西，各个击破法，它的主要关键，是在荆襄的军队，攻下唐、邓，直指颍、蔡，不再采取锐利的攻势，坐以待机，使敌人相信它的意图是在京洛，于是把兵力集中保卫京洛；齐秦这些地方的防御，自然就减弱了，表面上是有意京洛，实际上是攻齐秦，齐秦拿下了，迂回包抄，就像两只手臂围抱对象一样，京洛自是囊中之物。即使不能够攻下齐秦，敌人也不敢减弱京洛的防御而去攻击江淮，假如说敌人还有力量去侵犯唐蔡，那么，淮西的军队攻击东面，金房开达的军队攻击西面，腹背受敌，敌人也必定因此而崩溃，这可以说是万全之策。陈亮对于天下的形势，了如指掌，也深知天下事理的变迁，宏才大略，颇能出奇制胜。可惜的是孝宗皇帝并没有听从他的建议，苟安于江南一隅，自此以后，人人安于眼前的晏乐，没有一点蓬勃的朝气，国势亦日渐衰弱，没有多久，就被元人所亡了。西谚有云：最好的防卫，就是攻击，要想生存，万万不可退缩。陈亮精确的识见，我们觉得很佩服，但他的策论未被采用，不能施展他的抱负，又不禁为之扼腕叹息。

三、大有为政治的远见

1. 开诚推心

中兴大业的要道，并不只是在策略上应用就可以的，主要还在于君主本身的修养与对臣民的统御，于是陈亮又提出了开诚之道的建议。自古以来大有为的君主，都是慷慨果敢地表示他的决心，也明白洞达地显露一种坦率无隐的真诚，所以天下雄伟英豪的俊杰，纷纷响应，好像云雾蒸集一样，以他们具有的特长，自来投效，他们不敢有一点欺罔的心理，也不敢产生不满的念头，全心全力，贡献出所有的力量，大有为的君主亦因此而完成了他伟大的功业。陈亮认为所谓明白洞达地显露无隐的真诚，并不只是对人对事都不起疑心，如果明知道那人不足以任用，却勉强地任用他，让他做官，官做久了，不好意思，又勉强地加以提升，以致地位高贵的大臣，却不一定付与大责重任，左右亲近的枢僚，也不一定能参与密议，给了他们官职，不一定要求做他们应做的事，就是要求做他们应做的事，也不一定要求彻底地做到，这样，便不是明白洞达地显露无隐的真诚了。懦庸委琐的人安居高位而不觉得惭愧，狂斐妄诞之辈也可毫无忌惮的说说大话或肆意攻讦他人，自己实在没有本事，却硬装成很了不起，在职务上尚不能胜任愉快，却常常发发牢骚，以为大材小用。形成了这种风气，那什么官谁不会做呢？可是到了困难危急的关头，需要解救、处理，大家就面面相视，不知所措了。其实，无论是什么时代，都有可用的才能，无论是哪种才能，都可以对国家有所贡献，天下雄伟豪杰之士也很希望能有机会施展一下他们的抱负，只是要看为人主的如何去运用罢了。为人主的如果能虚心地对待他们，诚挚地用他们，不一定要给他们高官厚禄，他们也会乐意为人主效死。人主不能虚心诚意待人，虽然给他们高官厚禄，而真正的雄伟豪杰之士宁愿饿死，也不屑于接受的，因为凡可以爵禄诱使的，都不是真正的雄伟豪杰之士，所以为人主的必须虚怀易虑，开心见诚，有怀疑的就不要用他，给他官位就不要削夺他的职权，付托以大任就不要听信别人对他的流言，大臣们必定要使他负起重责，近僚们必定要让他参与密议。才能不堪胜任职务的，不要因为很听话就让他继续干下去，才能只够适合职务的，也不必因为干久了不好意思不把他升级。总之，处理天下的政事，首重人才，而各种人才的引用，必定要适宜恰当，杜绝一切钻营奔走。植党营私，不讲情面，不施恩惠，明白洞达，无隐无私，人事完全公开，君臣上下，无所猜疑，相与犹如一体。坦诚相见，天下雄伟豪杰之士都愿意出来效力，人主也不愁没有人才可用了。中兴大业的任务，是如此的艰巨，而它的主要条件，要有众多适当的人才，才能完成，这是千古不易的道理；但是真正的人才，唯有开诚推心才能招致，这不能不说陈亮的见解是慧眼独具了。

2. 秉其执要

宋朝自太祖皇帝开国以来，对于政务的处理，有一定的规制。凡军国大事，必定要经过门下、中书、尚书三省的大臣议定面奏，皇帝认为原则上可以同意的，于是拟订具体而详细的计划与办法，进呈皇帝。皇帝批准后，发下中书省，再转送门下省审读。如果发现有不妥当的地方，中书省有舍人（官名）加以封驳，门下省有给事封驳；都通过了，然后才送尚书省施行。假如还有未尽妥当的地方，侍从台谏可以劾举。这种制度的优点，是能集思广益，不因一二人的主见，作重要的决定，以免失之过偏，孤陋短视，造成严重的错误，或无法弥补的损失。南宋自渡江以来，偏安一隅，强敌当前，时局动荡，形势所迫，人心浮动，且孝宗图治过切，权宜处置，已不能维持祖宗的旧制。国家重要的措施，常常出于御批，重要官员的任用，常常由于特旨，未经三省审议，完全由皇帝一人来决定。这虽然是非常时期用非常手段，也有几分道理，但陈亮却期期以为不可，他认为这种优良的制度是符合政治原理的，人主统治国家本来就是要总揽权纲，执其大要，不必事事出之于己。这种优良的制度是治国中兴的根本，虽然时势有所改变，而根本却不能动摇，御批特旨，虽能专权独断，而不经众议，需与情势与需要脱节，为政用人之际，下至朝廷小臣，郡县的琐政，事无巨细，一切都亲自干预处置，也未免太辛苦了。处理得当还好，万一有不妥当的，于是懒于做事的宰辅大臣们就有了借口。所以他力劝孝宗皇帝恢复三省议奏的旧规，不降御批，不出特旨，一切用祖宗留下来的上下互相牵制维持的良法，大权在于人主，而没有专制的弊害，也无需代大臣们受怨，上操其要，下分其详，明谨政体，总揽权纲，辨别邪正，专一委任，以这样来统治天下，天下雄伟豪杰之士必能奋然效力，中兴大业的完成，也指日可待了。陈亮关于这方面的思想，无疑是受了先秦法家的影响，法家一向主张主逸，臣劳，主因，臣为的。韩非子也说："事在四方，要在中央，圣人执要，四方来效。"就是这个意思。人君统御臣民，主在控制，不在干预，能控制，就不会失去权柄，指挥运用，灵活自如，不干预，好让臣下依其才能尽量地发挥，各守其分，各尽其能，分层负责，上下同心，在政治上必定会收到最大的效果。

3. 敦励臣节

宋室南渡，偏安一隅，虽然强敌当前，隔江对峙，但维持一些年月，便渐渐地忘记这种紧张的局势，松懈戒备的心理，甚至一般大臣们，存侥幸之心，苟安于一时，耽于逸乐，蔚为风气。志气消沉，人心涣散，已不复有那种同仇敌忾，复仇雪耻的激昂气氛，一般人也抱着得过且过的心理，不肯埋头苦干，力求进取。陈亮对于这种现象表示深切的忧虑，他认为要完成中兴大业，收复失地，必须靠高昂的士气与坚毅的决心，因为这是一切力量的原动力。所以他大声的呼吁，要激励士气，敦勉臣节。他举出历史上春秋时代的楚庄王和越王句践，受强敌晋吴的侵攻，情势非常危险，可是到后来都能转危为安，化亡而存，也都是靠激昂的士气与君忧臣辱、君辱臣死的臣节。因此他建议孝宗皇帝要从本身做起，减少不必要的饮宴，撤除一切舞乐，莅政听事，也用不着很大的排场，衣服车马尽量朴素简单，一切以俭约为主，学学句践卧薪尝胆的精神，夙兴夜寐，深自惕励，痛切自责，群臣必会羞愧震惧，惶恐请罪。然后恳切地告诉他们，希望他们同心协力，共度时艰，惕励奋发，雪耻图强。一切以国家的利益为前提，以中兴大业为目标，善守其职，善尽其事，长官规勉部属，部属谏劝长官，如自己觉得对于职务有不能胜任的，不要恋栈，以免贻误公务，切忌敷衍塞责、因循掩饰。然后施之以公平的奖赏、严峻的刑罚，群臣必定惕然承意，竭力报国，激励他们的志节，端正一般的风气，上下同心，君臣戮力，那么任何事情都不会不成功的了。

4. 君臣正体

中国自古以来都采行君主制，所以君臣之间的相对地位与相互关系，在一般人的心目中形成根深柢固牢不可拔的观念，而两者之间如何能够妥当配合，善为运用，便在政治上能够产生一些微妙的效用，这是一个非常重要的问题。所以陈亮提出了正体的主张，他认为君臣各有其体，君以仁为体，臣以忠为体。遍覆包含犹如天地之无不覆载，这种仁爱的本性，是君体；公家的事情只要知道的没有不竭力去做，这种忠贞的态度，是臣体。所以君主要广赐恩惠，而臣子要严格地执行法令，让君主受人爱戴拥护，而臣子们却必须任劳任怨。澶渊之役，群臣都主张追战，章圣皇帝独恻然许和，议订赠送岁币时，章圣皇帝对于数量的多少，不想深加计较，但当时的宰相寇准却告诫主持其事的官员，绝对不能超过三十万。天圣初年，契丹来借兵攻伐高丽，明肃太后召见契丹的使节，言下已有允许的意思，而宰相吕夷简却以为不可，一口回绝了。这都是为了维护国家的利益，君臣之间相互配合运用而产生的效果。而当时的情形刚好相反，孝宗皇帝锐意图治，不顾浮议，而臣子们却为了保持己身的爵禄，稳固官位，一味地讨好别人，滥施恩惠；孝宗皇帝立志中兴，不屈于丑虏，而臣子们却事事委曲随从敌人，以求得一时的苟安，使主持大计的皇帝孤立，臣子们却安安逸逸地享得美誉，这是不合于君臣之体了。他建议孝宗皇帝内修仁德，外揽大柄，畏天爱民，端己责成，明白严正地告诫大臣，要他们能担当大任，不要推辞小怨，不要畏惧大艰。这样便能使天下的人都感激皇帝的恩惠，敬畏大臣们执守的严正，也使敌人佩服孝宗皇帝的仁德，忌惮中国大臣们的忠诚，不敢有所肆纵侵侮，这实在是振奋人心，施行德义，正君臣之体，百世不易的家法。陈亮的这一番议论，在政治理论上，的确有他卓越的见地，他已经注意到如何利用政治上不同的地位和处境，巧妙的配合，发挥最大的作用和效果，可以说已经进入了政治艺术的境界了。

四、一般学术的探讨

1. 王霸义利

自孟荀倡王霸之论，后世宗于儒家的学者，也都贵王而贱霸，把王道与霸道作一个非常显明的划分。王霸的定义，孟子已经说得非常清楚，他认为用仁德去感化人而使人心服的是王道；使用压力去强制人，使人不得不顺从的这是霸道。在理论上，王霸的不同，是这样的显而易见；但事实上，某些政权的统治人民，到底是王道或霸道，那就很难说了。宋朝伊洛诸儒，也倡王霸义利的说法，并举出例子说：夏商周三代是以道义统治天下的，是王道；汉唐是以权术智力把持天下的，是霸道。当时大儒如朱熹等，更本其说，遂谓三代专以天理行，汉唐专以人欲行，但其中也有与天理暗合的，所以汉唐二代传国也能长久。陈亮对于这种说法，大不以为然。他认为三代之治是王道，以天理行，汉唐之治也是王道，也是以天理行，只不过汉唐比起三代来，其成分的纯杂不同罢了。汉唐的君主本领不是不洪大开廓，也不是专以人欲行，要不然怎么会在天地之间立国如此之久，人物赖以生息，万民得以安乐呢？汉唐比起三代，只多些事而已，像唐太宗，他的最大缺点是英雄心理太浓，但施政处事，还是以大义为本的，我们不能因为小小的缺陷，而掩埋大大的作为。其实这也算不了什么。人之所以与天地并立为三，因为人是有气的，孟子一天到晚讲仁讲义，可是他与公孙丑谈论“勇”的时候是那么的起劲，并且由此而发为浩然之气，假如没有开阔豁达的胸襟，怎么能行仁义呢？上古三皇五帝的时代，社会比较原始，人民的生活也比较素朴，大家都相安无事。到了帝尧，人口增加，社会也变得复杂多了，于是制订一种规律，让大家来遵守，借此维持社会的秩序与安宁，这就是我们中国最早产生的法律。夏禹的儿子启，开始以天下为一家，作为他们家的产业，有扈氏加以反对，于是便掀起了一场激烈的战争，后来把有扈氏打败，才达到了他的意愿，建立了夏王朝。汤把夏桀放逐于南巢，建立了商王朝，武王攻灭了殷纣，建立了周王朝。武王死后，殷纣的儿子武庚串通了管叔蔡叔作乱，想恢复殷王朝的旧业。那时候，曾经追随武王攻伐殷纣而取定天下的旧臣们，都主张只要自己好好地修德，乱臣贼子们终必遭人唾弃，自行消灭。但是周公却不采纳他们的建议，出兵讨伐，平定了乱事，从此天下就太平了。夏、商、周三代的制度虽各有不同，大体上还都是因袭前朝，只是由于环境或事实上的需要，在某些地方加以改革罢了。任何制度的产生都不是凭空创造出来的，由此看来，王霸的纷纷，不也是因袭三代而来的么？老子庄子看到天下这样的纷争不已，祸患无穷，把所有的罪过都归之于三代，而尧舜仅免严厉的批评，他们认为只要像三皇五帝时那样的原始素朴，彼此都相安无事，天下就不会这样纷争祸乱了。他们的话也并不是没有道理，而孔子独以为不然，因为三皇时代那种原始素朴的风化，不可能在后世复杂的社会里施行。所以他的祖述，仅止于尧舜，三代的典礼，在原则性上是古今不可改易，万世引以为法的。所以他芟夷了史籍的繁词，刊削流传的讹谬，参酌事体的轻重，明白是非的疑似，于是三代的文物典章，灿然大明，三王的心迹也皎然昭彰，无法加以诬蔑了。后世的君主，只知道尊慕；后世的学者，只知道去诵习，但是他们不知道三王人格的伟大、三代典章的隆盛，是出于孔子彰明的辛劳！当是非曲直还没有大明的时候，你能说老子、庄子的说法是没有道理的么？现在一般学者对于汉唐的看法，正如当时老庄对于三代的看法一样，学者们的这种论说没有被推翻，也只是汉唐心迹还没有大明的缘故。汉高祖入关约法三章，废除暴秦的酷法，百姓们欢声雷动，这虽然是出于萧何、曹参的建议，可是如果高祖没有采纳的意思，那有什么用？唐太宗翦削群雄，平定天下的祸乱，百姓们额手称庆，虽然是出于刘文清的怂恿，可是如果太宗没有施行的决心，怎么会成功呢？这就是孟子所说的见孺子入井的恻隐之心，因为他们都是本领开廓的英雄人物，所以此心一发，便可以震动一世，不像见孺子入井那些小事，不易扩大。至于以得天子的权位为乐，也是情有可原，没有天子的权位，怎么能把恻隐之心发于仁政上面呢？若说把天下当作自己的产业，这也是情有可原的，天下不是一家的，人人都有野心异志，你争我夺，那不是永无宁日了么？三代的圣人早就不避讳家天下了。只是天下是这样的大，各色各类的事情又是这样的多，微妙奇幻，变化万端，处置时稍一不慎，就会汩没了真心，但这也不过是失枝落节，大体上还是不错的。三代做得比较完美，汉唐做得不太完美而已。仁心的作用，有时不能完全发挥，但也不是经常泯灭的，典章制度虽然并不理想，也不会一无是处。因为做得完美，所以经常是阴阳调和，四时得宜，万物欣欣向荣，人民也很平和善良。因为做得不太完美，所以当它盛时，虽然阴阳调和，四时得宜，但并不是经常如此；虽然万物欣欣向荣，有时也会夭折；虽然人民也很平和善良，有时也会乖戾。本末感应，只是一理，譬如耕种田地，地力好的，农作物的生产较多；地力不好的，生产较少；假如一点地力都没有，农作物怎么生长呢？孔子曾经称赞管仲“如其仁，如其仁！”又说：“民到如今受其赐。”所谓“如其仁”，与仁相似，伊川把“如其仁”解释为有仁的功用，但儒家一向的宗旨是“明其道不计其功”的，难道孔夫子也是从功用上着眼么？

陈亮的学问专以经济事功为主，非常重视功利，反对高谈道德性命，认为这些都是相蒙相欺，一无用处的，所以他说：功业能够成就，就是有德，事情能够办妥，就是有理。他这种纯以成败效果作为判断的标准，在理论上是有它的缺陷的。朱子也曾驳斥说：功业偶然成就了，何必一定要有德，事情碰巧办妥了，难道这就是有理？所谓王霸，不一定以功业来分，主要的是看用心，是出于义或出于利，出于邪或出于正。汉高祖与唐太宗虽然与三代一样的得有天下，而他们的处世行事多是出于私心利欲，戴了仁义的假面具来骗人，当时与他们竞争的，才能知术都不如他们，又不知道玩这些手段，所以他们成功了，若说能够建立国家，传世久远，便是得天理之正，这不是以成败论是非了么？朱子的批评，也有他的道理，事功与德理原是不能混为一谈的，有德有理，可以成功济事，但不一定成功济事。反过来说，成功济事的或是有德有理，但未必全是有德有理，难怪有人说陈亮是在利欲胶漆盆中了。

2. 天理、人欲

宋儒自程朱以来，都主张去人欲存天理。所谓天理只是仁义礼智的总名，人欲则是违反礼智的念虑，如世俗功利权谋等，天理人欲不两立，全在天理上行，方见人欲消尽，革尽人欲，复尽天理，所以他们认为去人欲，存天理，是修身存养省察的要点。陈亮不太同意这种说法，尤其是对于当时诸儒所说的三代以前都没有利欲，没有要富贵的人；汉唐则肆于人欲，把天理与人欲作非常显明而纯粹的划分，抨击不遗余力。他以为人之所以与天地并立为三，不只是天地常独运，人为有息，而三者之间存有一种非常密切的关系，没有人，无所谓天地，没有天地，也无所谓道了，天不为尧存，不为桀亡，不是完全抛开了人而为道，如果说道的存亡，与人无关，必欲去尽人欲，方存天理，这不是佛家的说法吗？自从有人，便有情欲，情欲之发，有好有坏，譬如蓝天无云，丽日当空，到处是那么的明亮，闭着眼睛的人看不见，睁开眼睛就看得见，眼睛瞎的人只好暗地摸索，摸得着这算是暗合，难道三代之后那么长时间的人都是瞎眼的么？陈亮以为后世的英雄豪杰眼光亮如黑漆，只是有时候把眼睛闭起来胡来，遂为圣门的罪人，把眼睛睁开，到处都是光明了。天地赖以撑柱，人物赖以生育。现在却指他们闭眼胡做的时候，便以为他们的眼睛瞎了，睁开眼睛干那不朽功业的时候，就说他们是瞎眼暗摸摸着的，那岂不是太冤枉了么？其实他们是有好眼睛的，只是闭着眼而已。一念之生，足以造福天下群生，这不是睁开眼睛了么？天下的盲人有几个，丽日的光辉却是有眼睛的人都看得见的。好比利欲熏心则闭，心平气定，虽然是平平眼光，也睁得开来，何况亮如黑漆的，一开便能得其正道，闭时只是暂时蒙上一层浮翳而已。而大多数的学者们，都不愿意以为天地本来就是清明的，丽日本来就是长在的，自己眼睛偶然睁开了，便以为已经得到不传的绝学，三三两两，附耳私语密告，分划界线，互结党朋，把世上所有的人都排弃在门外，说三代以后的人都是瞎眼的，天地日月也若有若无，这世界上都是利欲熏心的人，这未免太武断了。陈亮非常反对当时一般学者引以为热门的修身求道的性理之学，他认为这些无疑是玩空头的把戏，浅入一点的话，能把人弄得像槁木死灰一样，即使深入的，又哪里知道所谓文理密察的道理？一般士人，不屑讲论文章行义，专门说那些尽心知性。一般做官的不去研究政事书判，大谈学道爱人，真使得天下的才能之士，不知何去何从了。

陈亮这种反对天理、人欲、道德、性命的论调，虽然较偏于经济事功，但对于后世的影响，还是很大的，清初颜习斋（元）、李恕谷（瑹）他们提倡六府三事，崇实黜虚，可以说是走陈亮的思想路线。

3. 成人与儒

当时一般讲论理学的学者，他们都以儒家的正统自居，儒者的学问就是学如何做人的道理，陈亮也不同意这种说法，他认为学者学为成人，学为成人并不就是醇儒，成人乃才德双全，智勇仁义兼备，而儒者则有德而无才，讲仁义而无智勇，所谓气不足以充其所知，才不足以发其所能，只是墨守规矩准绳，不敢有所作为，传述先民的言论，便是他们最大的学问，这也就是子夏别分出一门谓之儒。儒只是成人之中的一面。他这种说法，在理论上似乎比较偏激，所以朱熹给他的信里讨论到这事便甚不赞成，朱熹以为如果把儒者之学认作专出于子夏，那未免太过于武断了，子路也曾向孔子请教怎样才能成人，孔子就子路的个性与能力告诉他应该怎样去做，这样也可以为成人，学子路，学子夏，是就各人性分的适宜，那能说儒者之学专出于子夏呢？但是陈亮还是固执他的意见，对于朱熹所说的似乎并不怎么服气。他说：自古以来都认为天地人为三才，人生来只是要做个人，圣人是人中最完美的，所以说圣人才是成人，我们称他为圣人，因为他是人中之圣，我们称他为大人，因为他是人中比较高级的，可是儒这个名字，既不是人中之圣的圣人，也不是人中之大的大人，可见并不是最完美的人。学者所以学为人，何必一定要学儒呢？子夏子张子游不都是儒么？他们学得并不怎么样，所以荀子就非常的看不起他们，《荀子》书中除了称他们为“某某氏贱儒”外，很少提到他们，《论语》里也只是记载孔子告诉子夏要做君子儒，可见子夏别分出一门谓之儒是有根据的。管仲虽然有很多缺点，儒家也曾严厉地批评过他，但是大体上说还是个“人”。肩负起重责大任，能做出一番事业来，所以孔子也承认他是个“人”啊！陈亮的意思，以为成人必须具有完美无缺的人格，也是做人的最高理想与目标，它是完全的，包括一切地，而儒只是成人的一部分，偏而不全，成人与儒当然有很大的分别了。陈亮的教育学说，也是根据事功的观念来立论，难怪与当时诸儒格格不入了。

4. 赏罚利害

儒家主张本身德行心性的修养，以仁义礼乐感化天下的人。法家则着重于现实的利害关系，信赏必罚，以法律的尊严和权威来维持人类的秩序。陈亮以事功立说，当然比较偏重于后者，但他并不以法家自居，所以在两者之间作了一个调和，他认为以赏罚来统治天下是必要的，它的意义，并不是教人重视利害的关系，而是出于一种自然的法则。耳朵对于听觉的享受，眼睛对于视觉的享受，鼻子对于嗅觉的享受，口舌对于味觉的享受，可说是天生的本性，也有它的命。说是天生的本性，因为每个人都有这种嗜欲，说是有它的命，因为这些享受必须受客观条件的限制。富贵尊荣了，这些享受很容易得到，贫贱困苦，这些欲望便无法满足。富贵与贫贱，并不决定于人们自己，一切听命于君主；而君主也不是要怎样便怎样的随心所欲，任意为之，他只是顺应人情的欲恶，作适当的奖励和惩戒而已。有智慧才能，发扬伦理道德，推行典章制度的人，君主提升擢用，便富贵尊荣了。反之，便面临危亡困辱。君主使用这种权柄，叫做赏罚，人们接受这种处置，叫做奖惩，使为善的人都能得到他们所希望的享受，这能算是用利去引诱吗？使作恶的人承受他们所不愿意承受的，这算是威胁吗？用得适其性，满足其欲来自勉，不适其性，不得其欲来自戒，这就是一切典礼刑赏都出于自然法则的道理。如果君主认为自己有无上的威权，一切奖赏刑罚都是他个人的权利，天下没有敢不听从他的，于是以一己喜怒之私，任意为之，是非混淆，善恶易位，荣辱失所，人失其性，那就不是出于自然法则了。像这样的名位还有什么尊荣呢？其实天下本来就不是完全靠名位来控制的，孔子作《春秋》，公赏罚，也只是复人性而已。后世的君主把赏罚看成了是个人的私权所施的恩威，任意驱迫天下的臣民，这就失去了赏罚的本来意义了。出于一己喜怒之私的是亡国的赏罚，顺应人们欲恶之性的是王者的赏罚，废弃赏罚而求为君之道的是迂儒的论调，使用赏罚来驱使天下臣民的是霸者的方术。赏罚本来就是以利害为基础的，陈亮却把这种利害归之于自然的法则，不以利害的本质为主，更赋予了刑罚一种新的意义。

5. 性外无物

陈亮反对当时理学家们空谈心性的风气，那些最热门的尽心知性，学道爱人的话，近乎空虚玄妙，不但对于国计民生无所补益，而且会导致不切实际、不理众事的恶劣后果。所以他特别说明所谓“道”并不是精神性的本体，而是与实事实物、民生日用不可分离的。万物皆备于我，天下哪有身外的事，性外的物呢？譬如人自落地以后，天生就有百骸九窍四肢五体，但光靠这些是不能活命的，必须要穿点衣服，那么衣服不是外物了，还要吃点食物，食物也不是外物了。总得有屋子住住，挡挡风雨霜雪，房子也不是外物了，为了安全和进出方便必须设有门户藩篱，门户藩篱也不是外物，为了健康和舒适，房子必须建立在通风良好干燥高旷的地方，为了防止盗贼的入侵必须弓矢刀刃等兵器，这些也不是外物了。凡此种种，有一件不曾具备的，人道就有缺陷，无异将自己置于危险的境地，但这些需要也应该有适当的限度，高卑小大，各有其分，可否难易，能明确地辨别，如果贪得无厌而忘了本分，不自量力，穷极奢侈，一味追求生活上的享受，甚至以身殉欲，然后才觉悟：身与心是内的，所有的物都是外的，光是费心竭力地去追求外的而忘了内的，倒不如乐其内不愿求其外，那是本末倒置而不是本末具举的说法。古时二帝三王所居住的地方，也是经过形势的选择的，周公创天子宫室的制度，那样的阔大富丽，并不是用此来显耀或夸张盛德与功业的，不过是适应天子的环境与处事而已，也是具备人道与天下为公的道理。俗话说：穿衣服的是人，地里有水便成田，可见所以成田，是因为地里有水，没有水也就不成田了。人是需要穿着衣服的，不同于虫鱼鸟兽，如果人不穿衣服，那也不算是人了。那有身性事物内外轻重的不同呢？陈亮不承认在事物之上加了任何主观虚构的道德观念，存心养性也不能没有实用的事物，真理并不只是内心主观的追求，而也存在于客观事物之中，离开事物，人就无法发挥优越的本能，而绝世的美德，必须经过实践，着实而适用，这就不是安坐空谈所能做到了。

五、政治军事思想

陈亮反对宋儒的明心见性，认为那是百无一用的空虚之学，因此大力提倡实事实功的学问。他对历史很有研究，但他研究历史的态度，并不是像一般史家一样的只注意到历史本身的真实性与它的成因或对后世的影响。他下了一番工夫对历史上的人物以及发生的事件，加以分析与评论，以事实发展的过程，印证其优劣正误，作为今后实际行事的教训与借镜。陈亮的这种把研究历史和实际事功合而为一的观念是与当时的理学家们大异其趣的。他在十八九岁的时候就写成了一篇《酌古论》，在《酌古论》中评论了十九位历史上主要的人物，他们是：汉光武帝、刘备、曹操、孙权、苻坚、韩信、薛公、邓禹、马援、诸葛亮、吕蒙、邓艾、羊祜、崔浩、李靖、封常清、马燧、李愬、桑维翰。对于他们的评论也不是全面的，只是就政治军事方面的活动加以分析与总结，提出他自己的看法与意见，归纳他的主要论点，分述如下。

1. 正道而行

英雄之士立身处世，一定遵从正道，治务行事，也一定有正确的目标与原则，所以英雄之士能做智术之士所不能做到的。智术之士谲诡变诈，阴谋权术横出，这是他们的长处，而英雄之士就不同了，他们不用诡诈，示人以大义，舍弃术略而用正兵，这就不是智术之士所能做到的了。英雄之士之所以胜过智术之士，是他们不用两者都能的谲诡变诈、阴谋权术，而用智术之士所不能的正道。陈亮举出了三国时代的人物诸葛亮与司马懿为例，司马懿是智术之士，擅长谲诈权谋，诸葛亮是英雄之士，依正道而行，并不是诸葛亮不会司马懿的那一套，但如果也用那一套，则是以智攻智，以勇攻勇，刚好扯平，那就不能分出胜负高下了。诸葛亮以正攻诈，以义击勇，能司马懿所不能的，这就是诸葛亮比司马懿高明的地方。司马懿居心奸诈，诸葛亮出于忠诚；司马懿处事每有私心，诸葛亮则申之以大公；司马懿残忍残酷，诸葛亮慈和仁爱；司马懿虚伪险诈，诸葛亮诚信崇实。虽然司马懿的用兵，出奇制胜，变化如神，包括孙权在内，天下没有不怕他的，他自己也以此自负，可是诸葛亮率领了十万步卒，长途跋涉，西行千里，想与司马懿决一死战，那时候司马懿拥有三十万包括骑兵在内的精锐部队，一交战就失败了，从此闭垒自守，不敢再出。敌人来了不敢应战，敌人去了也不敢追赶，束手无策，只好以等待机会作为借口，其实他自己心里非常清楚，绝不是诸葛亮的对手，除了日夜盼望诸葛亮早点死之外，还有什么办法呢？可惜诸葛亮死得太早，如果诸葛亮不早死，司马懿一定会失败的。这道理很明显，司马懿之所以能拥重兵，自守而不战，他的借口便是等待时机，蜀军粮尽自退，后来诸葛亮屯田杂耕，作长久的打算，又用木牛流马，解决粮食的运输问题，这样一两年下来，司马懿再不出战的话，魏王就会怀疑他别具用心，同僚也会批评他图谋不轨，而他自己也无法自圆其说了。一出战，注定会失败的，司马懿一失败，魏人破胆，郡县必会起而响应，便很轻易就可恢复关中。这时侯彰明汉朝的仁德，晓谕王朝的信义，然后举兵向关东燕赵，那还不是势如破竹吗？尤其是五六年后魏明帝亡故，齐王即位，君臣上下，互相猜疑，举国惶惶，这是大好的机会，攻破魏的京城，俘虏魏的君臣，已不是很困难的事，魏亡了，再去解决吴，那就容易多了。何况孙权在晚年时，又是那样的猜疑杀戮呢！蜀之不能恢复汉业，是老天不帮助，诸葛早死的缘故。后世对于诸葛的批评，说他长处是能制戎，短处是不能运用奇谋，陈亮很不同意。诸葛亮死后，司马懿曾经去蜀军所驻扎的营垒看过，非常感叹地说：诸葛亮真是天下的奇才。可见司马懿对于诸葛亮还是非常心服的，所以陈亮认为诸葛亮不是不能运用奇谋，而是不屑运用奇谋，这就是英雄之士与智术之士之所以不同了。

2. 策略的制定

宋室南渡，偏安一隅，如何收复失土，中兴王业，这是那时当前的课题。虽说是王者无敌，也必须以武力为后盾，军事与政治方面是非常重要的一环。陈亮从历史上的演变，发现具体战役中所运用的战术固然重要，而审定天下大势，敌我力量的对比，制订的全盘策略，更为重要，这两种陈亮都叫它为“术”。善取天下的人不会有坚强的对手，不是说他的对手都不行，只是他能懂得用“术”而已，运奇谋，出奇兵，在两阵之间决定胜负，这是世间一般所谓的战术，但运用这种战术所决定的胜负，只是局部的、暂时的，并不能决定真正的胜负；而审度敌我的情势，观察天下的利害，知道进取的缓急，决定发展的程序，那一件先，那一件后，那一件轻，那一件重，制定通盘的计划，依此而行，无不马到成功，这是策略。能同时运用战术与策略的，才是真正懂得用“术”的人，陈亮举出三个历史的人物，说明他们对于“术”的领悟运用的程度不同，因而也造成不同的历史后果。汉高祖是真正能够懂得用“术”的，所以他虽然处在风云变幻、反复不定的时势里，也能够从容应付，指挥若定，最后终于取得天下。项籍是不懂得用“术”的，所以他虽然南征北讨，身经百战，但进退无据，终不免于败亡之祸。曹操只懂得“术”的一半，只知道运用局部、暂时的战术，得此失彼，所以他虽然能够雄强于一时，而始终不能统一天下。可见“术”的运用是如何的重要了。他列举三国当时的情势来说明：荆州有刘表、刘备，江东（指长江以东，今江苏江宁等地）有孙权，张鲁在汉中（今湖北郧县及陕西南郑县等地方），刘璋据蜀，曹操要想击败这许多敌人，必须根据敌人的强弱与难易，制定通盘的策略，何者为先，何者为后，各个击破；而在进行军事行动之先，应该巩固自己的后方，使自己的根据地关西（指函谷关以西，即陕西甘肃二省等地）地区得到稳定，无后顾之忧。他认为要达到这个目的，必须笼络并重用马超，因为马超这一家族在关西地区的影响力很大，而且又骁勇善战，只要马超能死心塌地效忠，那其他的军事领袖们就搞不出什么名堂了。后方稳固了，然后开始军事行动，第一个目标应该是张鲁，因为张鲁的势力最弱，最容易击破。大批的军队自陈仓（今属陕西宝鸡市）出散关（在今陕西宝鸡市西南），奇兵突袭，攻取汉中应该是没有问题的。然后并合汉中的军队与资源，乘势攻蜀，刘璋必会震惧惶恐，计无所出，如果他想召刘备来支援，时间已来不及，即使来得及也没有什么用处。因为刘备初到蜀中，蜀人对他总有些戒心，两相猜疑，不能同心协力，怎么能够抵御当前的大敌呢？何况荆州也是险要的用武之地，刘备怎会放弃那儿去帮助别人呢？由此看来刘璋是不能不投降了。蜀地既平，可以命夏侯渊、张郃留守，曹操亲自回邺郡（故城在今河北临漳县），整顿军队，指向荆州，同时调遣许昌（故城在今河南许昌县西南）洛阳的部队，攻它的胸腹，蜀地汉中的军队捣击它的脊背，断绝来自吴国的粮食与奥援，荆州孤立，便指日可破，刘备也就无所作为。然后大会诸将，激励士卒，传檄江东，明示征伐。以荆州的兵出江陵（今属湖北），蜀汉的兵出巴峡（在今湖北巴东县西），合攻上流。另外调派两支军队，一出广陵（今江苏江都市），一出皖城（今安徽潜山县），合攻它的下流，使东吴首尾难顾，疲于奔命。曹操只要亲提数万精兵，可长驱而入，直抵武昌（今湖北鄂州市），江东的防御，便土崩瓦解，溃然而散。东吴虽有周瑜鲁肃等一班智谋之士，也会束手无策，计无所出了。江东既平，天下就可统一。可惜曹操和他的谋臣们却不这样打算，只知道荆州地方四通八达，颇有军事价值，古来兵家所必争，巴蜀地势险阻，急切难下，不是他们略取的优先目标，所以在他们订定的全盘策略上，平了袁熙袁尚后，立刻进兵荆州，这是一个重大的错误。真正有识见的闳才大略之士，常常保留所必争的地方去引诱敌人，而先攻取一般认为不是优先的目标，以壮大自己和削弱敌人的声势与实力。陈亮批评曹操之所以不能统一天下，主要的是在策略的运用上犯了两个重大的错误：第一是不能重用马超。第二是先取荆州。他承认曹操的策略在某些地方也有它的正确性。例如：未平徐州（今山东郯城市）而先平兖州（今山东兖州市），未击袁绍而先击刘备，先破张邈、吕布，后图二袁等等。总而言之，陈亮对曹操的军事活动经过全面的分析与研究，认为他只是"得术之一二"，而"不能尽知天下之大计"，以片面的认识，去指挥全面的战争，以局部的利害得失，厘定全盘的策略，不能成功，那是必然的。古人行事，是为后人借镜。

3. 战术的运用

全面策略既已订定，而军事活动的执行，还是需要依赖局部性战术的运用。盖临阵决战，攻城摧敌，若不能妥为运用局部性的战术，就不会收到预期的效果，对于全面策略而言，那不过是徒托空言罢了。陈亮也非常重视这点，这是"取天下者"的大略之士所必不可缺少的条件之一。他认为局部战术的运用至少必须注意几点：

第一、必须审视并充分地明了敌我的现况与情势，作为军事行动的依据，敌人有某些缺陷，给了我们可乘之机，可是我们也有某些缺陷，予敌人以可乘之机，或者敌我双方都是无懈可击，在这种情况下，聪明的指挥官是不会轻举妄动的。如果不能精密的分析，明了敌我双方的实力与情势，只是以主观的盲目和冲动的臆测，去指挥作战，那必然会产生一种轻敌的心理，而"轻敌"却是用兵之大忌。古时凡是善用兵的，不管他的士卒是如何的强壮，兵器是如何的锐利，军容壮盛，声威远播，他们也不敢掉以轻心，不把敌人放在眼里，总是认为大敌当前，要小心谨慎地应付，严密周详地策划。或出其不意，以奇兵掩袭；或把握适当的机会，乘敌人的疏忽，迅加攻击，这样才能得到胜利。轻敌必败，并不是敌人的战力比较优越而被击败，而是被他自己所击败的。陈亮举出了几个例子：前秦苻坚率领了百万大军渡江攻打东晋，而东晋的谢玄却只有几万的军队去应战，论人数是众寡悬殊，论实力是强弱不均，可是淝水（在今安徽境内）一战，苻坚大败，全军溃散，以致风声鹤唳，草木皆兵。为什么会有这样的结果呢？这并不是偶然的，主要的原因是苻坚不了解当时敌我双方的现况与情势，以为自己的实力超出晋军很多，于是便产生了轻敌的心理，答应谢玄的建议，将临江的大军后撤，移转阵地，他想等待晋军过江，然后用数十万精锐的铁骑截击，一举加以歼灭。他没有料到晋军在这次决定性的战役里，自知不是敌人的对手，但面临生死存亡的重要关头，以哀兵应战，人人舍死忘身，个个奋勇杀敌，以一当百，以百当万，再加以苻坚大军的后撤，自乱阵脚，动摇军心，给了晋军一个大好的机会，如果不是苻坚轻敌，怎么会弄到这种地步呢？陈亮还举出唐朝的封常清，也是因为轻敌而失败的，当唐朝开元年间，天下盛平，人民安居乐业，二十年来都过着舒服的日子，所以对于军事方面的智识与训练，也就不太重视，以致国家没有强大精锐的军队，老百姓们也不知打仗究竟是怎么一回事。一旦安禄山称兵作乱，乘机造反，事出仓促，全国上下就张皇失措而莫知所为了。叛军所过，势如破竹，河北诸郡相继陷落，朝廷派封常清为范阳平卢节度使，讨伐安禄山，为了扩充军队，于是他下令募集兵员，而募得的不是市井佣保，就是村野流民，既没有受过严格的军事训练，又没有临阵作战的经验，只是临时胡乱凑合而已。用这样的军队，去对付强悍的叛虏，是何等的危险。可是他不自量力，以为进守河阳（今河南孟州市）出攻贼军，便可把他们击溃。最初与叛军的先头部队接触，虽有小胜，结果是屡战屡败，终于把河陕一带地方整个断送了。依陈亮的看法，那时叛军锋锐，官军势弱，在这种情况下，封常清应该采取守势，敛兵凭城固守，慢慢地消除敌人的锐气。使高仙芝守陕郡（今河南陕县），荣王守潼关（在今陕西潼关县），自己守河阳，扼住关中三个咽喉的地方，一方面训练士卒，储备粮食，深沟高垒，坚壁清野，贼军来了，按兵不动，随机拒守，等到贼军有了疏忽或缺失，乘机突击，或者进行夜晚偷袭，以扰乱敌人的军心，使敌人的锋锐渐挫，士气消沉，进退不得，自陷泥涂，然后只要各方勤王的义师如河北颜杲卿、颜真卿、朔方郭子仪、李光弼等一起，沦陷区的军民也必起而响应，贼军欲归无路，那只有束手待擒了。而封常清却计不出此，以没有训练的军队，轻率地去攻击敌人，失败实在是意料中事。

第二、必须灵活指挥，攻守得宜。两军相对，它的相互活动，不外是攻守，所以在作战的方法上，有所谓攻法与守法。有时候更以攻为守，以守为攻，要交相为用，随机行事，神奇妙算，变化莫测，才能收到克敌制胜的效果。攻专用攻法，守专用守法，或者守专用攻法，攻专用守法，那就很难不会失败了。陈亮举出刘备为例子。刘备伐东吴，自秭归（今湖北秭归县）率领军队前进，于夷道（在今湖北宜都市）、猇亭（在今湖北宜都市北三十里）平地扎营，相连七百里，以这样的方式去进攻敌人，似乎是很可笑的，其实刘备在军事知识以及指挥部队方面，并不是这样的浅薄。他的本意是想故意显露自己的弱点，去引诱东吴的军队，然后一举加以歼灭。可是东吴的主将陆逊却不上他的当，勒兵固守，以观其变，等到刘备的军队士气萧索，意志消沉，于是便乘机突击，运用火攻，连破四十余营，杀得刘备大败而归，尸骸漂流，塞江而下。这就是刘备攻吴而错误地专用守法的结果。以陈亮的看法，刘备应该首先迅速攻击夷陵（今湖北宜昌市夷陵区），因为夷陵是荆州的咽喉，如果能攻下夷陵，荆州便在掌握之中。最好的军事部署是：命令黄权率领水军作为先驱，顺流而下，刘备率领步兵分进，指向夷陵，一方面煽动诸蛮，结为奥援。下令水军急攻，奋力死斗，步兵则乘高夹击，或声东而击西，或形此而出彼，使东吴的军队疲于奔命，那就可以稳操胜券了。陈亮认为善用攻守之法，达到了最理想的境地，应该是攻敌人所不守的，守敌人所不攻的，能够这样，所攻无有不克，所守也无有不固了。陈亮对晋朝羊祜的用兵，曾经作了一番分析与研究，因为羊祜的军事活动没有符合上述攻守的原则，所以不能成功。当时羊祜镇守襄阳是负有重大的任务，不但要固守边疆，同时还要伺机伐吴。西陵（指夷陵）是东吴要害的地方，晋垂涎已久，可是对它始终是无可奈何，西陵守将步阐因为惧祸猜疑，叛吴降晋，这可说是千载难逢的良机。羊祜应该马上率领襄阳的军队以急行军的速度，不分昼夜，直指西陵赴援，一面命令徐嗣率领巴东（今重庆奉节县）水军驰往西陵的左侧布防，合势扼险，严阵以待，东吴的军队一来，乘势夹击，一定可以打败他们。假如东吴的军队先到了，也可以发动正面攻击，步阐从城里出来接应，这样内外夹攻，吴军表里受敌，还能不败？西陵就为晋国所有，有了西陵，江陵指日可下，就可垂手而得了。而羊祜却计不出此，拥兵不动，坐失大好的机会，陆抗的军队已经把西陵团团围住了，羊祜只派了杨肇率领少许军队去解救，自己反率领大军去攻江陵，江陵坚固，不容易攻下，陆抗也没有不顾西陵去救江陵的道理。杨肇战败，步阐被擒，西陵重入东吴的掌握，羊祜无能为力，江陵的威胁也就不救自解了。这是他不能把握攻敌所不守的原则。羊祜镇守襄阳，东吴不敢窥伺，但江夏（今湖北汉阳）益阳（今湖南益阳市）离襄阳稍远，在敌人的意料中，我不会置兵防守，而我方也以为这些地方是敌人不会攻击的，羊祜应该秘密派遣一员能将，率领几千精兵去驻守，平时偃旗息鼓，好像没有军队一样，如果敌人以为这里没有置兵设防，来肆侵掠，那就伏兵截击，或诱入加以歼灭，以后江夏、益阳虽然不置驻军，敌兵也不敢来了。羊祜却没有想到这些，把军队集结在一起，不分兵去守江夏、益阳，于是吴军乘虚而入，侵掠江夏。羊祜虽然以地方距离遥远，来不及解救为辞，自我解嘲，其实是他没有把握守敌之所不攻的原则。

第三、必须懂得正奇之妙，视实际情形，善为运用。用兵有所谓正兵、奇兵，正兵攻坚敌，奇兵攻脆敌，一般所谓正兵是依常规的作战计划以堂堂正正的阵容，进行军事活动。所谓奇兵是依恃地形的险阻，设下埋伏，或把握机会乘机突袭。而陈亮所谓正奇是指兵制而言，正兵是节制之兵，有完善的制度，审慎的行动，各部之间有紧密的联系，彼此相互呼应，行军的速度，以及部署、作战，都有一定的规则，先头部队与敌人接触，后备部队等候支持，后备部队开赴前线，先头部队可以撤下来休息整补，有条不紊，无懈可击，所以能以一当十，以十当百，无论敌人是多么的诡诈、勇悍，都可以把它打败。奇兵是简捷之兵，没有一定的制度，行动敏捷迅速，号令简单严明，表里一致，上下贯彻，前进快如劲风，后撤动如疾雷，视地形与情势，随机应变，作各种不同方式的机动调度，以一击百，以百击万，发挥军事上最大的效用，使敌人措手不及，遇之而溃。但正奇之分，并不是说两者截然不同，互不相关，事实上奇兵虽以简捷为主，可是简捷中还是有节制的，正兵虽然是以节制为重，节制还是需要简捷，只有富于军事才能的人深知其中的奥妙，善为运用。陈亮非常欣赏蜀汉的诸葛亮和唐朝的李靖，认为他们实在是军事上不可多得的奇才。当东汉之末，三国之时，豪杰四起，大者争雄，小者固守，在那种情势之下，最好是用正兵，诸葛亮七擒孟获，西攻祈山，斩王双，退郭淮，杀张郃，吓得司马懿闭城自守，不敢出战，用的就是正兵。隋朝末年，李氏最强，其余的也没有什么大势力，大一点的不过仅能自守，小一点的甚至不能自立，在这种情势下，最好是用奇兵，李靖斩冉肇，破萧铣，擒公佑，逐颉利，所向无敌，用的就是要险设伏，出其不意，掩其不备的奇兵。孔明不是不会用奇兵，李靖也用过正兵，他们在军事上的成就，是因为他们都知道在什么情势之下，对付什么样的敌人，应该用什么战术。

4. 正确的推断

在军事活动中，还有一点非常重要的，那就是掌握整个战况所必不可缺少的——正确的推断。这种推断必须出于明了客观的情况而后加以冷静分析的结果，它不是臆想与猜测。臆想与猜测有时也可能会收到同样的效果，但那只是碰运气，如果碰不到运气，后果就不堪设想了。两者之间，无论是在理论上或实效上，截然不同。正确的推断是识见、眼光、机变、智慧的结晶，所谓“深谋远虑”，它绝不是偶然的，这种功夫虽然是用之于举兵陷敌，而修养却在于平居暇日不断地思考、分析，才能够成竹在胸，临危不乱，所以一旦发生事故，或军事行动的时机成熟，就能发挥高度的智谋，运筹于掌握之间，决胜于千里之外，一切情势的发展，完全在意料之中。用最小的力量，收最大功效，看起来似乎很神奇，也有点侥幸，事实上这是非常合理而科学的。陈亮举出北魏的崔浩，认为他料敌制胜，变化无穷，在军事方面的才能，并不逊于汉朝的张良。在许多次的军事活动中，对于敌我相接的判断，他都有非常特出的表现，尤其是征柔然（《魏书·崔浩传》为蠕蠕，古时属于北狄的一个种族）一役，料敌奇中，更为称赏不已。当魏太武帝与臣子们商议征伐柔然，许多人都提出了反对的意见，只有崔浩力排众议，独加赞成，认为是一个大好的机会，因此决定了那次大规模的军事行动。在事前他曾经这样的预料：根据天时形势这次征伐柔然一定会成功的，打败、击溃、攻破他们绝对没有问题，但柔然是一个畜牧民族，流动性很大，而我们的军事将领们可能因为顾虑太多，不敢乘胜深入追击，不能把他们彻底解决罢了。北魏军队进入柔然的境域，柔然果然毫无防备，人民与牲畜像平时一样散布在一望无垠的原野中，等到他们发现北魏军队来了，惊慌四散，各自逃命，彼此之间失去了联系，无法集结，于是北魏分军搜索，东西五千里，南北三千里，俘获畜养车乘，漫山遍野，不计其数，归降的有三十几万人。太武帝本来想率领军队乘胜追击，而各部队的将领们都怀疑深入必有伏兵，加以劝阻，太武帝听了他们的话，停止前进，收军回还。后来归降的柔然人中有人说：他们的酋长当时生病躺在篷帐里，听到北魏军队来了，仓皇失措，莫知所为，在慌乱间率领了几百人向南急奔，逃入山中。而另外有为数不少的柔然人却在距离魏军一百八十里的地方集结，方圆广达六十里，因为没有人统领指挥，群龙无首，追兵也没来，这些人才慢慢地散去。还有些到凉州做生意的胡人也说：假如北魏的军队再向前进，两天的工夫就可以把他们全部消灭，一网打尽了。事情的发展与崔浩所料的果然一点不差，也许会有人怀疑，临机料敌，这也罢了，而在事先有那么准确的推断，可能只是一种巧合，幸而言中而已，而陈亮却坚决地认为这是循理的推断，不是侥幸的猜测。一个善于料敌的人必定知道在军事活动中最有利于自己的，就是要乘敌人懈怠而毫无防备的时候攻击它，这可说是一个不易的铁则。柔然距离北魏几千里，相隔是如此的遥远，这广大的空间变成了无形的屏障，也给了他们一种安全的感觉，因为这样，自然松懈了边疆的守备，如果用一支精锐强劲的部队，快速地前进，作闪电式的突击，迅雷不及掩耳，那柔然人必定仓皇失措，望风披靡了，这就是崔浩之所以在事先预料征伐柔然一定成功的道理。夷狄之人，性情贪佞，人情至薄，容易冲动，不大讲究纪律。战胜了，都自以为了不起，战败了，却不相援救，只要有一个人向后转，其余的人就跟着散了。北魏的军队若乘胜追击，势如风雨，没有时间让他们喘息整顿，那就可像在猎场围猎一样，把他们一一成擒了。这样做，可以收全功，但看起来似乎有点冒险，必须明智而有谋略的人，才能当机立断，魏太武帝与他的将领们用兵稳重守全，顾虑太多，不能随机立权，以致坐失良机，这就是崔浩之所以预料不能彻底解决的道理。善料与猜测，两者绝没有相同的地方，真正的军事奇才是把胜利掌握在自己的手中，绝不依赖天命，或希求侥幸而达成任务。

六、结论

陈亮出身普通平民的家庭，自小便很有才气，也许因为他没有显赫的家世，不容易引起别人的注意，很少有人知道他，和他要好的只有陈圣嘉、应仲实、徐子才几个人，后来被郡守也是他的上司周葵发现了，对于他的才学大加赞赏，许为未来的国士。由于周葵的推介，才渐渐地与当时学术界的重要人士们接触，相互讨论，交换意见。陈亮平时饱读兵书，深通谋略，除经典百家之外，对于历史的研究颇下了一些功夫，他把历史上某些重要人物和他们的行事作深入的分析、研究，找出他们的特质、性向、优劣、正误、成败，采用他们的经验与教训，创立一种可以改善现实的理论，把学术研究和实际效用融合起来，原则上是一个不可分离的整体，这就是陈亮在学术思想上的独特风格。因此他特别注重经验和实用，反对空谈的思辨哲学。他早年所著的《酌古论》就是一个非常显明的代表作。

陈亮的学术思想，并无师承，完全是从刻苦励学，博闻强记中领悟出来的。有人以为陈亮的学术思想源出二程，因为陈亮曾经写过一篇《祭郑景望龙图文》，里面有"吾郑先生"这样的话，其实这是颇为牵强附会的。陈亮的思想与朱熹大不相同，他们曾经作过激烈而反复的辩论，陈亮给陈君举的信里，有“元晦之论，只是与二程主张门户”的话，可见陈亮他自己绝不是二程门户之内的了。陈亮的思想，着重实事实功的“功利”，与当时许多空谈心性的理学家们的主张，可说是一个鲜明的对比，后者的学术目标是要通过内在心性的修养与绝对的天理相接，陈亮则是要如何立身处世作一个造福人民建立不世功业的英雄。后者对于事物的解释，常用形而上的观念，陈亮则是以现实的经验。后者流于空虚玄妙，陈亮则主张实事实功。两者之间，无论从那一方面来看，都有显著的区别，不仅如此，就是与陈亮交往非常密切的像薛季宣、陈傅良、叶适这些人，虽然与陈亮的思想比较接近，还是不相同的，我们从他的鄙弃空谈，崇尚实践，以历史的经验与教训结合现实的军事政治的功利之学来看，陈亮的思想的确可以自成一家的。

陈亮一生的命运非常坎坷，乾道五年（一一六九年）赴礼部考试，没有被录取，于是他写了一篇《中兴五论》的文章，对于国家大计有所陈述与建议，但是这篇文章始终没有能让孝宗皇帝看到，过了十年以后，陈亮又到了临安（今属浙江杭州），再度上书孝宗皇帝，这次总算被看到了，孝宗皇帝要想重用他，由于朝臣们的妒忌、排挤，陈亮又黯然地回到家乡，自此以后，一则自悲怀才不遇，二则恃才傲物，天天喝酒骂人，放言无忌，戏笑玩侮，不留余地，引起了很多人的怀恨，大家都把他看成狂士、疯子。后来还因此吃了好几次官司，坐监牢，受酷刑，虽然有人救援没有丢掉老命，但也吃尽了苦头，这对陈亮来说，他的思想有一部分也是受了现实教训的影响，空谈说理，修性论道，并不是能完全解决问题的，要改善人生，美化人生，必须从实事实功上着手，也只有实权实势才能发生作用。功事与德理是不可分离的，功成与事济本身就包含了德和理，所以他大声地喊着“功到成处便是有德，事到济处便是有理”

的口号。他与朱熹的辩论也处处强调着道并不是纯属于精神性的本体，而是在于事物之中，道与事物是不可分离的，有物即有道，只有在实际事物中才能体会而得到它。

陈亮在绍熙四年（一一九三年）参加进士考试，终于中了第一名状元，可惜第二年（绍熙五年）就死了，由于他在考试的廷对中有迎合光宗皇帝，掩饰不孝行为的话，有些人对他很不谅解。也有人说陈亮虽然讲得天花乱坠，头头是道，但是他自己受了一点挫折，就沉不住气，以致弄得人人都另眼看待，敬而远之，像他这样的人，即使得到朝廷的重用，也未必能搞出什么名堂来。陈亮的为人，虽然所见各有不同，不在我们的讨论范围之内，而他的重视实际，崇尚实践的实事实功思想，在学术上颇有它的价值，这是我们不能忽视的。

陈亮没有写过关于思想方面的专门论著，他的作品几乎都是一些短篇的文章，分属各种不同的体裁，这也增加了我们对于陈亮思想研究的不少困难，陈亮的作品现在我们所能看到的，只有辑录各种短篇的《龙川文集》，共三十卷，里面有上孝宗皇帝的四书，《中兴五论》，各个命题讨论式的问答，评论历史人物的《酌古论》，《三国纪年》。还有经书发题，策、箴、铭、赞、序、说、引、记、题跋、诗、歌词、表、启、书信、祝文、祭文、行状、哀辞、墓志铭等等，五花八门，包罗万象，尤其是祭文特别多，共有七十二篇，可见陈亮的感情是如何的丰富了。他的文笔犀利，气势壮盛，走若龙蛇，奔如雷电，滔滔不绝，好像奔腾急湍的流水，脱俗离尘，好像飘游空中的行云，我们看了他的文章，实在有点喜欢得不忍释手的感觉，陈亮不但在思想方面有特出的表现，而他的文学修养，也是令人叹服不已的。

参考书目

《龙川文集》三十卷，陈亮撰，同治八年永康胡氏退补斋刻本，中华书局《四部备要》校刊。

《宋元学案》一〇〇卷，黄百家纂辑，全祖望修订，光绪五年长沙寄庐重刻本，广文书局影印。

《朱文公文集》一〇〇卷，朱熹撰，明嘉靖胡岳等校刻本，中华书局《四部备要》校刊。

《朱子语类》一四〇卷，黎靖德编，日本刻本，广文书局影印。

《水心先生文集》二十九卷，叶适撰，明正统十三年黎氏处州刊本，商务印书馆《四部丛刊》影印。

《止斋先生文集》五十二卷，陈傅良撰，明弘治间刻本，商务印书馆四部丛刊影印。

《东莱吕太史全集》四十卷，吕祖谦撰，明嘉靖三年安王书堂刊本。

《汉书补注》一〇〇卷，王先谦补注，光绪二十六年长沙王氏校刻本，艺文印书馆影印。

《后汉书集解》一二〇卷，王先谦集解，一九一五年长沙王氏校本，艺文印书馆影印。

《三国志集解》六十五卷，卢弼集解，一九三六年刻本，艺文印书馆影印。

《晋书斠注》一二〇卷，吴士鉴、刘承干同注，一九二七年刊本，艺文印书馆影印。
《魏书》一一四卷，魏收撰，清乾隆武英殿刊本，艺文印书馆影印。
《唐书》二二五卷，欧阳修撰，清乾隆武英殿刊本，艺文印书馆影印。
《宋明理学》，吴康著，台北，华国出版社出版，一九五五年，三六二页。
《诸子与理学》，蒋伯潜蒋祖怡编著，上海，世界书局再版，一九四七年，二四六页。
《中国哲学思想》，赵纪彬编著，上海，中华书局出版，一九四八年，二一九页。
《中国学术思想大纲》，林尹著，自再版，一九五三年，台北东方书店经销，二七〇页。
《中国哲学史》，钟泰编，台湾商务印书馆文库版，一九六六年，六三一页。
《中国哲学史概论》，渡边秀方著，刘侃元译述，台湾商务印书馆出版，一九六四年，四八八页。
《中国哲学史》，谢无量编著，台湾中华书局出版，一九六七年，四五八页。

邱处机

王民信　著

一

公元十世纪前半叶，中原是一片混乱的局面。长城外面的契丹，趁此混乱的局面而获得了关内的燕云。

燕云，中原的屏障，宋太祖赵匡胤立国后，朝思暮想，欲燕云十六州地能早日恢复，斯时，中国才算得上是真正的统一。自赵匡胤立下是愿后，乃弟匡义秉承其志，乘下北汉余威，挥戈东向幽州（今北京），不幸初败高梁河（公元九七九年），再败瓦桥关（九八〇年），三败岐沟关（九八六年），屡败而屡战，其斗志固然令人赞誉，然每次败后所影响于人心士气，实亘古未闻。辽宋既成寇雠，西夏又复滋事，真称得上是一波未平，一波又起。太宗壮志未申，含恨谢世，其子真宗继位，常勤研阵图，亲自练兵遣将，也着实忙了一阵子，一忽儿北征，一忽儿西讨，皇帝固穷于应付，官兵更疲于奔命，管粮秣的转运使，既忙粮食的搬运，更得四处筹钱以付军饷及军事上的消耗。景德元年（一〇〇四年），契丹主率军长驱直入，短短时间内即兵临黄河边上的澶渊（今河南濮阳县西南），更有直驱汴梁（今开封）的趋势，尽管宋朝在河北拥有二十余万大军，契丹兵却视若未睹，若非契丹主帅萧挞凛的误中床子弩而死，宋的局面必定有着若干的转变。幸而皇天佑宋，总算免除了宋朝的厄难，然而却免不了每年送与契丹的财帛——银两和绢匹。这就是宋史上有名的澶渊盟约。

澶渊盟约后，宋人理应发愤图强，励精求治，很不幸的是此一和平，为宋人带来了苟安的心理，祥瑞、天书、封禅、郊祀、修建宫观，此等作为固然消耗了国家的财力，但更麻醉了国人的心理，因为，他们以为自己真是生长在一个太平的时代里。太平了，国家的官员未减，国家的军队日增；太平了，国家的财力反日趋贫困。至仁宗时，冗官、冗兵与财力的穷困变成了沉重的负担，为了拯救国家，知识分子掀起了一阵自觉运动，他们想把国家从贫穷中复苏过来。范仲淹的“先天下之忧而忧，后天下之乐而乐”的倡导，并未扭转乾坤，因为冗官冗兵依旧，府库亦未能充裕，北方的边界固然无战争的威胁，西线上的宋夏战争却日益升高，西夏李元昊的节节胜利，使宋朝陕西土地几乎全部丧失。契丹趁机向宋朝提出关南的要求，其目的或许是在要钱，宋人亦欲假契丹力以牵制西夏，愿增币以达成以夷制夷心愿，西夏是约束住了，宋朝所付出的代价是更多的钱与盐。在宋与契丹、西夏的抗衡中，无疑的，契丹打垮了宋人的士气，西夏却使已穷的宋朝显得更穷。富国、强兵，变成了主持国政者的崭新目标。

年轻有为的宋神宗上台了，他抱有崇高的理想，要国富、要兵强，遂引用了王安石。先设置三司条例司，正式着手设计并逐步实施其富国强兵的规划，从经济、教育、军事方面入手改革，无奈宋朝的社会是农业社会，政治是文人政治，农业社会的性格是保守的，要变也只能慢慢地变，一点也不能急，文人政治的坏处是好批评，不肯实际参与工作，再加上文人那副“唯我”与彼此“相轻”的心理，谈合作是相当的困难。急于求功的王安石，最后也抵挡不住众口铄金的猛烈攻击，终于从指挥变法的宝座上跌了下来。新法固然失败了，人的心胸也显得愈来愈狭窄，彼此皆意气用事，国家政事永远不能上轨道。新旧党争的结果，只便宜了小人——蔡京。

蔡京，擎着新党的招牌，掌握政权，大肆地排斥异己，导徽宗崇道、奢靡，社会显得更乱，国库显得更空虚，地方盗贼丛生，自顾不暇，尚欲恢复燕云，联金灭辽，注定宋朝又多一个劲敌，和战不定，也注定宋朝的失败。失败的结果，不仅使大宋半壁河山丧失，同时，宋徽宗、宋钦宗父子也被女真俘掳北去。

北宋立国，承袭了唐末五代以来的萎靡，人、人心都显得很软弱，赵匡胤为了使皇室更能稳固，倡重文轻武，行中央集权。权是集了，武也轻了，文人可没有得着应得的重视。有志的文士固然常抱匡国救民的胸怀以从政，然而志未酬而身去者却很多。至于无仕进心者，或转而求诸文章的研讨，或进而穷理思想的探求，弃骈文而崇古文，旨在抛弃那百余年所积存的萎靡，汇融儒释道诸家哲理而成的新理学，旨在探寻其思想的行径。他们也曾想把此一成果运用到政治上去，尽管他们有清明的理智，尽管他们兼附有宗教家的热忱，但是，却缺乏了宗教家的牺牲精神，因而，理学反映在政治的领域里，并未发生激荡作用。不过，这种实践的修身、齐家、治国、平天下的思想，在广大的民间反而有着深厚的影响。就以北宋为例，蔡京的胡作非为，对士大夫的摧残真可谓是空前，因而，人们对于政府难免不怀有几分憎恨，一旦大敌当前的时候，报国救国的实践功夫，不都一一从民间反映出来？

二

联金灭辽的结果，辽朝亡了，宋朝的燕云十六州地也没有恢复，反而丢掉了黄河以北的州县。南宋偏安后，黄河以南、淮河以北的很多州县也岌岌可危。河东河北两路士民，颇多心存宋室，皆推豪杰以为首领，多者数万，少者亦有数千人，拥山据寨，是为义军。义军，亦即新朝的盗匪，他们反对女真人的严刑重赋，他们更不愿薙发变服，于是，揭竿而起，誓杀金贼，这，固属义举，但很冒险，更会有若干的生命被牺牲，这是很直接的、典型的爱国运动。当新朝成立后，某些有识志士，凭借他们自己的才华，采取靠拢政策，假自己在新朝的地位，一面辅助新朝，一面借以作掩护以拯救自己同胞免遭乱世涂炭之苦，这，虽然也是爱国运动，但是，此属贰臣，在传统的社会里，这种人的行为是为人所不齿的。另一批人则采取息事宁人的态度，假宗教的名义，以图苟全性命于乱世，一方面是自救，同时，更希望假神道力量来挽救人类的浩劫，显然的，这也是爱国运动，很实际，也很安全。的确，爱国救民，都是修齐治平的实践，在乱世或异族统治的时候，更会自然地充分显示出来。

全真教的初兴，就是此一乱世中的产物。或谓彼等是苟全性命于乱世、不求闻达于诸侯的隐修会而已，但是，编《长春道教源流》的陈教友，则认为全真教是北方的“忠义”，姚从吾先生以“创立全真教的王嚞、邱处机，不但是贤者避世，而且有反抗异族、保全汉族文化的积极行动”，是全真教徒不只是“苟全性命于乱世”，消极地做到“不求闻达于诸侯”的隐修会，实则他具有更积极的“反抗异族”与“保全汉文化”的双重作用。这是自救救人的爱国运动，只是做法稍显得消极而已。元人王恽论及当年的全真教徒是“渊静以明志、德修而道行”，完全耕田凿井，自食其力，而个性敦纯朴素、有古逸民遗风的修行志士，陈垣因而论定以逸民名初期的全真，诚得全真的真相，显然的，陈氏只注意到全真教友类似逸民的消极方面。

全真教是道教中的革新派，其创始人是王嚞，字知明，号重阳子。彼原名中孚，字允卿，易名世雄，字德威，入道后始改今名。陕西咸阳（今西安）大魏村人。根据李道谦《七真年谱》的记载，他是生于宋徽宗政和二年（一一一二年），卒于金世宗大定十年

（一一七〇年），活了五十八岁。他是一位身材魁伟、大眼睛、美须髯的人（附图）。他的家道小康，尝以粟贷贫人，因而受惠者众。王重阳少习儒业，早通经史，晚习弓刀。其弃文习武，确实是受了环境的影响，由其易名世雄、字德威，亦可深知其志向所在。北宋亡国的时候，他正好二十岁。亡国的悲痛，对于有志的王重阳，显然有很深的影响，于废齐阜昌年间，脱落功名，日酣于酒，这应该是一次强烈的刺激。时，宋高宗绍兴七年，重阳年二十五岁。踰年宋拜表称臣于金，又三年而吴璘收复陕西诸州，旋有诏罢兵。是岁，岳飞为秦桧所害，重阳年二十九岁，至是，重阳隐遁佯狂，慨然入道。重阳年四十八岁时，仙人于甘河镇（今陕西户县西北）授以口诀，饮以神水，自是，尽断诸缘，佯狂垢污，人益叵测。其后，尝于南时村掘地为穴，榜曰“活死人墓”，居墓潜修，此实即禅宗的静修功夫，类达摩面壁，想从静修中参悟出一些自救、救人的道理来，日后所创的三教合一的全真教，即是静修参悟的成果。该教既不教人念经祈祷，也不教人炼丹画符，而只教人诵读《道德清静经》、《般若心经》、《孝经》，实在是有保存三教精神（汉族文化）的意思，这与笃守一教的教士所习完全不同。元人虞集以全真教

王重阳画像

的为“全真”，是此等佯狂玩世的豪杰志士，要求返其真，再检视其所教，所谓“求返其真”的意思，是要使人知道我祖我宗在信仰上沿袭遵守的精神。金辛愿于《陕川灵虚观记》中，称全真氏有黄帝老聃的“蕴”（指度量），其逊让似儒，其勤苦似墨，其慈爱又似佛。是全真教容纳了众家的思想，融汇了众教的精神。

当女真据有中原的时候，豪杰奇伟志士不肯臣事外族的人很多，实不止王重阳的全真教一派，就以道教而言，尚有张宗演派的正一教，刘德仁派的真大道教，萧抱珍派的太一教，他们都能利用北方游牧民族重视宗教的心理，登坛设教，俾自异于流俗，以期相互保守，这种举动，仿佛是独善其身，实则是具有浓厚的民族思想，保存民族人格的具体表现。而全真教于此时能使识变乱的人，如风靡水流般地景从，实与其思想的兼容并包，立教门户的广弘有着特殊的关系。该教既然以道儒释三教并重，从积极方面言，是欲普济众生，使文士们于兵荒马乱时有所隐避，外族的摧残亦可因而减轻。从全真教友们的诗文，亦可证明他们不是真欲清静无为，他们的本心原来就是积极的、入世的。

有宋一代，国势固然微弱，但思想的表现则颇为成熟，且已发展到相当的程度。各派思想的混合亦相当的成功。就以宋朝的儒学而言，诸儒扬弃了传统的训诂，而好言性与天道，道家喜欢谈性道，这对于喜谈性道的儒者有直接的影响。谈性道是要思、深思，佛教禅宗的惟尚机悟，很适合诸儒的需要，无疑的，宋朝的儒学，仅仅具有儒学的外型，而内涵则糅合了儒释道。此儒学应称新儒学（或称理学，或称宋学）才对。至于佛教的禅宗，他们是主张自信自修，万法皆在自心，从自心中静悟，即能顿见本性，他们常劝人在家修行，见取自信以直成佛道，因此，钱穆先生以为他们完全脱离了宗教的蹊径，以其一切皆归依自性，尚有何宗教可言？同时，以其识心见性，自成佛道，更何异于儒家尽心知性、尽性知天的理论？本来，禅宗的思想原发展成熟于寺院，无意中亦脱不净个人的独善与出世态度，宋代新儒的修齐治平的培养，即是从禅宗内身的自心自信而来，而禅宗能从佛门中另辟蹊径，又何尝不是受了传统儒道思想的影响？孙克宽先生于《金元全真教的初期活动》一文中，即提及达摩东来创禅宗，直指本性，不立语言文字，这与老庄无为、心齐说契合。所以，宋儒诸老的思想都是出入老佛，也是很自然的现象。尽管新儒学、禅宗均与道教有着深远的关系，但是，没有一派敢于挺身而出，说明其教派的思想是三教合一，只有全真教派是例外。王祎于《青岩丛录》里，曾分道家为南宗、北宗，南宗主性，北宗主命，主性者由服食炼养而保啬人的真性，主命者由符咒科教而得延命，傅勤家写《中国道教史》时，更坦率地指出“性即神”，“命即气”，“性谓真我”，“命乃寿命”，全真教是北宗，故王重阳临终前语弟子马丹阳（钰）谓：“学道无他，在于养气。”谈到道教，一般人皆以为他们是出世的，李宗吾先生则颇不以为然，在《中国学术之新趋势》一书里，特别强调《老子》一书是有为，不是无为。要想有为，当从无为下手，所以说无为无不为。并列举很多例子，以说明该书每句的上半句是无为，下半句是有为。显然的，无为是静态的，属本身的修养功夫，有为是动态的，是本身的实践功夫。而全真教即特别注意“实践”，与道门的求长生、立神仙宫府者并不完全相同。全真教的思想近于禅静，既近禅、又近儒、亦近道，故全真教是确实实现了三教的主张。总之，无论是禅宗、新儒学或全真教，他们彼此间都有深厚的影响，同时也都脱离了原来的形态、内涵而独自成一新派，他们既非儒、非佛、非道，而实际上也是儒、是佛、是道。陈致虚于《金丹大要》中，尝言及三教一家，以孔子的道是一以贯之，老子的道是万物得一以生，佛家的道是万法归一，是三教的“道”都是“一”。又佛家明心见性，儒家正心诚意，道家澄心神清，是三教的道惟一“心”。如是看来，天下无二道，也无二心，全真教明目张胆地揭示三教合一的教义传道，完全顺乎时代潮流需要行事，在乱世，对于一个没有信仰的人来说，是颇为适合的，何况他们所推行的思想，从传统的教学中即可获得，不需另作他求，同时，信奉斯教，亦有临时庇护栖身处所的作用（附陶宗仪《辍耕录》所载“三教一源图”）。

全真教的全真，前引虞集语谓彼辈能摒去崇尚诡幻符箓烧炼，存志求返其真。据李道纯《中和集》载“全真活法”的诠释，全真的“真”实指人的“精”“气”“神”而言，要全精、全气、全神，才能称为“全真”，有一欠缺，即称不全，有一污点，即称不真。全精的作用在保身，精全的方法是要身先安定，身安定则无欲念生，故精能全，身能保；全气的作用在养心，气全的方法是要心清静，心清静则无杂念生，故气能全，心能养；全神的作用在返虚，神全的方法是要意诚，意诚则身心合一而返虚。欲达此一境界，显然地是要长久的修养，所以，在《新建立五祖堂记》碑文里，李俊明即说明了全真是“谨修其身，慎守其真”的治身功夫。其后，创教者由独善而欲行兼善，推行济世救人的入世精神，自然会得着很多人们的支持的。陈垣以为人民信仰该教，是因为他们的“异迹惊人，畸行感人，惠泽德人”，再加上“好结衲”，故道院所在，而至者如归了。这，只能说认识了全真教的表面，忽略了创教者的用心，同时也短视了时人的需要等问题。

全真教创立的时间，大约在金海陵帝金世宗时期，孙克宽先生指出确实的时间是正隆己卯至大定丁亥（一一五九——一六七年）。创教的地点，大定丁亥（一一六七年）以前是在陕西京兆区的终南山附近，以后则以山东宁海州等地为中心。或谓陕西在历史上向为汉人根据地，是以民族意识特别强烈，其向东发展，是因为山东半岛为南北交通孔道，自昔即为人文荟萃所在地，近有耿京、辛弃疾、李全、彭义斌等英雄人物起义于斯，故学说易于传播。若以时间为背景来推测，金海陵正隆间，欲举兵伐宋，王重阳眼及天下将乱，创教以求自救；待金世宗大定后，山东半岛最为平静，遂由自救而转为济世救人，正式收徒，以广宣传、弘扬教义了。

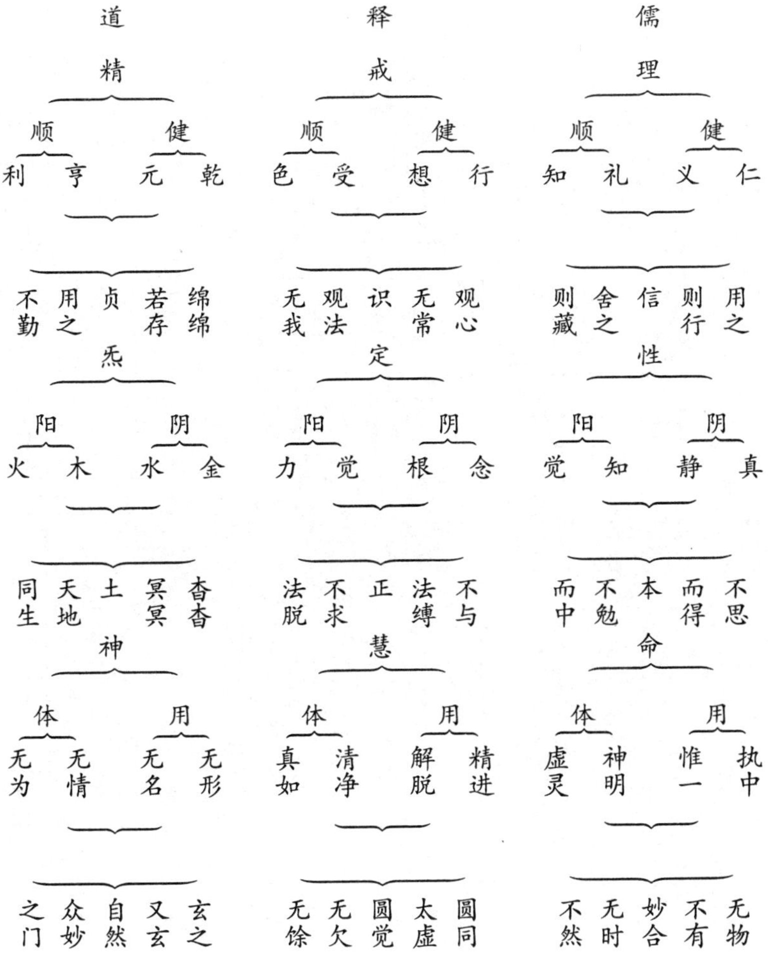

陶宗仪《辍耕录》卷三十载“三教一源图”

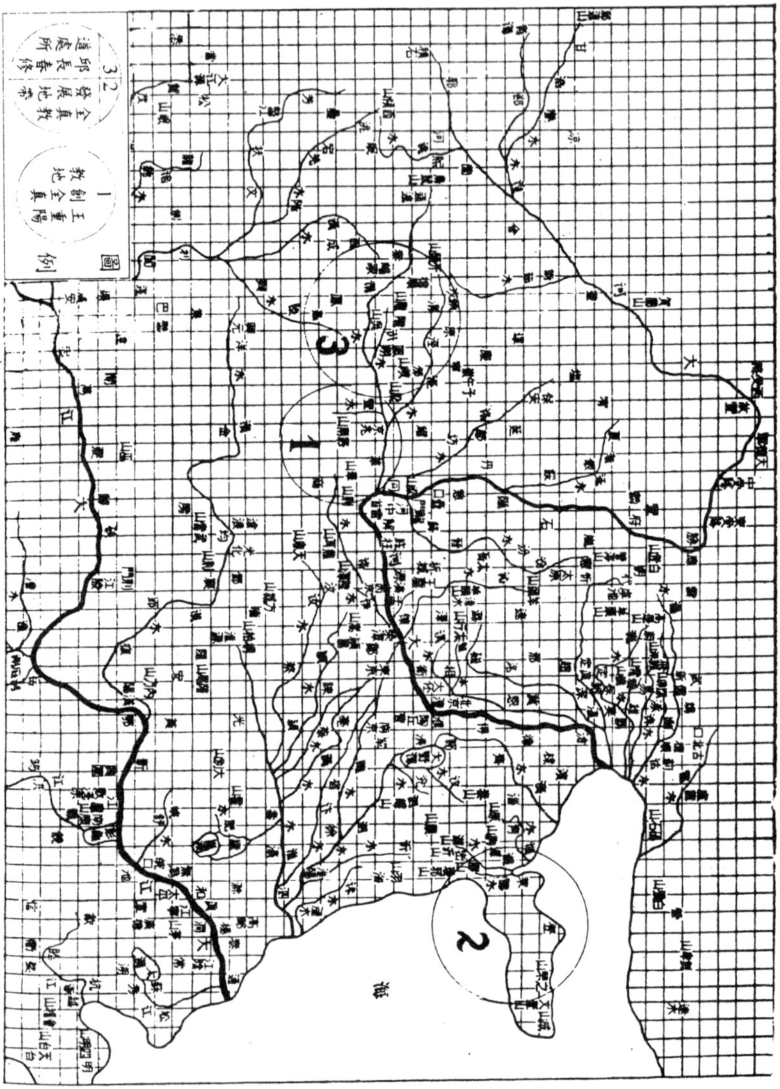

宋代华北图

（齐阜昌七年四月刻石禹迹图，右上部摹本）

王重阳有弟子七人，即丹阳子马钰、长真子谭处端、长生子刘处玄、长春子邱处机、玉阳子王处一、广陵子郝大通、清净散人孙不二。今录其生卒年月、年龄、籍贯及其崇奉的偏向于后：

姓名	道号	籍贯	年龄	生卒年	偏向
马钰	丹阳子	宁海州	六一	生：宋徽宗宣和五年（一一二三年） 卒：金世宗大定二十三年（一一八三年）	近道
谭处端	长真子	宁海州	六三	生：宋徽宗宣和五年（一一二三年） 卒：金世宗大定二十五年（一一八五年）	近佛
刘处玄	长生子	东莱	五七	生：金熙宗皇统七年（一一四七年） 卒：金章宗泰和三年（一二〇三年）	近佛
邱处机	长春子	登州	八〇	生：金熙宗皇统八年（一一四八年） 卒：元太祖丁亥年（一二二七年）	近儒
王处一	玉阳子	宁海州	七六	生：金熙宗皇统二年（一一四二年） 卒：元太祖丁丑年（一二一七年）	近道
郝大通	广陵子	宁海州	七三	生：金熙宗天眷三年（一一四〇年） 卒：元太祖壬申年（一二一二年）	近道
孙不二	清净散人	宁海州	六四	生：宋徽宗宣和元年（一一一九年） 卒：金世宗大定二十二年（一一八二年）	近道

以上七人，合称全真七子，其中清净散人孙不二是女流，原是马钰的妻子，七人中，她生得最早，死得也最早。寿命最短的是刘处玄，最长的是邱处机，最后死的也是邱处机。诸人虽然都是崇奉道教，而马钰的道教色彩最浓，王处一、郝大通、孙不二等近似，惟郝大通精于易数，更近乎阴阳方士的体系；刘处玄近佛，谭处端近似，只有邱处机是近于儒。

三

邱处机，字通密，小名邱哥，道号长春子。人称长春道人或长春真人。山东登州栖霞县滨都里人。生于金熙宗皇统八年(一一四八年)，即南宋高宗绍兴十八年。时，北宋已经亡了二十二年，女真族建立金朝，也经历了太祖、太宗、熙宗，明年（一一四九年）就是金海陵帝即位。

自女真灭北宋、掳徽钦二帝后，中原人心的激荡是可想而知的。女真人亦深知中原的人心不服，遂立张邦昌以为帝，是为伪楚（一一二七年），显然是想假张氏力量以收拾残局，一则可以掩饰其扩张过速，尚未有做接管并治理广阔疆域的准备，在客观上需要一段间接统治的时间以作缓冲，一则也表示在推翻背盟的宋朝后，自己对于那些比较进步的中原区域的秩序，仍有维持的能力。不过，等到女真兵退后，人心思赵的心情又渐复苏，老百姓生活安定后，昔日畅论时政的惯习又逐次恢复。张邦昌知人心的不附己，乃请哲宗元佑皇后孟氏主政，以便作还政于康王的过渡时期。康王秉政后，是为高宗，用李纲为相，为南宋初期全无纪纲的局面，总算树立了朝廷的规模。很不幸的是李纲不为时人所容，终被罢黜，然其在相位翦除张邦昌，对于兵乱后的政风确实有几分整饬作用。但，也因为张邦昌的被杀，女真遂引以为借口，借故兴兵再度南伐，兵分两路，阿鲁补领兵自蕲（今湖北蕲春县）黄（今湖北黄冈市黄州区）入江西以袭隆裕皇太后（即元佑皇后），是为西路；兀术领兵自滁（安徽滁县）和（今安徽和县）入江东以迫高宗，是为东路。大军所过，势同摧枯，宋高宗也曾率众避难海上，兀术虽曾领兵追逐，终不见高宗形影而还。中途，兀术尝为宋将韩世忠兵困黄天荡（今江苏南京市东北），后终反败为胜而兵回江北（一一三〇年）。金主选刘豫立而为帝，是为伪齐，欲利用以伐宋，以达牵制、瓦解南宋。可惜刘豫的努力不够，实有负大金皇帝期望，至连战皆败时，终被废除。时，金熙宗天会十年（一一三七年），宋高宗绍兴八年。是年，宋高宗亦正式奠都临安（今杭州），有长久定居以图徐徐恢复中原大计。秦桧为相，力倡和议，终使宋金划淮而治（一一四一年），宋朝只留下两浙、两淮、江东西、湖南北、西蜀、福建、广东西等十五路，与襄阳府、阶、成、和、凤等州而已。金熙宗晚年酗酒嗜杀（一一四七——一四九年），自元老兀术等死后，未几亦为人所弑，海陵即位，改元天德（一一四九年），时，邱处机年仅两岁。

邱处机祖父业农，亦喜做慈善事业，故世称“善门”。史称其生而聪敏，不幸自幼父母双亡，故未尝读书，日后颇知向学，能日记千余言，久而不忘，于儒书梵典都能历历上口，实由于其聪慧与强记所致。可惜他年幼的行事不详，金海陵帝将国都由上京（今黑龙江哈尔滨附近）迁至燕京（今北京）（一一五三年）时，他年六岁。至海陵帝引兵南伐，兵败采石（今安徽当涂县西北二十里）

（一一六一年），他年已十四岁。是年，金世宗立，海陵被杀，未几，宋高宗亦内禅（一一六二年），孝宗即位。

当高宗即位时，对于中原沦陷区的人民来说，他是复国救民的期望所在，绍兴的和议，中原人士或许对于他谈和的苦衷有所谅解，的确，他们希望宋高宗于混乱中稳定阵脚后再徐图恢复。一晃三十多年又过去了，长久的期待，并不是挥兵中原，反而是“内禅”的消息，那时，宋高宗才五十六岁。一年一年的期待，想不到是这样的结果。这不免令他们有失望的感觉。当希望变成无望时，他们遂力求自保，因而转趋信教的人很多，各教会也趁机扩张其势力，广示招徕。的确，乱世时，只有神的力量能给与他们更大的求生意志，只有神的意念能给与他们心灵更多的安慰。邱处机早年即有学仙的愿望，弱冠即弃俗入道，是受双亲早死的影响，抑时世环境的感染？

邱处机最早隐居山东宁海州（山东牟平县）昆嵛山的烟霞洞，据顾祖禹《读史方舆纪要》的记载，该山在距宁海州四十里地，秀拔为诸山冠，上有太白顶，中有烟霞洞，气象恢宏，峰峦巉绝，的确是修仙的好地方。次年（一一六七年），王重阳自陕西来山东访友，邱处机知道此消息后，立即自昆嵛山至宁海州，拜谒于全真庵，并请为弟子。重阳见而喜爱，并与他谈了很久，颇为投机，于是，重阳收留了他，旦夕亲侍左右，令掌文翰及洒扫事情。自是，邱处机正式入全真教学道。重阳师徒先居烟霞洞，后迁文登庵、姜实庵，立七宝会，再迁宁海州金莲堂立金莲会，于掖县立平等会，于登州立三光会，于蓬莱立玉华会，普设会堂，广收会众（一一六七—一一六九年）。未几，重阳偕弟子邱处机、马钰、谭处端、刘处玄等至汴梁（今开封），寓居磁器王氏旅邸，大定十年（一一七〇年）正月，重阳仙逝。是邱处机随重阳学道名义上是四年，而实际上仅两年多（一一六七年九月——一一七〇年正月）。重阳的传道，是骂詈笞捶磨炼，故逆顺莫测，门人有受不了的，因而稍稍散去，笃志不变的，只有马（钰）谭（处端）邱（处机）刘（处玄）等四人而已。

重阳死后，越年（一一七二年），邱处机等将其柩送回陕西咸阳刘蒋村安葬，并守制墓庐，共居祖庭庵，教务由马钰管理。待服除后，彼等尝游鄠县（今陕西户县北）秦渡镇，夜宿真武庙，四人月夜共坐，尝各言所志。马钰志贫，谭处端志是，刘处玄志真，邱处机志闲。贫、是、真、闲虽然是各人的志，也是四人修道的境界与所修炼的途径。之后，众人星散，谭、刘去游洛阳，马钰回刘蒋村，邱处机乐秦陇风物，遂西游凤翔（今陕西凤翔县），经虢州（陕西宝鸡县），隐居陕西宝鸡县的磻溪（在县东南。又名凡谷），潜心修炼，凡六年（一一七四——一七九年），乃迁陇州（今陕西陇县）龙门山（在县西北）。潜修期间，生活颇为艰苦，未尝一新衣履，天渐寒时唯完补旧褐衲以度，一蓑一笠，虽寒暑而不变，人呼为蓑衣先生。除潜修外，就是好学，所著《磻溪集》中，有向虢县张王秀才借书的诗，又有与西京留守夹谷氏言赍书的事，集中更述及平日往来人物不乏解元、举人、节度使，其中以秀才尤多。其博览群书，或许就是从这时候开始的。由于他的好学嗜书，因此，所作的诗也自然地显得清真平淡，多可讽诵了。

自磻溪迁龙门山后，邱处机又潜心苦修了七年（一一八〇——一八六年），无疑的，这是邱公苦修的延长，由于求道专一，志坚神定，因而学道有成。这前后十三年（一一七四——一八六年）的苦修，对于邱处机日后的事业，有着很大的影响。斯时，马丹阳（钰）已卒（一一八三年），谭长真（处端）亦逝（一一八五年），未几，邱处机亦下龙门山，居终南祖（庭）庵，年三十九岁。在终南凡四年（一一八七——一九〇年），其间大定二十七年（一一八七年），金世宗尝召玉阳真人王处一赴燕都，且询以长生道理，处一以长生应惜精全神，并告以治天下要端拱无为。王处一的此次应诏，是全真教徒与皇室有关系的开端。次年（一一八八年）邱处机亦应金世宗邀，先后主万春节醮、塑吕纯阳、王重阳、马丹阳诸尊人像，并数次召见垂询保命至道的方法，处机首陈延生保命，应抑情寡欲、养气颐神，次及持盈守成的困难，并以人情习于富贵骄淫，若兢兢业业以自防，长久后自然会成仙成道。邱处机欲与金世宗传授《谷神不死》一章，约需持戒七日，由于近侍人员的反对，遂作罢论。未几，邱处机亦被放还。金世宗的频频召见道士闲谈，姚从吾先生以为此纯属私人举动，与时政无关。然金世宗晚年颇信神仙浮图，或许与其老年丧子有关。盖大定二十五年（一一八五年），金世宗丧子，时，年六十三岁，其信浮图神仙，或许在求得心灵的平静。世宗在位二十九年，斯时，南北讲和，民能休息，躬节俭，信赏罚，群臣守职，上下相安，家给人足，仓廪有余，真是一个太平安乐的时代，王处一、邱处机的应诏传道，足以说明民间对其统治的反应颇佳，当金世宗死的消息流布，也难怪邱处机要作挽词哀悼，以示怀念了。金世宗的死，也使邱处机深深体会到贵为天子，富有四海，也不能活命百岁。

金世宗死后，皇太孙即位，是为金章宗。明昌二年（一一九一年），邱处机东归栖霞，于今县北十里大建琳宫，皇帝尝赐额“太虚”，该宫气象雄伟，为东方道林之冠。泰和间，李元妃重道，尝遥礼邱师于禁中，并遗道经一藏。自是以后二十九年间（一一九一——一二一九年），邱处机居是观，达官贵人敬奉者日益多，如定海军节度使刘师鲁、邹应中及当代名臣，皆曾相与为友。这段时间内，金章宗亦屡召玉阳真人王处一、长生真人刘处玄。由是，亦可见全真教诸大师对政治的态度并非消极。

金章宗泰和以前的四十年间（一一六一——一一九九年），实为金朝的全盛时期，元好问诗称“神功圣德三千牍，大定明昌五十年”即是指此段时间而言。然自是以后，女真政衰，蒙古兴起，金章宗泰和六年（一二〇六年），铁木真统一蒙古各部，在斡难河（Onan

《七真传》载邱处机“磻溪修道图”

Muren）召集了宗亲大会（Kuriltai），建号曰“成吉思汗”，统有九十五“千户”、三“万户”，兵力为当时各国之冠。大会以后，成吉思汗复兵伐乃蛮（Naiman），征西夏（Tanggut），款伏畏吾儿（Uighur），更南侵金国，金兵初败野狐岭（今河北万全县东北），又溃会河堡（今张家口东南），精兵器械，损失甚巨，识者谓金亡实由于是役的失败所致。未几。居庸关（今北京昌平西北）失守，中都（指燕京，即今北京）戒严（一二一一年）。蒙古又兵破昌（今宣化县境）、垣（今多伦一带）、抚（今张家口一带）等州，围西京（今山西大同）（一二一二年），拔涿（今河北涿州市）、易（今河北易县），占宣德（今宣化县）、德兴（今涿鹿县）二府，金兵不能抗（一二一三年）。是年（一二一三年）八月，金右副元帅胡沙虎弑金主卫绍王，立宣宗，改元贞佑。是时，蒙古兵分据华北各地，成吉思汗驻驿中都，诸将请汗乘胜以破燕，不许。金宣宗乃遣完颜承晖诣汗军讲和，蒙古兵乃退（一二一四年）。

当蒙古兵临山东河北时，诸州郡多残毁，纪纲荡然无存，蚩蚩民庶，靡所趣向，一时间，信全真教者很多。蒙古兵退后，山东又乱，驸马都尉仆散安贞曾将兵进讨，因邱处机于山东声望甚隆，仆散安贞尝请邱师代为抚谕，邱师所至，悉皆投戈拜命。金宣宗亦于蒙古兵退后，大肆安集军民，重整国防，工作很是艰苦。又因为蒙古兵不时南向扰边，宣宗不得已决意迁都于汴（一二一四年），以太子完颜守忠守燕。未几，太子弃中都走汴，河朔复趋混乱，强凌弱，众暴寡，遗民自相吞噬，数千里间，混乱悲惨的残酷局面，已达相当程度。及成吉思汗闻金主南迁，大怒，遂再度兴兵南下，直攻中都。中都降（一二一五年），汗以契丹人石抹明安为留守，加太傅，兼管蒙古汉军都元帅，并遣忽突忽等籍中都帑藏。同时，又得着了停滞在中都的契丹人耶律楚材。是年秋，成吉思汗先后获得中原城邑八百余，原很混乱的华北，更显得混乱。至于南迁汴都的金室，其威令不出国门，未沦陷处所亦盗贼日炽，金主曾命东平监军王庭玉特诏召邱师归汴，其目的或许是想假师力以弭平乱事，邱处机以“循天理而行”婉拒了金主的邀请（一二一六年），究其拒绝原因，或许与金室朝纲不振有关系。次年（一二一七年），成吉思汗欲西征花剌子模（Khwarizm），遂以东方的经略交与国王木华黎，并建行省于燕京，期作长久经营。又次年（一二一八年）征召耶律楚材，扈从西征，楚材身长、美髯、声宏，善应对，处汗左右，遂被呼为“吾图撒合里”（Urtu Sagal），蒙古语“长髯”的意思。时，楚材年二十九岁。

四

金宣宗屡欲遣使邀请邱处机，不幸事有龃龉，每多不谐。兴定三年（一二一九年）四月，金河南提控边鄙使至，欲邀师同往，师不允，使者携师所书诗颂以归。既而，复有使者自汴梁而来，途中闻宋人据山东，乃还。以上是金室的屡次邀请情形，其中“宋人据山东”事，实指金元帅张林以青、莒、密、登、莱、潍、淄、滨、棣、宁海、济南等十二州归宋事。同年八月，江南大帅李全、刘义斌等亦奉宋宁宗命来请师赴南方，亦不允。对于宋、金的每次相邀不赴，实在难为地方官登州牧守，邱师仍以其行止决诸天为辞。是年底，成吉思汗使刘仲禄传诏敦请，时人皆以为师当南行，盖南方奉道意厚，而北方则多杀气，况复字语不通。然邱师未经多考虑，宜即应允，是天意？是缘分？

对于一位有志救民如邱处机那样的人，他的接受征聘，多少会影响到他的未来，一着错误的决定，不仅会牺牲自己，同时也会殃及邻人。盖乱世时，不能不作谨慎的选择。当金、宋、蒙古的使臣到来时，邱师是应该有所顾忌，应该权衡其利弊。女真朝政不振，宋朝偏安一隅，对于山东似无太多影响，而真能影响的，倒是横行于山东境内的蒙古兵。盖蒙兵兵锋侵入中原，一贯的目的在掠夺物品，征服异己，惨酷的屠杀，史书里有着很多的材料记载。元宋子贞为其师耶律楚材撰《神道碑》时，称此一大乱时期的现象是“天纲绝，地轴折，人理灭”，中原的惨遭屠杀，汉人的需要援助（其实也不限于汉人），真是迫如救火。邱师不忍众生涂炭，中心焦灼，冀回天心，以救世人，这时候的情况，正如冯道对耶律德光讲话，谓“此时佛出救不得，惟皇帝救得”，的确，眼前中原千百万人的生命，皆系于成吉思汗一人之手，惟有他下令止杀，才有实效。因此，金室宋主先后来聘，邱师皆不赴，其目的或许是期待真正能救人民于水火的时机到来。师尝云“当有留不住时”，也就是在那里静静地期待，一旦蒙古大汗万里来聘，自然是这位救世救民的教主所乐于一试的。为了解民于倒悬，虽年迈古稀、跋涉万里，再辛苦些也会欣然赴道了。至于刘仲禄的传旨敦请，是否出诸全真教徒有意的安排，实不得而知，然于天下大乱的时候，挽救当时民族与文化的劫运，显然是人人都有责任的，何况刘仲禄是汉人，而被杀戮的是自己的同胞？刘仲禄的竭力向成吉思汗推荐邱师，或许就是此份心情。

刘仲禄精通医术，善作鸣镝，颇获成吉思汗信任，因追随大汗左右，尝进言邱长春行年三百余岁，有保养长生术。谈到“长生”，谁不喜欢？生长游牧草原的大汗，似亦不能例外。是以，当大汗西征的时候，于紧张战争之后，找一个人谈谈养生道理，也可以松弛心情。成吉思汗行至乃蛮国境，即遣刘仲禄为使，手持“如朕亲行，

元太祖（成吉思汗）像

（北京故宫博物院藏历代帝王像）

便宜行事”的虎头金牌（如附图），率领着二十骑蒙古人，携带着诏书，赴汉地敦请。其诏文的要点：

（1）我居北地，短时间内能成大业，完成统一，非我有德，而是因为金朝政治不上轨道所致。我受天佑，获承至尊，四海称臣，形成千年百世以来未有的盛世。

（2）我欲选贤佐以安天下。访闻邱师体真履规，博物洽闻，探赜穷理，道冲德著，内心仰怀无已。欲效渭水同车、茅庐三顾，奈何山川悬阔，有失躬迎。

（3）朕避位侧身，斋戒沐浴，差近侍刘仲禄，备轻骑素车，谨邀先生，希先生不以沙漠悠远为念。

（4）先生或告以忧民当世事务，或告以保身方法，诚望先生著大道端要，无违众生心愿。

刘仲禄于五月奉命，八月到燕京，过中山（今河北正定县）。始听闻邱师在东莱（今山东莱州市），得京都安抚使张林（疑即降宋的张林）助，识邱师弟子尹志平，十二月同至东莱昊天观，会见邱师，并说明大汗相邀意，尹志平亦劝师“开化度人”，此是最好的时机，至是，邱师始决意北觐大汗。同时与刘仲禄约，请先回益都（今山东青州市），俟来年（一二二〇年）正月十五日醮毕，遣十五骑来接往北上。

邱师西行记事，见于其弟子李志常所著《长春真人西游记》，书中详记各地道里、风俗、人物、事迹，实为研究邱师事迹及中世纪中央亚细亚史地不可多得的书籍。据该书记载，是行邱师选了十八名弟子（原作十九名，误）相随。即：

赵道坚：虚静先生。原名九古。澶州人。

宋道安：冲虚大师。

尹志平：清和大师。字太和。莱州人。

孙志坚：虚寂大师。

夏志诚：清贫道人。济南章邱人。

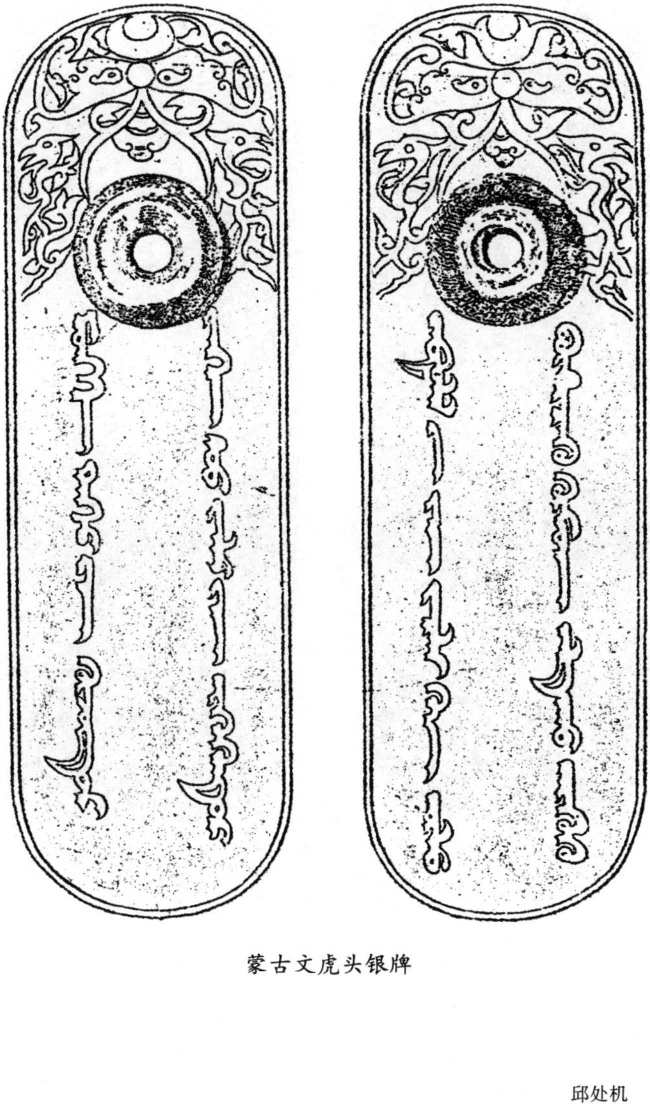

蒙古文虎头银牌

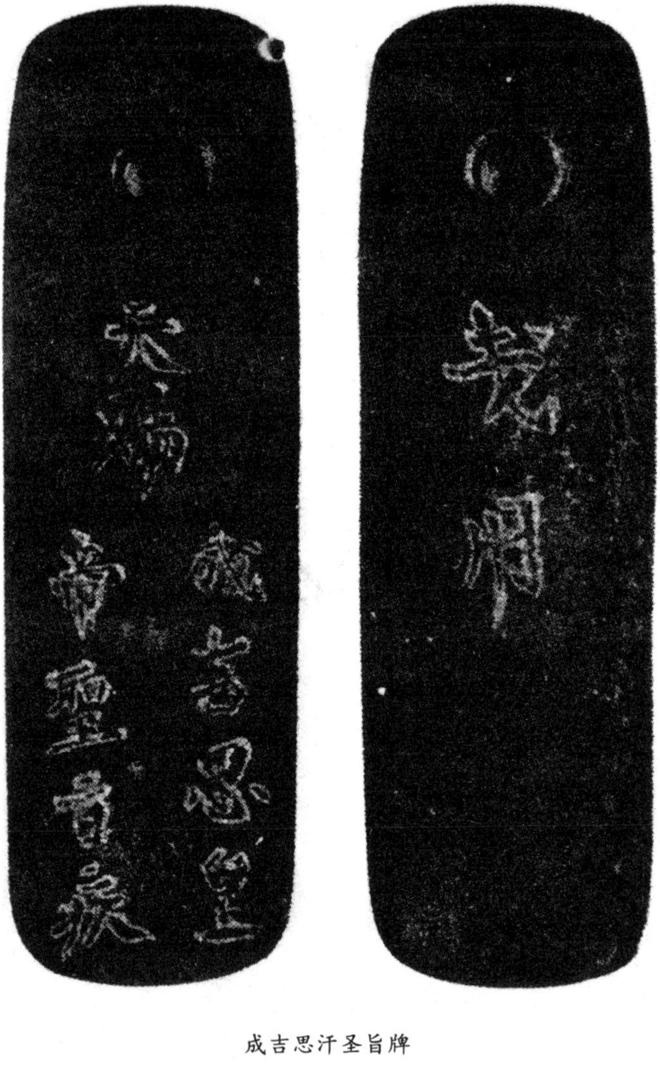

成吉思汗圣旨牌

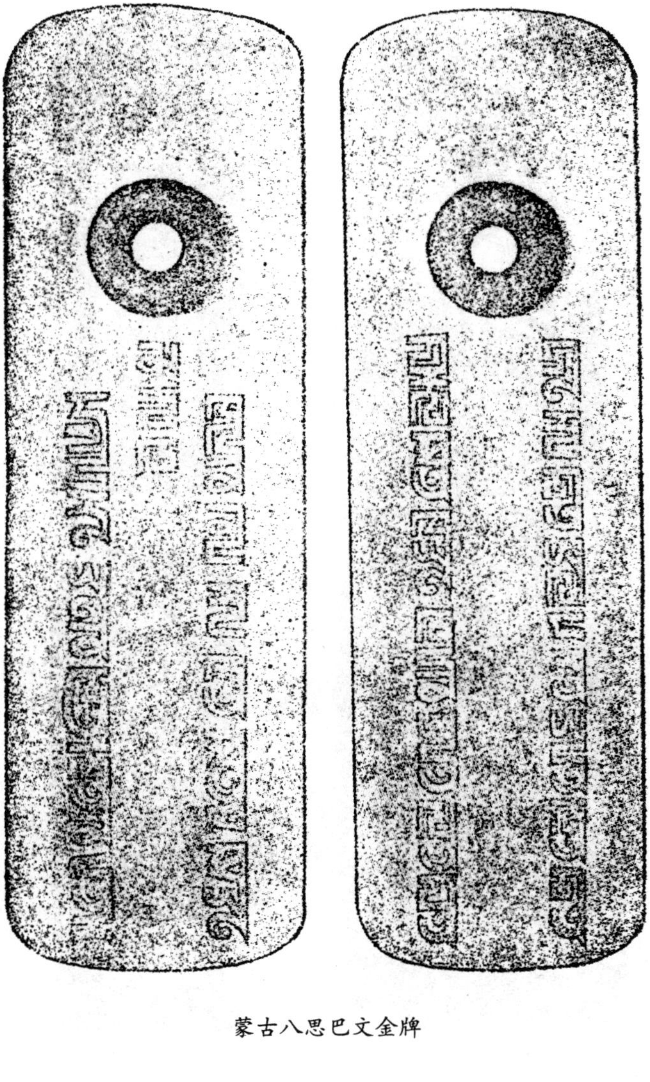

蒙古八思巴文金牌

蒙古八思巴文虎头牌

宋德芳：清虚大师。字广道。号披云子。莱州掖城人。

王志明：葆光大师。

于志可：冲虚大师。字显道。宁海人。

张志素：崇道大师。号谷神子。睢阳人。

鞠志圆：通真大师。

李志常：通玄大师。字浩然。开元观城人。

郑志修：颐真大师。

孙志远：玄真大师。

孟志温：悟真大师。字德清。上京徒单氏。

綦志清：清真大师。字子源。莱州掖县人。

何志坚：保真大师。

杨志静：通玄大师。

潘德冲：冲和大师。字仲和。淄之齐东人。

及期，刘仲禄派骑来迎，经将陵（今山东陵县）、绝滹沱河，到芦沟桥。燕京士庶僧道来迎，师等由丽和门（金中都西三门之左门）入。行省石抹咸得不馆师等于玉虚观。时，京师士庶目睹邱师风范，颇为礼敬，欲执弟子礼者，不可胜计，都中二三遗老，亦乐与游。

邱师至燕京后，闻大汗行宫渐西，且以自己年岁已高，倦冒风沙，欲待汗回，再为朝谒。他曾将此意向刘仲禄提出，仲禄不允，于是自行奉表陈情。以（1）自己拙于谋生，学道无成，声名虽远播诸国，所奉道未能于诸人有何好处，自省，忧心忡忡。（2）今天赐汗以勇智，汗的治道、威灵，会使华夷宾服，因而我不辞各种艰难，欲一进见。起初我以为汗在桓（今内蒙古多伦县）抚（今河北张北县北）以北，到燕以后才知车驾遥远，沿途风沙蔽天，我年已迈，担心不能到达。（3）军国事非我所能，道德的心是叫人戒欲，二者都是难事，我乃与刘仲禄商议，不如在燕京、德兴府（今河北涿鹿）等处盘桓住坐以待汗回。（4）回想我师兄弟四人出家，三人业已仙逝，而我虚得其名，今我肤色尚可，但身体瘦弱，伏望汗体恤。处机的陈情书是由蒙古护从曷刺送往行在（行宫），自己则盘桓于燕京、德兴、宣德（今河北宣化县）间。尝作醮于天长馆，度夏龙阳观（在德兴），又住宣德朝元观。十月，曷刺回，并带回大汗诏书，内有“不辞暴露于风霜，自愿跋涉于沙碛”，其意思就是要邱师前往行在。此书系出诸耶律楚材手笔，并一再夸赞邱师义行，或尊为师，或称真人，其为大汗、耶律楚材的见重亦由是可见。

耶律楚材，字晋卿，辽东丹王突欲八世孙，幼而学儒，晚而学佛，尝主张以孔子道治天下，以佛教治一心。在其所撰《西游录》中，对于邱师的西行，他是很赞成的。其理由是（1）国朝开始，庶政草创，今用兵西域，无暇修文崇善。（2）其实三圣人教于世皆有益，因曾读老子《道德》（经）二篇，即深深感觉到。（3）楚材并希望大汗承袭羲皇盛世，故很赞成其事。亦将可以“为儒佛之先容”（为儒佛讲好话的意思）。由是看来，邱处机的远来说教，不免给与当时服役蒙古汗庭的汉人与汉地的学者们以若干幻想，认为汉人或有得君行道的希望，所谓“为儒佛之先容”，自是当年一部分人的看法，不仅是耶律楚材一人而已。斯时，耶律楚材年仅三十，他的地位只是可汗的一名随从秘书，其赞成与否，实无关宏旨。

在曷刺的西回里，亦带有大汗赐刘仲禄的信，令扶持邱师慢慢来，无使其饥饿或疲劳。最后，邱师还是要西行了。反观其一行、一停、一行，是否有试探大汗诚意的意图在？邱师既决定西行，于是，立即回返德兴府龙阳观过冬，并筹备行装，以便明春启程后沿途的所需。时，邱师年七十三岁。以年逾古稀之龄，仍能慈心壮志，不辞艰辛，度崇岭，涉沙漠，万里西行，实在令人敬佩。

五

成吉思汗的十六年（一二二一年），金宣宗兴定五年，宋宁宗嘉定十四年。正月十五日醮毕，二月八日，邱师即率宣差及随从数十人启行。时，天气晴朗，道俗合饯于西郊，至有拥马而泣者。众人以师去万里，何时得复获瞻礼相询，表面上是希望师告以归期，实则对师年迈远行表示关心。邱师告以只要道心坚固，终会有再见时候。尽管邱师表面上显得很平静，而忧心忡忡似亦担心，此行异域，其道是否会合汗意？真可谓“归期难卜”。然邱师仍预示三年回。

邱师自宣德州出发后，其行程方向是向北，因成吉思汗弟斡辰（《元史》作斡嗔）大王相邀故，时，斡辰大王因成吉思汗西征，留守三河源头汗庭（张星烺谓约黑龙江胪滨县境）。邱师经翠帡口（今河北万全县北），北度野狐岭（今河北万全县北），过抚州（今张北县北），东北过盖里泊（即克勒泊。张德辉记行作狗泊），入大沙陀（多伦诺尔北七八十里），三月朔，出沙陀，至鱼儿泺（即达里泊 Dalai Naor），又东北行二十余日，方见西沙河（丁谦谓即海拉尔河 Khalgagol，西北流入呼伦泊），渡河，北入小沙陀，四月朔，始至斡辰大王帐下。据丁谦谓，自中国赴蒙古有五道，无一不经沙陀，张德辉与邱长春所行皆东大道。邱师既见大王，大王问以延生事，邱师以虚虔斋戒，而后可闻。并约以四月十五日授受，至期，因下大雪，遂作罢。斡辰无奈，谕阿里鲜，等邱师见大汗东回时，务必奉师过此。

邱师等复西北行，抵陆局河（即克鲁伦河 Kerulen），沿河南岸西行。五月朔中午，有日食。又行十六日，河势绕西北而去。又十日，逢夏至，渐见大山峭拔，再西，渐有山阜，人烟颇众，俗牧且猎。又四程，西北渡河，其旁山川皆秀丽，水草丰美。六月十三日，至长松岭（位和林附近鄂尔浑及塔米儿河流处的东南。俄人 Patanin 谓杭爱山东部有 Undurshanen，蒙语：高松），过山，渡浅河（即鄂尔浑河 Orkhon）、石河（即色楞格河 Selenga 南方支流赤老图河 Cilatu），二十八日，至皇后窝里朵（Ordo）东，宣使先往奏禀皇后，乃渡河谒见（色楞格河上游支流 Eter 河），皇后即卫绍王公主与西夏察哈公主是。七月九日，西南行，屡见山（即杭爱山 Kanghai）上有雪。又历一山，高峰如削。南出大峡（指越杭爱山），则一水西流（即乌里雅苏台河）。北有故城曷剌肖（即乌里雅苏台 Uliassutai）。又经田镇海八剌哈孙（即镇海城 Chingay balgasun）（科布多东南），时，汉民工匠，络绎来迎。翌日，镇海来谒，邱师与语，欲于此过冬以待銮舆回，宣使刘仲禄不能决定，镇海亦云大汗有敕，诸处官员无得稽留真人，愿亲自从行。邱师知不能留，只得卜日而行。镇海复谓前有大山广泽，非车行所宜，应减车从轻骑以进。师用其言，遂留弟子宋道安、李志常等九人，彼等选地为观，不一月落成，榜曰栖霞观（以上在蒙古境内）。

八月，邱师复携门人及蒙古驿骑随田镇海等傍大山西行，三日后，复东南过大山，经大峡，中秋日抵金山东北，少驻，复南行，约行四程，连渡五岭，南出山前，临河止宿（按：此河或云为布勒昆河，或云为也儿的石河）。再渡河而南，经白骨甸，达沙陀（即准噶尔沙漠 Dsungaria Desert），至回纥城（即和州，在吐鲁番东），又西至鳖思马城（即别失八里 Bisbalik），王官士庶僧道数百，具威仪远迎。九月二日，西行四日，宿轮台东（今仍称轮台），重九日至回纥昌八剌城（《元史》作彰八里 Djambalekh，今天山北麓，为通往伊犁大道），其王与镇海有旧，率众部族及回纥僧皆远迎。翌日，傍阴山而西，经天池（Kuldja 北面山中 Sairam Na ‘or）。沿天池南下，入东西大川（即伊犁河），至阿里马城（Almalik）（Kuldja 西北绥城附近）（以上在新疆境内）。时，九月二十七日。

又西行，至答剌速没辇（即 Talas 河），乘舟以济。又西行五日，宣使刘仲禄以渐近行在，遂先往驰奏，独镇海从师西行，至大石林牙（即西辽虎思斡尔朵 Qusun Ordo），沿山而西，又渡石桥，西南山行至赛蓝城（Sairam，塔什干东），十一月初五日，赵道坚逝世，葬讫，复西南行，至塔什干（Tashkend），渡霍阐没辇（Khodjand Muren，即锡尔河），十八日，再渡大河（即 Zarafshan R.），至邪米思干（即撒马尔干 Semescant，Samarkand）城北，太师耶律阿海等载酒郊迎，并约定明年至行宫朝见。至是，邱师等遂留此地过冬。自二月八日始行，至十一月十八日至邪米思干，途中经历凡二百七十六日。时，耶律楚材亦在邪米思干，邱师至，楚材尝待以宾主礼。二人均能诗善文，又同客异域，且均欲以有道干政，加以彼此皆健谈，虽年龄有异，仍联句和诗，焚香煮茗，春游邃圃，夜话寒斋，其乐也融融之情，绝不因年龄悬殊而稍减。自是年十一月十八日起，直到次年（一二二二年）三月十五日止，邱师在邪米思干停留了一百四十七日。邱师门人曾有劝耶律楚材奉全真教者，楚材以自己幼而习儒，长而奉释，安有降于乔木，入于幽谷？故事未成。劝楚材信全真教事，其实，邱师并未有是意，因为他曾赞美楚材是个通达的人。劝楚材奉全真事或为邱师门人自己的意思。

翌年（一二二二年）三月上旬，阿里鲜自行宫至，传汗旨语邱师，谓今朕已回，亟欲闻道，请无以倦而推辞。同时，对于刘仲禄的持诏征聘与镇海的护送邱师，甚是感谢。仍敕万户播鲁只

（即博尔术）以甲士千人卫送过铁门关。邱师遂留门人尹志平辈三人于馆，三月十五日以侍从五六人同宣使启行，过碣石城（Kash 在 Samarkand 南），播鲁只领兵卫送过铁门（Iron Gates 在碣石南五十五英里），渡阿母河（Amu Muren），四月五日达行在（即八鲁湾 Parwan，印度库什山中关隘，在 Kabul 与 Anderab 间）。既至，即入见，大汗嘉师踰万里而来，并询以有何长生药？邱师回以有卫生之道，而无长生药。成吉思汗嘉其诚，设二帐于御幄东以居，并呼邱师为神仙。时，天热，邱师从大汗避暑雪山，约定四月十四日问道，令外使田镇海、刘仲禄、阿里鲜，内使近侍三人分别记录。将及期，因回纥山贼为乱，上欲亲征，改卜十月，师遂复归邪米思干暂住。自五月五日至八月八日，邱师在邪米思干停留了九十二日。因宾客甚少，师日以读经书为乐。

七月初，师遣阿里鲜奉表诣行宫，禀论道日期，八月七日得上批答，八日即行。过碣石，越铁门，经班里（Balkh），至行在。时，大汗行宫在印度库什山（Hindu Kush）北，距阿母河约三日程。预奏，觐见时免除跪拜，只行折身叉手礼，听道者应先期独居、斋戒。十月望，汗设屋、斋庄、退侍女、备庭燎、虚前席，延长春真人入。邱师与太师阿海、阿里鲜、刘仲禄、镇海等入帐，论道时，令太师阿海以蒙古语译奏。邱师所论道，颇惬圣意。十九日、二十三日又再论道，仍令左右录其言，并敕志以汉字，意示不忘。大汗又谓左右，以神仙三说养生之道，颇合心意，使勿将所述泄于外。时，耶律楚材或亦参与听道，并作记录——《玄风庆会录》。谈及此记录，姚从吾先生以为内容大致可信，它不是原始记录的正本或副本，因为照《西游记》所说正本是蒙古文，间或附有汉字或回纥字。蒙文记录以外，耶律楚材有没有奉敕编录成为汉文？诸书均未明言，但耶律楚材本人是知道所讲内容的。汉文《奉敕编录》本是全真教徒事后的追记。托名楚材，盖欲欺世盗名罢了。根据是书的记载，邱师论道的要点是：

（1）世人爱处不爱，世人住处不住，去声色以清静为娱，屏滋味以恬淡为美。

（2）眼见乎色，耳听乎声，口嗜乎味，性遂乎情，则散其气。譬如气鞠（球），气实则健，气散则否。人以气为主，逐物动念则元气散，亦若气鞠的气散。

（3）陛下本天人，皇天眷命，假手以除残去暴，为百姓父母，功成限毕即升天复位，在世时，切宜减声色、省嗜欲，得圣体康宁。

（4）神为子，气为母。气全则生，气亡则死，气盛则壮，气衰则老。神气同体，精髓一源，陛下试一月静寝，必觉精神清爽，筋骨强健。古人云：服药千朝，不如独卧一宵。药为草，精为髓，去髓添草，有何益处？

（5）山东河北，天下美地，自古得者为大国。今民有兵火相继，流散未集，宜差知彼中子细事务者能干官，规措勾当，与免三年税赋，使军国足丝帛之用，黔黎获苏息之安，一举而两得。

耶律楚材尝批评邱师所论道皆“平平之语”，就儒家与佛教的观点来说，邱师所论的道实平平不足道，但若与《元秘史》中豁尔赤与阔阔出的学行相较，则又比较高明多了，姚从吾先生以为这是邱处机雪山讲道成功的最大原因。尽管这些话都是平平之语，亦颇合乎成吉思汗的胃口，再高深些，恐怕大汗亦无法了解了。的确，这些平易近人的哲理，也难怪成吉思汗令“勿泄于外”而视为秘宝了。

成吉思汗东还邪米思干，邱师扈从，随时敷奏道化。汗尝问以震雷事，邱师对以罪莫大于不孝，故天以示警。汗悦，以神仙所言正合其意，并敕左右记以回纥字，且从师请以遍谕国人。又汗猎豕堕马，邱师谏以天道好生。因汗日专攻战，邱师以欲一天下者，必在乎不杀人。汗问为治之道，则对以敬天爱民。的确，在此时对于一位即将成功的大汗，对于一位年近古稀的老翁来谈保国爱民、用贤薄赋、清心寡欲、敬天敬孝，的确是最适合的了，成吉思汗以邱神仙为上天赐与他的，足见成吉思汗对邱师是如何看重了。

邱师东归事在成吉思汗的十八年（一二二三年）三月十日，临行前，汗赐牛马等物，邱师皆不受。汗问通事阿里鲜："汉地里神仙有多少弟子？"阿里鲜回以"很多"，并云神仙来时，德兴府龙阳观中，尝见官司有催督差发的事情。汗立即下令全真"门下人悉令蠲免"，乃赐圣旨文字一通，且用御宝。圣旨中明白记载：(1)邱神仙的院舍是逐日念诵经文告诉上天并与皇帝祝寿的地方（此系理由）。(2)所有邱神仙的出家门人等大小差发赋税都教免了。由于这一通诏书免了道人的差役赋税，因而引起了耶律楚材对邱处机的不满意，盖楚材尝听舆人言邱师乞免差役是包括了修善出家人，修善出家人应包含了僧道，后数年方知止书道人不及僧，楚材以为是邱处机有意的作伪。对于此，姚从吾先生有更多的辩白，以楚材闻于舆人，显然是传闻之辞，不足信。照《西游记》所说，由赐牛马不受，乃转而说到免除赋税、差发，此是长春师徒等应对交涉的结果，特赐圣旨一通，免除门下人差发，则全是由于通事阿里鲜的代为申说，并无"典诰命者不在，令道人自填"，遂止书"道人免役"的话。退一步讲，全真教为道教，独请蠲免道人差役，那不但是很自然的，而且是很应该的，不然，他们企求得君行道，所为何来？这里"言不及僧"，实不能列为长春真人的罪状。因湛然居士先有"为儒佛先容"的错觉，又素来轻视道教，故表示不满，自是一面之词，不可全信。耶律楚材对邱处机有十大批评，姚从吾先生均有详细辩驳其不实。

大汗以阿里鲜、蒙古带等护邱师东归，临行，自答剌汗

（Darqan）以下皆携葡萄酒珍果，相送数十里，场面颇为壮观，临别，众皆挥涕，一片依依难舍的情形。邱师等一行，经赛蓝、阿里马、天池、傍金山，五月初抵田镇海城，与门人宋道安等会。邱师归心似箭，欲取南路回。阿里鲜告以南路多沙石，少水草，人马很多，恐怕会滞留于途中。邱师主分三批以行，当无问题。五月七日，第一批先行，计有宋道安、夏志诚、宋德芳、孟志温、何志坚、潘德冲等六人。五月十四日，第二批动身。计有邱处机、尹志平、王志明、于志可、鞠志圆、杨志静、綦志清等七人。五月十八日，第三批殿后。计有张志素、孙志坚、郑志修、张志远、李志常等五人。邱师等或乘马，或坐车，六月二十二日至丰州（今内蒙古呼和浩特市），七月九日至云中（今山西大同县），八月中旬，回到宣德，居朝元观。次年（一二二四年）二月，乃渡居庸而南还燕京，住大天长观。邱师驰传往返，历时三年，所过迎者动辄数千人，所去致有拥马而泣者，其感人心也如此。及回汉地，四方道流不远千里而来，所历城郭皆挽留，其为人爱戴也如此。时，邱师已七十七岁。

当邱师初回宣德，宣差阿里鲜以木华黎子孛徒军在山东，悲生灵必遭杀戮，欲亲往招谕宣慰，恳请邱师派门弟子尹志平同行。邱师允，并付招谕书二副。由是看来，在阻止杀戮方面，阿里鲜也显得很积极。又闻宣德以南，诸方道众来参者多，恐各地诸庵困于接待，又虑及道人之无赖者有妨道化，特颁亲笔训条，令尹志平随时约束。是邱师于救人之中，兼主扶善去恶，这样的存心，也是很可称赞的。

六

自邱师东还后，远在西域的大汗，实有着无比的眷恋，每当使者赴行宫，大汗必详问神仙安否？每当有人至汉地，必传旨邱师宣慰。如成吉思汗十八年（一二二三年）十一月十日，大汗差贾昌传旨邱师，道出深深相思之意；次年（一二二四年）二月二十二日，喝剌至自行宫，亦传旨奖励邱师等每日诵经与其祝寿事，并令神仙于好田地内爱住的地方住，同时也叮嘱阿里鲜，以神仙寿高，应善为护持。同年六月十五日，相公札八（即《元史》札八儿火者）亦再度传旨。由是，知大汗对邱师的怀念、关心。

邱师回来后，确实显得忙碌。大汗曾命令他掌管天下道门，大小事务悉听神仙处置，他人不得干预。其后，阿里鲜亦面奉皇帝圣旨，令师管理天下的出家善人，《至元辨伪录》所责斥全真教悬牌驰骋诸州通管僧尼的王伯平道人，其通管显然于法有据的。邱师除了忙全真教务外，尝四处主持斋醮，又在天长建平等、长春、灵宝、长生、明真、平安、消灾、万莲等八会，诸方道侣的云集，京人翕然归慕，因而教门四辟，百倍往昔，远方道士相继来求法名者亦日众。自王重阳创立全真教以来，实未有如是的盛况，全真教的能大畅其道，此时真称得上是如日中天。人人自动投效全真，或许是因为信斯教者有不剪发、不服役、不纳税的特权，但也有很多教徒是全真教士主动争取而来的，如《元史·邱处机传》称处机还燕，使其徒持牒招求于战乱后，由是人奴复得为良，临死而得更生者毋虑二三巨万人是。的确，当蒙骑践蹂中原之际，玉石俱焚、贤愚并戮，全真教能借道扩张，正是万千无告良民的福音与救星。《金莲正宗记》谓“四百州半获安生，数万里率皆受赐”也是实情。斯时，不仅一般人借全真教以生，就是当时的亡金朝臣或士大夫，愿执弟子礼者，亦不可胜计，师或委曲招延，饭于斋堂，其待士之诚类此。

邱师居燕，每斋毕，恒出游故苑琼华岛上，从者六七人，宴坐松阴，或自赋诗相次属和，间因茶罢，命从者歌游仙曲数阕。夕阳在山，澹然忘归。宣差札八相公以北宫园池，并其近地数十顷为献，且请为道院，师辞不受，请至于再，师始受。札八等既又为颁文榜，以禁樵采，安置道侣，日益修葺，地方官吏于邱师的爱护备至由是可见。自是以后，佳时胜日，师未尝不往来其间。成吉思汗的二十年（一二二五年）九月，宣抚王巨川（楫）以荧惑（星）犯尾宿（星），主燕境灾，将请师作醮，问所费用几何？师以比年以来，民苦征役，公私交罄，当以观中常住物应用，但令京官斋戒，以待行礼即可，并约以作醮两昼夜。邱师不惮老，亲祷于玄坛，醮竟，荧惑亦退。次年（一二二六年）正月，盘山栖云观成，请师前往作黄箓醮三昼夜。盘山在河北蓟州，旧有法兴寺，明秀端整，世为浮屠所居，会金源氏迁汴，劫火流行，复为茂林丰草豺虎所据，全真栖云子王道政门徒复营卜筑，又得本州同知许公助，越数年而成。日后，《至元辨伪录》则认此事为占夺寺院而大肆攻击，其实，以荒山废址，重葺为道院，亦成吉思汗所特许，怎能称为占夺？五月，京师大旱，农田荒废，人以为忧，行省请师作醮祈雨，前夕，雨果至。又次年（一二二七年）自春及夏，又旱，有司祈祷，未果，师约以五月一日为“祈雨醮”，初三日为“贺雨醮”，三日中有雨名“瑞应”，雨过三日虽得，非醮家雨。及醮竟日，雨乃作，翌日盈尺。

去年（一二二六年），成吉思汗回兵亲征西夏，驻秦州（陕西

（《七真传》载邱处机作“醮祈雨图”）

天水县），邱师所行所为，大汗似有所闻，至是，于今年（一二二七年）派道士王志明来，传旨改北宫仙岛为万安宫，天长观为长春宫；再诏天下出家善人皆隶其管辖。且赐虎头金牌："道家事，一仰神仙处置。"的确，对于一位有志匡世救民的救世主——邱处机来说，他的权势已达到最高极限。那年，邱处机已是八十高龄的老翁，就在忙完了祈雨醮，得着通管天下出家善人的诏谕后，没有好久就病了，或云所患的病是"痢疾"。七月九日，邱师登宝玄堂，留颂而逝。

遗嘱：令门人宋道安提举教门事，尹志平为副。宋德方、李志常同议教门事。

首七日内，道俗远来，吊者以万计。

刘仲禄得着邱师死讯后，立即奏闻大汗。

是月十二日，成吉思汗亦崩于甘肃清水县，享年七十三岁。

七

王重阳创建了全真教，邱处机却宏扬了全真教。

邱处机是王重阳的弟子，就创教救人的态度来说，二人的意见完全相同，但是，由于生长时代的不同，二人对于推行全真教的手段与方法则有出入。今列二人所生的时代于后：

王重阳一一一二——一一七一年——宋徽宗、宋钦宗（北宋亡，时年十六岁）、金太宗、金熙宗、海陵帝、金世宗。

邱处机一一四八——一二二七年——金熙宗、海陵帝、金世宗、金章宗、卫绍王、金宣宗、金哀宗（元太祖）。

王重阳创教的时间，正是外族入主中原，故建教初期只欲自救，既到功成名立，自然转而救人。由于女真建立金朝后，无条件接受了汉化，情形因而有很大缓和，重阳不需积极扩展教务属实。待蒙古南侵后，外患较前更为激烈，邱处机生于斯世，默察时势，待机行道，一方面救济中原人士，一方面也是努力地想保全中原的文化。由王重阳的自救、避世、救人，更进而救世，显然也是很自然的现象，自然也会更趋向积极。

全真教是道教的改革派，很注重实践，擎着三教合一的大旗，的确很受当时人士欢迎。自邱师参谒大汗后，享有免兵役、免差发、免剃发的特权，人们奉斯教即可作为避难处所，战乱以后，人们因还俗亦不致遭遇困难，何况全真教与一般人们的思想无异，一入斯教后也用不着多吸收一些毫不相干的思想以混扰自己，即使你非全真教徒，一旦跨入全真门限后，也绝不会因你思想歧异而加以排斥。如元遗山称赵虚白入全真而能以服膺儒教为业即为其例。

邱师学道，年龄最小，成道最晚，其成道晚的原因，邱师自己以为是因为悟道的深浅不同，邱师尝与马丹阳的悟道作一比较，以马丹阳悟“死”，只要以死自处，就不惧乎死了，所以马丹阳悟道速。邱师自己是悟“万有皆空虚”，故而未到死的境界，还想努力经营，有所作为，也难怪会悟道迟缓了。邱师既从“万有皆虚幻”悟起，故所得必臻平实，邱师颇为自负的，即是他五十年的修炼得着了一个“实”字。邱师谒成吉思汗，大汗见面就问有何“长生之药”？邱师很老老实实地回话“有养生之道，而无长生之药”，这就是“实”，“诚实”、“不撒谎”。

尹志平尝谈及马丹阳与邱长春二人主持教务的差异，以马丹阳全行“无为”，邱师惟教人积功行，存无为而行有为，这或许与彼等随王重阳学道有关。王重阳以马丹阳宿世功行至大，常与谈论玄妙，以长春功行未至，令作尘劳，不容少息，并常加诃责。邱师以从师以来，不知何者是道？凡所教者，皆不干事，有疑亦不敢问，心怀不平，重阳临终前，训以“不干事处便是道”，至是，邱师才深深体会到“无为”“有为”的含义。邱师尝向尹志平释尧舜、许由并称圣人事。因尹志平问邱师，尧舜功德巍巍，恭己治世，是“有为”，许由辞尧让位，无意于世，是“无为”，何以并称“圣人”？邱师告以“有为”“无为”一而已，于道相同，二者关系有如一动一静的互为体用，并举“子路问事鬼神，孔子以未能事人焉能事鬼”，及“又问死，孔子以未知生焉知死”为例子，是“无为”“有为”、“动”“静”、“事鬼神”“事人”、“生”“死”，实为一体的两面。其后，邱师悲天悯人的胸怀，止杀救人，以道佐人主，在在显示存无为而行有为的精神。《道德经》谓“道常无为，而无不为”，邱师真正获得了老子的真谛，一反传统以老子为“无为”的看法。至于人的为“圣人”、为“常人”，邱师以为得视其“功行”如何，用现在的话来说，端看其努力的程度了。

邱师曾谈及“权”字，他以为“道、释杂用权，惟儒家不用”，据尹志平的解释，道教释教为传教的方便，为中人以下设“权”以收感化的效用（指收为信徒而言），儒家则不然，儒家所采用的是循循善诱而使其至乎善。所谓“权”，即神奇灵异是。大体上言，王重阳及其他诸真人还略示神异，只有邱处机不用，陈时可于《长春真人本行碑》即提到邱师诚明慈俭，凡将帅来谒，必方便劝以不杀人，有急必予周济，有俘于人的必施援救，故脱兵祸者众，度弟子皆视其才何如，其高者挈以道，其次训以功行，又其次化以罪福，无有遗者，无疑的，邱师充分发挥了儒家的思想、儒家的教育哲学，亦难怪其生时，四方门人皆丹青其像以事，其殁时，近者号慕，远者骏奔，如丧考妣了。

邱师晚年，因诸师兄先后逝世，其门徒多复从长春游，及雪山还，四方道流赴京师问道者接踵而至，凡诸真门人亦皆长春弟子了。等到蒙古统一，于是南北一家，而全真弟子亦有渐染南宗而失其传者。今据陈垣《南宋初河北新道教源流考》录全真教历任掌教人名于后：

邱师逝后，掌教薪传固然有人，但传教则渐分歧，嗣马丹阳者为遇山派，嗣谭长真者为南无派，嗣刘长生者为随山派，嗣王玉阳者为昆嵛派，嗣郝广陵者为华山派，嗣孙清净者为清静派，嗣邱长春者为龙门派，其中以长春法嗣为多。元世，全真显著在北方，厥后南传江南，元末北方大乱，宫观残毁，徒众星散，朱元璋即位后，全真益微。其实，全真势微，亦不须等待朱元璋的兴起，耶律楚材的对邱处机攻击，佛教徒的大肆横行，亦有着很大的影响。

姓名	号	籍	卒年或学教时代	寿数
王　嚞	重阳		金大定十年（一一七〇年）卒	五八
马　钰	丹阳	宁海州	金大定二十三年（一一七三年）卒	六一
谭处端	长真	宁海州	金大定二十五年（一一七五年）卒	六三
刘处玄	长生	东莱	金泰和三年（一二〇三年）卒	五七
邱处机	长春	登州	元太祖二十二年（一二二七年）卒	八十
尹志平	清和	莱州	元宪宗元年（一二五一年）卒	八三
李志常	真常	开州	元宪宗六年（一二五六年）卒	六四
张志敬	诚明	安次	元至元七年（一二七〇年）卒	五一
王志坦	淳和	汤阴	元至元九年（一二七二年）卒	七三
祁志诚	洞明		元至元三十年（一二九三年）卒	七五
张志仙	玄逸		元至元三十一年至大德六年（一二九四至一三〇二年）	
苗道一	凝和		元至大三年（一三一〇年）	
孙德彧	开玄	眉山	元至治元年（一三二一年）卒	七九
蓝道元			元至治二年（一三二二年）	
孙履道	明德		元泰定元二年（一三二四—五年）	
苗道一	凝和		元天历二年至元统元年（一三二九—一三三三年）	
完颜德明	重玄		元元统三年（一二三五年）	

八

孙克宽先生尝于《全真教考略》中，谈到全真教与释教争权，招致失败，以致烜赫一时的全真教，一蹶不振，一面赞佩全真教对民族与文化，在大乱时有着不朽的贡献，另一面则感叹在历史的洪涛中，全真教有如昙花一现，因而在检阅金元之际的往事，读《西游记》雪山讲道的记载时，不禁兴起无限惋惜与沧桑的感觉。诚如先生所言，邱处机死后，全真教也随着没落了，其没落的原因，姚从吾先生以为那是全真教要与老子、与旧有的道教攀亲，要续修道藏，承接道教的系统，因而招致戊午（一二五八年）与辛巳（一二八一年）两次焚经的惨祸，是全真教的下一代不自度德与量力所招致的恶果。那是中国宗教史上的问题，是道教应不应该主盟三教的问题，而不是金元之际全真教如何保全中原传统儒家文化的问题。研究全真教，研究邱处机，是应该以“金元之际”作为重点，着眼在大动乱时代它如何“保全与救济中原传统儒家文化”，使“中华民族的历史”“没有像同时期中亚回教文化由残破而归于沉沦”（引号内是姚从吾先生原文。见《成吉思汗信任邱处机这件事对于保全中原传统文化之贡献》）。要研究“金元之际”的全真教，应以全真教徒自己所撰述的数据为主，彼等所撰述的数据，借《道藏》而保存下来的还很多，今以邱处机为中心，将其重要史源一一简介于后：

（一）邱处机自己的著作：

（1）《磻溪集》六卷（《道藏·太平部》所收）。本书是邱处机隐居磻溪、龙门、栖霞时所作的诗词选集，可以考见他未赴西域前的求道、生活，及与人交往酬和的情形。

（2）《鸣道集》（钱大昕补《元史·艺文志》作“《鸣道集语录》一卷”）。书佚亡。按：一般目录里皆云“《磻溪集》五卷，《语录》一卷”，其“语录”是否指《鸣道集语录》？今六卷本《磻溪集》无。

（3）《大丹直指》二卷（《道藏·洞真部》所收）。本书言炼丹事，疑非邱氏所作。

（4）《摄生消息论》一卷（《学海类编》所收）。本书言调摄之法，《四库全书总目提要》已怀疑“其真出处机与否，无可证验”，盖因“曹溶《学海类编》本所收伪本居十之九，不能不连类疑之”。

（5）《青天歌注释》。

（6）《崔公入药镜注解》。

（7）《太上升玄说消灾护命妙经注》。

以上三种见《尊经阁文库汉籍分类目录》的“玄宗内典诸经注本”丛书中，未见原书，惟云“注”，疑非邱氏所著，邱氏仅加批注而已（按：《道藏》全书有混然子王玠的注释本，李道纯也注过《太上升玄说消灾护命妙经》）。然由是亦可寻觅邱氏思想行径。

（8）《鸣鹤余音》九卷（《道藏·洞真部》所收）。本书是彭致中集唐朝至元朝诸道士所作之词而成。书录邱处机词五十余阕，去其与他书重复，尚余四十余，可资参考。

（9）《西游记》二卷（王国维《蒙古史料校注四种》本）本书系记载邱处机西行雪山讲道，沿途所经过的山川、道里、风俗、诗词酬和、感触、谈话……等的实际情形，原书标明为李志常作，姚从吾先生以为此记实为邱处机与大弟子合著之旅行报告。是研究邱处机的直接史料，具备史源学所说原手史料的价值。本书有王国维、张星烺、Bretschneider、Klements 等人的注释，姚从吾先生对众注释本的批评，以王国维博详知名，释地稍差；张星烺释地较详，事实考证则未免疏略；Bretschneider 释地详博，未免错误，且亦稍嫌陈旧；Klements 对蒙古境内考释特详云。

（二）同时代与邱处机有关系的直接史料很多，或为其师友，或为其弟子的著述，今亦略举重要者列于后：

（10）王嚞：《重阳全真集》十三卷（《道藏·太平部》所收）；《重阳教化集》三卷（《道藏·太平部》所收）；《主教十五论》一卷（《道藏·正乙部》所收）。

（11）马钰：《渐悟集》二卷（《道藏·太平部》所收）；《洞玄金玉集》十卷（《道藏·太平部》所收）；《丹阳真人语录》一卷（《道藏·太玄部》所收）。

（12）谭处端：《水云集》三卷（《道藏·太平部》所收）。

（13）刘处玄：《仙乐集》五卷（《道藏·太平部》所收）。

（14）王处一：《云光集》一卷（《道藏·太平部》所收）。

（15）郝大通：《太古集》一卷（《道藏·太平部》所收）。

（以上是邱处机的师友）

（16）尹志平：《葆光集》一卷（《道藏·太平部》所收）；《清和真人北游语录》（《道藏·正乙部》所收）。

（17）宋德方：《乐全前后二集》。

（18）李志常：《有玄集》二十卷；《西游记》二卷。

（以上是邱处机弟子）

上引诸集，或为语录，或为诗词，或谈玄，或论道，于全真教思想的认识实有助益。

（三）其他有关邱处机的重要史源与参考书：

（19）陈时可：《长春真人本行碑》（《甘水仙源录》、《长春道教源流》卷三所收）。该碑追述邱氏一生行事，大体均翔实可靠。

（20）陈时可：《燕京白云观处顺堂会葬记》（《甘水仙源录》所载）。该记追述长春下葬时，朝廷崇奉与道俗思慕的真情，实为难得的史料。

（21）姬志真：《长春真人成道碑》（《云山集》载）。姬志真为郝大通再传弟子，碑中于邱公的描述颇为翔实。

（22）《元史·邱处机传》。本传是正史中很可宝贵的一篇宗教家列传，传中亦微有错误（如太祖自乃蛮召长春真人的侍臣有札八儿是）。

（23）李道谦：《甘水仙源录》十卷（《道藏·洞神部》所收）。李道谦系马钰再传弟子。本书前八卷为道行碑，后二卷为宫观碑及传赞，皆排列诸碑原作，收六十余人。陈垣赞为全真之碑传琬琰集。

（24）李道谦：《终南山祖庭仙真内传》三卷（《道藏·洞神部》）。此系镕铸诸碑记而成，收录三十七人。

（25）李道谦：《七真年谱》（《道藏·洞真部》所收）。本书实述八人（多王嚞）。所述大致可信。

（26）张邦直：《七真仙传》（台大图书馆藏抄本）。本书所述亦八人。张邦直系金朝国史院编修。该书复经王粹增饰，李鼎继述，书前有李仁卿、王鹗、彭志祖等序。书成于中统年间，其叙事详实，赞论得体。

（27）秦志安：《金莲正宗记》五卷（《道藏·洞真部》所收）。秦志安系邱公再传弟子。陈垣谓全真有史始自此书，然其书前收钟吕，后止述七真，未能视为善本。

（28）刘志玄：《金莲正宗仙源像传》一卷（《道藏·洞真部》所收）。本书博搜传记，旁及碑碣编录，因像图于前，传附于后，故称仙源像传。

（29）《玄风庆会录》（《道藏·洞真部》所收）。本书所记内容，大致可信，署名耶律楚材撰。姚从吾先生考证此书非原始记录的正本或副本，亦非耶律楚材撰，实系全真教徒事后假耶律楚材名追记。

（30）耶律楚材：《西游录》（姚从吾校注本）。本书有对邱处机的批评，姚从吾先生评其皆一偏之见。

（31）释道迈：《至元辨伪录》六卷。本书旨在批评全真教的行事及其思想，以焚毁伪经为快事。该书所记部分或为实情，然强辩之处甚多，且有不实处。

（32）耶律楚材：《湛然居士集》。元好问：《遗山集》。姚燧：《牧庵集》。王恽：《秋涧大全集》。刘因：《静修集》。虞集：《道园学古录》。苏天爵：《滋溪文稿、元文类》。

上述诸人文集中，均有邱处机的资料可运用。

（33）陈友珊：《长春道教源流》八卷。本书大半取材于李道谦书，搜罗全真与邱处机行事史料最为完备，然有节略（如《西游记》是）。

最后，对于国人研究邱处机或全真教的，也值得向读者介绍。最先研究全真教的，是姚从吾先生。一九三七年，芦沟桥七七事变，日本军阀在中国大肆展开了侵略，其残暴的行为，远较昔日的蒙古侵金、宋为烈，政府揭起了对日长期抗战的旗帜，号召全国军民投入抗日的行列，以作生死存亡的斗争。是时，姚从吾先生执教国立北京大学，随校迁往湖南、云南，其颠沛流离的情形，实与金元之际乱世很相似，于是，姚从吾先生写了一篇《金元全真教的民族思想与救世思想》（见一九三九年六月《治史杂志》第二期。后收入《东北史论丛》下册）发表，文中称赞全真教有理想、有宗旨、有领袖、有教堂，有仪式、有经典，态度积极而又能觉世救人，同时，以王重阳创教目的在“自拔”，真正能在乱时止杀与救人的，是全真教的第二代大师邱处机。自是时起，姚先生即有兴趣为邱处机编一年谱，以作为他日评论金元全真教对政治文化影响的依据。八年对日抗战总算结束了，一九四九年初，姚先生举家来台，执教台大，一九五七年，总算完成了《元邱处机年谱》(《中国学术史论集》。后收入《东北史论丛》下册)，年谱分（1）引言、(2）年谱、(3）年谱后记，其后记部分，特别说明邱处机在金元之际对于保全中华民族与中原文化的贡献，同时，也提出若干考证务使人们对邱处机有更正确的认识。一九六六年，姚先生更进一步探讨《成吉思汗信任邱处机这件事对于保全中原传统文化之贡献》(台大《文史哲学报》第十五期)，全文分（1）导论、(2）金元时代全真教兴起的时代背景、(3）金元全真教的性质与所见真人碑宫观记对于全真教的评论、(4）蒙古秘史中所述成吉思汗信天、尊崇珊蛮与他对于宗教的态度，(5）成吉思汗的远征花剌子模与邱处机西游撒马尔干、(6）邱处机雪山讲道与随军说教的成功、(7）邱处机与全真教在金元之际对于保全中原传统文化的贡献。对于全真教与邱处机的大有造于中原传统文化，姚先生认为这“实在是幸运地遇到了尊崇宗教的成吉思汗”，同时更以为此一奇迹，真是“天相中华，运数使然”的结果。

当姚从吾先生发表《金元全真教的民族思想与救世思想》后的第三年（一九四一年十月)，陈垣先生亦发表了《南宋初河北新道教考》，出版的地点是在沦陷区的北平，该书列入《辅仁大学丛书》之八，凡四卷，共一一六页。文中论“全真教”有二卷，“大道教”及“太一教”各一卷，书的前面没有序文，但是在目录尾有五百余字，叙述（1）将全真、大道、太一三教系于南宋初的原因，是因为三教祖皆生于北宋，创教于宋南渡后，义不仕金，故系其宋以从其志；(2）靖康之乱，河北疮痍，士庶星散，残留者或竟为新朝利用，三教祖乃别树新义，聚徒训众，非力不食，实汴宋遗民，录宋遗民者多忽略此事；(3）三教祖皆北方学者，而能以宽柔为教，用夏变夷，亦先民心力表现。观先生著书苦心，是亦假三教祖境况以自喻。该书全真教部分计有（1）全真教之起源、(2）教徒之制行、(3）杀盗之消除、(4）士流之结纳、(5）藏经之刊行、(6）教史之编纂、（7）人民之信服、（8）妇女之归依、（9）官府之猜疑、（10）焚经之厄运、（11）末流之贵盛、（12）元遗山之批评。陈先生研究是以全真教为对象，于邱处机行事鲜有提及。

研究道教有名的孙克宽先生，也写了好几篇有关全真教的文章，其《全真教考略》（《大陆杂志》卷八第十期），从全真教的探源、产生背景、发祥地与兴盛地谈到全真教演进的四个时期；《元代道教的特质》（《大陆杂志》卷三〇第十一期）是以元朝的全真、太一、真大及正一等四个教派为中心，以说明彼此之差异；《全真教创教厓略》（《景风》第十九期）及《金元全真教的初期活动》（《景风》第二十二期）则分别以全真教第一代王重阳创教及第二代邱处机等的活动情形加以说明。

札奇斯钦先生的《西域文化与中原文化对当年蒙古帝国影响》（《大陆杂志》卷三〇第十期）一文，虽然未直接谈全真教与邱处机，当他讨论"成吉思汗和他子嗣们对于这两种文化的态度"时，曾谈到大汗接待长春真人的动机，认为那完全是出于蒙古人固有的萨蛮教的观念，各宗教也不过就是一种不同的萨蛮，只要他们是为可汗祈福，当然没有理由予以排斥，是以，大汗接待邱处机，不过是对于一个汉地著名的"孛额"（Boé）接待而已，没有什么特殊的地方。

叶适

陈丽桂　著

目　录

一、传略

北宋的学术思想虽然说是分朱、陆两派，事实上，不管是朱派的理学也好，陆派的心学也好，都是抛弃事功，专谈义理。到了南宋乾道、淳熙年间，浙东另一批学者兴起，他们有鉴于两宋国势的衰弱，乃一反朱陆光谈义理的“烦琐”哲学，转而就事功上去剖析义理。为了使所谈的义理不堕空疏之讥，他们以经制言事功，谈政治、谈经济，也谈兵赋，这便是以陈亮为首的永康学派，和以叶适为主的永嘉学派。尤其是永嘉学派的叶适，更直接地从经典上去建立浙学理论的体系，将浙东学派做了一番大综合，去与朱、陆两脉相鼎峙，可以说南宋浙学所以能在中国学术史上居一席位，并能光荣地结束，只因有叶水心的缘故，因此，在宋代学术史上，叶适的地位是不可忽略的。

1. 生平事迹

叶适字正则，南宋温州永嘉（今浙江永嘉县）人，生于宋高宗绍兴二十年（公元一一五〇年），晚年因住在永嘉城外的水心村，人称水心先生。少时家境穷困，饶有文才，孝宗淳熙五年（一一七八年）擢进士第二，拜平江节度推官，因丁母忧，改为武昌军节度判官。少保史浩曾向朝廷推荐他，朝廷下召，不至，改任浙西提刑司干办公事，从游者甚多，参政龚茂良再推荐他，于是召为太学正，迁博士。曾因轮对奏策，陈国是，提出了所谓“四难”、“五不可”。

叶适又尝向丞相推荐陈傅良等三十四人，后来这些人果然皆蒙召用；当时号称得人。淳熙十五年（一一八八年），朱熹任兵部郎官，尚未就职，即遭侍郎林栗所弹劾。叶适为他上疏抗争。

光宗即位，一方面受制于李后，一方面也因心病，连续七个月不朝重华宫，朝中大小事情尽皆废止而不行。叶适于是力请于天子。天子乃两诣重华宫。叶适同时奏请天子，此后每逢过宫的日子，可派宰执侍从去问候起居，以传达两宫旨意，免除父子间的误解。谁知奏疏一上，久久没有回音。后来孝宗病危，群臣号泣攀裾力请，光宗竟然不往。不久，孝宗崩，光宗果然不能执丧，军士议论纷纷，朝野气氛相当不好，且有不测之变。叶适劝宰相留正奏请立嘉王为皇太子。后来宰相赵汝愚及朝臣韩侂胄请命于太皇太后（高宗后吴氏）拥立嘉王为帝，由太皇太后临朝垂帘，嘉王即皇帝位，是为宁宗，尊光宗为太上皇，中外晏然，一切表奏都是叶适和赵汝愚裁定的。宁宗既立，以赵汝愚为宰相，功及叶适，叶适辞不受赏，力请赵汝愚把兵权交给韩侂胄。赵汝愚不听，叶适感慨地叹息说：“灾祸恐怕就要从此开始了。”于是力求补外，任太府卿，总领淮东的军马钱粮。后赵汝愚贬衡阳，叶适也被御史胡纮所弹劾，降两官。

起初韩侂胄用事，招进小人，创立“伪学”名目，举凡海内名士，贬窜殆尽，叶适也列名于党籍中。后韩侂胄悔祸；叶适因此得名，并推荐楼钥、邱崇、黄度三人。及韩侂胄欲立盖世功以固位，将启兵端。叶适修表上奏，力主审慎，认为只有修实政，行实德，才能必胜而无败。韩侂胄想利用叶适草拟诏书，以动中外，任他做吏部侍郎兼直学士院，叶适以病力辞兼职。

当时宋军四路出师。叶适告韩侂胄应该先防江，韩侂胄不听。不久，诸军果败，韩侂胄恐惧，乃拜叶适为宝谟阁待制，知建康府，兼沿江制置使。叶适认为，三国时，孙权曾靠江北守江，因此，向朝廷奏请，节制江北诸州。及金兵大入，淮民风吹草动，建康大震。为了安定惶惶的人心，叶适募集了市井中的骁勇少年，并自己帐下的自愿兵约两百人，由采石将徐纬统带领，夜袭金营，金人错愕，解和州围，并退屯瓜步，城中始安。叶适再派石斌贤、夏侯成，分道而往，所向皆捷，金人自滁州逃去。当时军务倥偬，而叶适调度有方，民以不扰。进官宝文阁待制，兼江淮制置使。叶适于是措置屯田，上堡坞之议：在方圆几十里的墟落内，依山水之险，建成堡坞，使被兵惊散的淮民，能够复业自守，春夏散耕，秋冬入堡防守，共四十七处。又在沿江地带，创立三大堡：石跋、定山、瓜步。以石跋屏蔽采石，以定山屏蔽靖安，以瓜步屏蔽东阳下蜀，西护溧阳，东连仪真。一有事故，可立相接应援助，东西约三百里，南北约三、四十里，每堡以两千家为准，教以习射，平时无事则戍守；一有警急，则增募新兵或抽取各州禁军两千人，连同堡内居民四千五百人，共同戍守。三堡既成，流民渐归。

及韩侂胄被诛，御史中丞雷孝友弹劾叶适附和韩侂胄用兵，于是夺职。此后在家奉祠十三年，到嘉定六年（一二一三年）卒，年六十四，追赠光禄大夫，谥忠定。

2. 时代环境

宋钦宗靖康二年（一一二七年），金人执徽、钦二帝北去，北宋亡。徽宗之子康王构即位于南京，是为高宗，南宋开始。高宗绍兴元年（一一三一年），以秦桧为宰相，开始了宋金的和议。绍兴九年（一一三九年），宋人向金称臣以和。其后，岳飞虽屡败金兵，并曾大破之于朱仙镇，然而，绍兴十一年（一一四一年），朝廷终听秦桧之议，以十二金牌调回并诛杀了岳飞。于是和议再成，宋终于再度向金纳贡称臣。从此以后，南宋偏安的局势也就确定了。虽然绍兴末年，虞允文采石大捷，勉强取得了一丝残喘的机会，孝宗即位，也屡有北伐之志，可惜苻离一战，宋师大溃，再度乞和。从此士无斗志。而叶适正生于高宗绍兴二十年，身历高宗、孝宗、光宗、宁宗四朝，也正是南宋偏据一隅，战战和和，委屈残喘的时期；那时的国势是岌岌可危，而国家正是兵穷财尽的时候。这是就对外上来说的。

再就内政方面来说。宋光宗即位后，皇后李氏干政，李氏凶悍而善妒，光宗相当怕她。另一方面，光宗染有心疾，常常不能视朝，朝中政事，多由李后裁决，这更增长了她的骄恣。李后并与左右近臣离间孝宗、光宗父子间的感情，说孝宗有废立之意。光宗信之，常常不朝重华宫，定省之礼多缺。孝宗死后，光宗甚至不能执丧，弄得朝议纷纭，人心思变。另一方面，宁宗既嗣位，韩侂胄以名臣后裔（韩琦五世孙）、宋室外戚与立君之功，出入宫掖，居中用事，专执政柄，专门引用小人，排斥君子。其后，韩侂胄虽然为了立功固位，开启兵端而弛党禁、用才俊，然韩侂胄一被诛，所有附和主战者，又一律遭贬斥。

因此，不管是对内或对外，都是一个扰攘不安，动荡惶乱的时代，这便引发了叶适言经制、谈事功的思想。因此，在他早年的奏议著述中，大都是些理财养兵的议论；他慨叹人才日衰，生民日困，国用日乏，而主张强国本、宽民力、省兵费、买官田，举凡政治、经济、国防、兵赋，他无不措意，无不论及，正是这个缘故。

二、思想概要

叶适的思想极富批判性。他这种富批判性的思想，可以大略分为两大类：一是对于当代政治、社会、经济、国防、外交等实政方面的批判；一是对于当代朱陆佛老等学术思潮的批判。而不管是对实政的批判，或是对思潮的批判，叶适都是从事功的观点去立论的。

1. 对当代实政的批判

叶适曾把脉如丝缕的南宋朝廷，从各方面、各个角度做了一番澈底而深刻的观察与分析，认为：宋廷所以会弄到当时那种贫弱乏力，软瘫无能的局面，基本上，处理的精神和态度就有问题；套句现代的话说，就是心理建设不够。迂缓苟延，畏缩懦弱，过一日算一日，这是当时朝野的普遍心理。往往一件事情，朝廷明知其不可行，却姑且委给臣下；臣下明知其不可行，却也如法炮制，"照章"答复。事前既不能扎扎实实地订出一个具体办法去防范，事情到来，又不能及时做有效的处理，事情过去了，偏又放马后炮似地嗟叹不休，甚或又天真地期待远大的未来。就以收复燕云十六州一事为例吧。

大家都认为导致偏安的祸因在靖康之难，靖康之难的祸因在"取燕"，叶适却认为：燕云十六州早在五代石敬瑭就割给了契丹，太祖之初虽也有过收复的企图，只是自从太宗时高梁河之役大败，真宗景德澶渊之盟订立后，国人遂以燕云为外土，不再议论了；事隔几代，到了徽宗，突然又想收回早已划为外土的燕云，遂致结怨契丹、女真而招祸。不当取时偏要取，这是第一步失策。

及至辽天祚以后，辽多内忧外患，若真非取燕不可，这时正是时机。然而，宋廷这时偏偏坚守重誓，不敢伐辽，竟使女真坐大，最后不得不纳赂求和，勉强买回山前六郡空城。当取而不取，这是第二步失策。

最叫人丧气的，每每在事过境迁，新问题早又发生了，一般士大夫却还抓着老话题不放，梦呓似地唉声叹气，归咎取燕，丝毫不肯睁开眼睛去正视眼前的祸患。问他可有策谋？他会告诉你："不要空定计策。"问他如何用兵？他会说："不要轻用。"问他为国大计，他会说："姑且自治。"问他先代的耻辱，他会摇摇头，告诉你："那是天命！"似乎，一次收复燕云的失策，几百年都挽救不回来似的。这正是当时朝野因循苟过、不思振作的普遍心理。

由于这一种态度和心理，就造成了宋廷在政治、军事、国防、经济各方面一连串的弊端和失败，对于这些弊端和失败，叶适将它们总括为四大点：（1）纪纲太专；（2）法度太密，人志不伸；（3）兵多势怯；（4）财多耗大。他也作了许许多多的批评、检讨和建议。从这些批评、检讨和建议上，我们正可以看出叶适在这些方面的思想。

·"政"与"法"

叶适说："本朝的弊病在：对于权能专而不能分；对于法能密而不能疏；对于利知控制而不知舍纵。"原来，宋代因鉴于唐五代藩镇割据、武人乱国之弊，于是自太祖立国之初，便决定了"强干弱枝"的国策。一方面，他们澈底地实施中央集权，使中央的各项权力，如军、政、财、法等都超越地方，地方的各项职权都直属中央；另一方面，他们提倡文人政治，严禁武人干政。为了达到中央集权的目的，他们一方面加强禁军，以为“强干”的要务，同时限制节度使的辖区，规定他们只统一州，余土直隶中央，算是“弱枝”的步骤。另一方面，他们更尽量加强天子的权威，不但台谏官由天子亲擢；就是宰相有事，也须以札子向皇帝请旨，由皇帝做最后裁决；法令施行，遇有扞格滞碍处，一律以天子敕令为准，随时加以修改。为了防止武人乱国，外戍的禁军每一年或两年必须换防一次，兵换而统帅不换，以防止他们拥兵自专。这样一来，便造成几个特殊规象：

（1）纪纲太专：中央（尤其是天子）的权威太大，天下各处，各角落的一举一动，蛛丝马迹，都逃不过中央的控御。

（2）外柔内坚：中央过强、地方过弱（尤其是边地），造成藩篱柔而堂奥坚的反常现象。

（3）法度太密，废人而任法：由于朝廷防人太甚，抑权太过，一切便只有多借“法”去处理，而“法”又多以天子之旨为依归，随时可易，造成法度太密，任法废人的现象。

（4）文臣之权高于武臣之上，牵制武臣。

对于这些因中央集权太过而造成的弊端，叶适提出了很深刻的批评。首先，他就反对中央集权，而主张应该适度地分权。他说：

我朝自立国两百余年来，专务以矫正前代之失为得计，而真正所以得国之道反倒弃置而不讲。

尽收天下威柄，分毫都总于朝廷，天子独专操制的劳苦，而臣下反倒获享富贵的安逸。内治柔和，可以不有狡悍思变的乱民，不费寸兵尺铁，国家就可以安枕无事；这固然是得。然而外网却因此而疏漏，有骄横不臣的顽虏，虽然聚重兵、任勇将，也始终占不了一点上风，卒不免屈意损威，去迁就讲和，这便是失了。……（像这种国策）似乎是宁有外患，也不愿有内变。

其实古人立国，早就知道威柄不能独专，所以必定要分划，同时也知道控持不可尽用，所以有时也必须做适度的舍纵，多多地委重任给贤臣，适度地分划权柄，（才是致治的正途）。

因为权柄如果不加分划，便无所寄任，那么全天下的职责与事情便浮浮泛泛，无所归属，百年之忧，一朝之患，都让天子一个人去独自承当，而群臣不与其事；这样，国威如何建立得起来？因此，朝廷所该担心的应该是权柄的授任得不得其人？有没有土地可以分划给臣下？外敌什么时候来侵？而不必忧虑臣下权责威柄是否太多太重？地方什么时候会造反？此其一。

其次，就算地方的力量大过中央，也没有什么不对，因为天下纪纲，本来就有一定的道理。譬如一户人家，藩篱围墙在外，堂奥寝处在内，在外的应该越坚固越好，在内的应该越柔和舒适越好；同时也只有外墙坚固，内室才有舒适可言。治国之道又何尝不是如此？

再其次是任法废人的问题。迁调频繁，是宋代官场上的普遍现象。一个新任官吏往往在对所任职事尚未进入情况，未能显出实效之前，就被朝廷以不称职为理由罢黜了。因此，虚应故事，得过且过，成了官场上的通病。到头来，遍观国中，竟然找不出一个德高望重，资历深厚，可寄予重任的人。为了纠正这种缺失，叶适认为：朝廷应该借人去行“法”，而不应以“法”苛人。“法”虽不可废，却不可过分繁密，以免成为人事行为上的绊脚石。

然而，要如何去“任人”行法呢？这里叶适提出了两项：一是课实；一是课名。何谓“课实”？他说：

从前尧舜既选来天下的圣贤，各依着他们所长，让他们专司一职，而不加干涉；然而，必为他们立一个规制说："三年以后，要考察你们的治绩：三次考察以后，决定升用或罢黜。"以这办法来课督百官，百官之长也各自以此法课督他的属下，办法简明而政令必行——这就叫"实"。

他所谓的"课实"，换句话说，就是专人专官，少加干涉，责成其全权负责。

什么叫"课名"呢？他说：

从前我们祖先治理天下的时候，不论大小事情，完全听任于法（此"法"当是指一定的规制），纵然天子本身有杰异的才能，也不能自有所为，只不过借某人的重望来行我朝的法罢了。

而这种负重望的人才，偏又不是一朝可得，必须加以训练。如何地训练？叶适认为：首先就要从"儒馆"里培养，给予丰足的衣食，让他居于谏诤之职，再训练他审谳刑狱，习知边事，使一人之身，内外之官无不遍历，再比较他们的资望，以为选取的标准。资望大的做"政事之臣"，资望小的做"侍从之官"。像这样，经过严格的"通才训练"后，再加遴选，所产生出来的人才，阅历既多，自然沉厚老成，能以局度器识自许，这才是真正有为可用的国之栋梁。天子自当怜念其培养训练不易，而倍加护养爱惜，不轻加迁调，以免有损其名，这叫"课名"。

在这里，叶适同时提出了一个君臣之道的问题。他认为国君待臣，应当"护养爱惜"，"不使有以少损其名"。如何"护养爱惜"呢？说得清楚一点就是要"礼臣"。在《国本》篇中，叶适便大大地发挥这种"礼臣"的理论。他认为：

一个为君者，首先就不当有以刑法统御臣下的心理。君主一旦有以刑法统御臣下的心理，那么当他昂然于金銮殿上，委任尊宠其臣下的时候，对他的臣下，似乎将有腹心股肱般的重托。然而，霎时间，有的被桎梏，有的遭废放，有的黥劓，有的杀戮，毫不假赦，臣下既不能自必其全，从此也就轻为奸而多犯法了。臣下轻为奸而多犯法，必致纲纪大坏；朝纲既坏，君主纵然有再大的权威也没有用了。再从史例上看，一个君主所以要以刑法统御臣下，无非是为了防奸臣。但事实证明：连颈就戮，前后相望的，却往往不是奸臣，而是善人君子。这反而给奸臣一个更有利的机会。我们如果拿岳飞与秦桧的事例来比附，叶适这种说法，似乎是深有隐痛的。因此，他很语重心长地呼吁：

君主对待他的臣下，是应该进之以礼，退之以义的啊！

只有官吏受到尊重，国家才有前途；国家有前途，才谈得上君主的尊威。我们看周文王、武王所以尊贵其士，礼遇其臣，目的就是要使他们能不轻易犯法，而未尝以刑法去统御他们！

借着“礼遇”去抬高官吏的自尊与自励，从而转化为政治上的福祚，叶适这番建议不可谓不用心了。

治官如此，治天下又何独不然？因此，他更认为：人君统御天下的凭借，根本就不是权位和法令，而应该是“真意”和“实德”。他在《君德》篇里，说：

人君应当以其“道”服天下，而不应以“名位”临天下。

后世那些好治之君，常常恐怕自己失去名位；为了巩固名位，不惜千方百计，卖弄智巧，假借法令权威去断制刑赏，宰执天下之命。凡此种种，无非是想保住自己的名位。事实上，“名位”这东西，根本就是“不必留而未尝去”的。真正留“名位”之法，其实不在法、令、权，而在“道”。什么是人君之道呢？说穿了很简单，那就是“真意”、“实德”。

所谓“真意”、“实德”，就是实实在在的诚心；既不要智巧以欺世，也不做表面工夫，虚应故事以盗名。对于这种诚心，叶适做了相当细微的说明。他说：

他（天子）事天地，尊宗庙，是真的满怀虔诚地祈望神只来享，而不是貌似诚敬，其实早料到神只不来。他刑狱杀戮，内心是真有哀矜恻怛，虽不忍，却又不能赦免的矛盾与煎熬；而不光以减膳、彻乐去虚文故事。对于天下的百姓，他是真的深念他们可佚不可劳，可安不可动，可予不可夺，而不光是以轻租、捐赋、宽贷去做人情。对于群臣百官，他真的是用心审度过他们的才能、执守，才给予适当的执事，并且从此不再更易，而不是故意尊宠卑贱，拉近远人，冀望他们来回报自己。他听纳诤言，是真的体悟到自己的言行一旦有错，就真会危害天下；他庆幸臣下能及时谏止，而不是心中厌恶，表面上却故示宽宏去取悦天下。他敬君子、远小人，是真的恶佞谀，好匡救，而不是以敬君子来博取名声，内心其实喜欢小人便利于己。他屏弃声色、游畋、玩好、珠玉，是真的简静无欲望，而不是心中很想要，欲勉强以理智去禁闭它。这才叫“真意实德”。一个国君能以“真意实德”去“治天下”，御群僚，必能使天下之势尽集一身，而不为外戚、宦官、权臣、奸人或匹夫所夺。天下之势尽集一身，而不为他人所夺。则君主自然尊高有威，正不必尽削天下之权，收纳于己，弄得治术杂霸，主重而臣轻。

对于集权太过的宋廷，叶适的批评真是不遗余力了。

·“兵”与“财”

“兵”与“财”一直是宋廷最严重的致命伤。而“财”之所以为致命伤，主要还是因为养兵的缘故。叶适说：

> 当今事情最严重，而应该尽快积极讨论，一旦得着要领，便该率先施行的问题有两个：一个是财，一个是兵；而财之所以成为大问题，主要还是因为兵的缘故。

我们先说“兵”。宋代一直是实行募兵制；军队的来源，悉由招募。兵种大别有四：禁兵、厢兵、乡兵、蕃兵。禁兵原是主要的作战用兵。在宋室“强干弱枝”的原则下，充任皇室卫队的禁军成为全国最精锐的部队。他们一方面保卫首都，一方面也兼备征伐；因此，约有半数驻扎于京城及附近地区，其余则分成边境及若干内地重镇。厢兵是各州地方军，专任畜牧和修缮工作。乡兵或由招募，或由民户征调。蕃兵为塞上乡兵，由内属外族组成。其中乡兵和蕃兵仅限于少数地区，厢兵却又缺少校阅。因此，真正符合兵源标准的，便只有禁兵。在太祖、太宗时期，禁兵因为经过精选勤练，所以战斗力甚强。然而，到真宗澶渊之盟以后，由于边务废弛，禁兵的战斗力便有了显著的低落。到了仁宗时，西夏叛乱，禁军怯懦畏战，主要作战任务乃转移到乡兵与蕃兵身上。朝廷同时大肆招募，并征调民兵，“兵”的名目也日益增加，日趋繁杂。从此，冗兵便渐多了起来。另一方面，宋代的募兵，并无退役制度，士兵可以老死行伍，而每个士兵，胜战的时间，不会超过十数年，其余时间等于养老。老兵一旦不可用，只有再募新兵。军队于是越养越多，终于成为军事财政上的肿瘤。而更奇怪的是，兵养了这么多，朝廷对外的政策，偏偏一直是畏葸苟安，主和待机，而不敢妄战。

对于这些矛盾的问题，叶适深感愤慨。他说：

当今一般人谈起对外，总是说“待时”、“乘机”。其实，“机”是操之在我，要动才有机可乘；不动，哪有所谓可乘之机？“时”完全在自己把握；不有作为，哪有什么可待之时？

本朝自从景德年间以后，一直是重誓约，怕先惹事，动不动就拿金币去喂丑虏；这样下去，永远只能处弱势。说战不敢战，说和又老大不甘心。一日一月地拖下去，军队、粮食、士气都要被拖垮了。

叶适认为：用兵最须讲求的就是士气。养这样一支庞大而松散无力的军队，首先就困住自己的实力，消竭自己的士气，还谈什么战守？从前的人养兵，是为了有事应战而养；不是为无事聊备而养。军队一旦聚集，就是为了求战，因此是以民为兵，而不是以兵为民。除了由朝廷直接任派大将去屯驻的精兵该全由朝廷供养外，其余不管是散居塞上的边兵，或守卫州郡的乡兵，保防都邑的宿卫兵，都应就地自守自养，至多由朝廷贴补其半。这样，不但全国各地区、各角落都有强劲的防卫力量，中央也可免去财困之患。像当朝施行全国皆募皆养的制度，除了招徕流民，竭尽国力去为他们谋衣食外，是没有多大意义的。叶适认为：要论兵、谈兵，就得先澈底解决冗兵问题，才是扎扎实实的当务之急。

此外，从来论兵法的都推崇孙武的智巧与诈术，尤其是他那“兵不厌诈”的名言，几乎成了后世兵家的圭臬。但是，叶适却认为“孙武诈术”，奇则奇矣，智则智矣，可惜不“实”。一个不“实”的奇计智谋，除了动天下后世之听闻，亏损仁心，工尽心计去多杀人外，是没有任何实际意义的。

我们看孙武的“兵法”，说穿了也不过是一个概念：非诈不为兵。而事实上，用兵夹诈，并不见得从孙武开始；古来圣贤或多或少，都不能免。不过，人家讲诈术，是先治国家、崇礼信、厚集人心，临到决战济师的最后关头，才略加诈术去致胜的，而不光是以诈术自名。他们平常谈“兵”，也是只讲“法”：如何布阵列位、前进后退、发号施令、步调齐一。能将这些了然于心，熟加运用，一旦临阵对敌，则智巧应变，自然层出不穷。这才是有本有根的兵法。像孙武那种亏仁损义，务为多杀的诈术奇计，充其量只是华而不实的俄顷小智罢了，是够不上“兵法”大列的。我们看，孙武著书用事于吴，而吴先败于楚，再亡于越，可见诈术奇谋之不足取胜了。

其次谈“财”：

为了供养全天下几百万庞杂无力的军队，宋廷必须从征自民间的财税上去追加预算。据统计，南宋的国土虽然比北宋削减一半，但事实上，财赋的收入，比起北宋岁入的最高额犹有超出。到光宗、宁宗时，据叶适的说法，当时天下的钱，岁入于官的有八千万缗；可是官方的支费仍感欠缺。然则，每年这么庞大的收入到底是依什么名目征取的呢？叶适说，较大的名目有四种。（1）经总制钱：这是朝廷透过州县，向人民征收的税；（2）和买：这是正取于民的税。这两种是国家的常赋；（3）折帛：这是由于兵兴，绢价大涨，朝廷又正缺用而始创的税，其后绢价虽平，百姓所纳的折帛居然三倍于本价；（4）茶、盐。其实不止茶、盐，宋代的酒、香、矾，也都和茶、盐一样设专卖、苛重税。

以上四种是比较重大的名目，其他还有什么减役钱、除头子、卖糟酵、月椿、印板帐、头子、餍零、勘合、牙契……等等，名目繁多，不胜枚举。总之，为了支付兵费，宋廷是想尽了办法去征税，这就弄得人民怨声载道，苦不堪言。对于这个问题，叶适认为，除了应该根本上从整顿兵制着手外，还得修正“财多”便能解决困境的错误观念。就以隋、唐两朝来看吧。隋比起唐来，国家岁入可要多得多。唐代向人民所征的税，也不过是租、庸、调三种而已。但是，唐代武功之多，辟地之广，用兵之久，出师之胜，都冠绝前代。可见财的多少有无，并不能决定国家的强弱，财少不足为国患；真正的国患应该是在治道的兴废，谋虑取舍的当否。

因此，为当世“财患”之计，叶适认为只有轻赋、减税、除杂苛一途。首先，削减当时收额的一半，其次端正征苛名目，不当取的一律罢去，使州县不敢再借板帐、月椿去苛民，再罢去和买、折帛，斟酌宽减茶盐税。除此之外，是别无他法了。

这里还要强调一点。对于当代弊政，叶适的可贵，并不光是能尖锐的批判而已，他还能具体地提出有效的改革方案。比如对于兵多财荒的问题，他就曾根据他丰富的实际阅历，拟定了一个“卖官田以养军”的原则，并以温州为例，制定了一个细致的计划：在温州绕城四周三十里内，由官府卖其田之一半，和私家地主一样地租佃给农民，则每年的收入，便可养一州所有的厢、禁军，弓手、士兵，共二千七百多人，革除苛敛民财以养兵的弊政。他同时也规定了监官吏卒、乡官保甲等的人数、待遇和职务，以及严密防范他们剥削人民的办法。

在用兵方面，他不但曾经成功地打击过金兵，并制定了一套切实可行的防边计划。早在宁宗开禧二年（一二〇六年），韩侂胄为了树立声威，巩固权位，竟毫无准备地对金发动攻势。事前叶适曾劝阻过他的行险侥幸，建议守边以蓄实力。韩侂胄不采从，果然吃了大亏。叶适又曾向宁宗连上三札，要求深谋熟虑，“备成而后动，守定而后战”，也没得到回音。等到战争开始，宋军各路大败，两淮震动，朝廷才派他去任建康知府，最后还是靠了他一支夜袭军，几次追击，才把金兵打退，把人心勉强安定下来。他更敏锐地看出“以江南守江”的不可靠，而提出“以江北守江”的建议，建立堡坞，团结山水寨去招抚流民并防边（以上详见《生平事迹》部分）。

这些都是他极可贵的具体“事功”，不但足以表现出永嘉学派“有体有用”的风格，更显现出他是一个有理论、有事功、有理想的政治家、军事家兼思想家。明代思想家李贽说他是个儒者，却极难得地没有半点头巾气，真是中肯极了。就凭这点，他便够资格去批评别人的“空疏”和“烦琐”了。

2. 对当代思想的批判

·否定道学正统

宋代的思想虽然远接两汉，打着儒家的旗号，事实上却融合了儒、道、佛三家思想的大流，而成为一种既异于先秦儒学，亦别于佛、道的理学。这种合儒、释、道三家思想的理学，或又称道学，因为它们专谈“理”、谈“道”，企图以“理”和“道”去解释宇宙，沟通宇宙和人心。尤其是陆九渊所代表的心学一派，甚至认为宇宙只是一理，而此理就在吾心当中，所以“吾心即宇宙”、“心即理”、“理即心”，“道”也就在自家方寸间。心明，理自然明；但需守此心，则天下万事万物之理无不了然通澈。为了证实这种说法，他们拿《易》中的皇极与《大学》、《中庸》里格物、致知、诚意、正心那一套哲学，比附于孔子，去引申发挥。因此，朱子把心物分为二，而主张一方面“居敬”其心去灭人欲，一方面穷究事理去存天理，而认为《大学》中的“格物致知”是穷理的工夫，“诚意、正心”，正是居敬的工夫。对于他们这种说法，永康陈亮早就攻击过，可惜没什么成就。叶适继起而反对。他说：

现代人谈学，以心发端，或推广去穷究事物之理，或反过来求复性命，然后借着孔氏经典，去推求唐虞三代之道，无不能得到相同的印证，而皇极、《中庸》、《大学》中的义理，终能再现而无疑。……可是，把这种说法推到君臣、父子、兄弟、朋友、夫妇间的伦常上，却往往不能相合。他们徒然守着“心”而自信无疑。若竟遇到不能相合处，如何能成其道理之说？而对于皇极、《中庸》、《大学》三者，他们有时也并不能完全确知所当施用的义理，只是润饰其中的说法，自以为完好无差。像这样，哪谈得上行“道”之功？

又说：

唐虞三代，上治之道是皇极，下教之道是《大学》，行于天下之理是《中庸》，自汉以后，没有人能阐明这种道理。今世学者谈学，从心开始谈，而后皇极、《中庸》、《大学》的道理才显明起来。然而，唐虞三代之道，内心与外物无不相合，所以心不过劳而其道自存。现在一般谈道的人，却务求内敬其心以治外物，故常不能相合。

这些人只是以“观心”和“空寂”来名其学，每天但正襟危坐，端视垂拱，不能有所论诘，却自称“道就在这里了”。

综合以上这些说法，第一，他仍然称述理学家能阐明皇极、《大学》、《中庸》之道的功劳；第二，对于理学家治心居敬的功夫，他却不以为然。我们看理学家这一套心、性之学，打的虽然是儒家和孔子的旗号，事实上，推求根源，应该是来自孟子。因此，为了要驳理学家的理论，叶适首先就非孟子的“心”。他说：

古人为学，哪里就不治耳目？……治心的讲法，大抵是出自孔子以后；性善说则从孟子开始。从此，学者便完全抛弃古人致道的条目，而完全以心为主，以致空疏之义增多，笃实之力反而减少。……尧舜以来，内外交相成之道便都废了。

在叶适认为：心主“思”，而《洪范》说：“思曰睿，睿作圣”；“心”与“视”、“听”同样谓之“圣”，因为“心”和“耳”、“目”各守身之一职。而“心”特别灵窍，能经纬道德仁义之理，流通事物变化之用，卷舒无穷。它所以能经纬道德仁义之理，流通事物变化之用，完全在它能与“耳”、“目”合作，去“视”、“听”外在事物之理。因此，若仅独运其“心”，失其群类（耳目），必定会弄得徜恍、狂通，空疏无实，因为“心”本身只具辨知能力，而不含理，“理”是存在于事物之上的。这正是孟子执“心”太过的害处。因此，他批评孟子的论“心”，是“辩士言心”，其害甚大。

接着，他便反对陆派“吾心即理”的说法，而认为：“道在器中”，“离器无道”。叶适拿来大胆对抗朱、陆理学的理论基础，也是浙东学派攻击正统道学较完整的体系，便是这个“理在事物”、“去物非理”的学说。他说：

礼的道理，当然不是玉帛所能表达的；然而，却不可以离开玉帛。乐的道理，当然不是钟鼓所能表达的；然而，却不可以舍弃钟鼓。……假使丢开玉帛，舍弃钟鼓，而寄以礼乐的空名，天下将不再有礼乐了。

又说：

笾豆是礼数，然而礼数正所以显出礼义。

舜所以能知天，也不过是以璇玑玉衡等器物去探知。

因为道是无可名状的，它只能从一艺一能的作用上去显现出来；也就是说，抽象的事理是架构在具体的事物之上的，必须拼合这些具体事物，事理的抽象功能才能表现出来。所以，叶适说：

我们看车匠造车，一定是车轮、车盖、车厢、车轸、车辐、车毂、车辀、车辕，一部分一部分个别事物拼凑组合。等到组合起来以后，于是可以载物，可以驾马，可以凭式，可以掉转，南去梁楚，北达燕晋，自由自在，无拘无束，爱往哪，就往哪。屋匠筑室，也是先树栋、设宇、置几、列筵，旁挂帷帐，一切事物摆设妥当，然后可以充祭堂、可以做卧屋、可以为仓库、可以任马房，而你嬉戏、居住、安寝、用膳于其间，很安然，没有一点外来的干扰。

车与室的功用，载与居的道理，正是架构在这些琐碎的具体事物——轮、盖、舆、轸、辐、毂、辀、辕、栋、宇、几、筵等之上的。因此，他说："物之所在，道则在焉。"不知其物，则无从得其道。圣贤就是因明白各种事物之理，所以能致经世之功。

既然"理在物中"，"离器无道"，那么每个道理的背后，必定有一个落实的"事"或"物"，失去了那个落实的"事"或"物"，那个道理便不可靠，或甚至无从存在了。根据这个论点，叶适主张论理要"验于事，考于器"，论事而违实是不可以的。说得更清楚一点，就是要有的放矢；无的放矢，那支矢便算是虚发而无效了。所以，他说：

立论于此，就好像射箭的人有了"的"一样，或在百步之外，或在五十步之外，一定要先立"的"，然像才拉开弓，搭上矢去瞄准它。所以是弓矢跟着"的"，而不是"的"跟着弓矢……一句话如果没有验合于事实，便无效。

既然“道”和“理”是存在于事物之中，为要求得这个“道”和“理”，我们便只有由“学习事物”中去求得了。所以叶适特重“学”。他说：

欲折衷天下的义理，一定要考详天下的事物，然后才能不谬。

这种“考详天下事物”的工夫便是“学”。因此，他又说：

古人以学致道，而不是以道致学。

因为学能明，则道自得，而德自显。这个“学”的工夫，正是朱子所说的“致知”的步骤。叶适故而进一步去攻击朱子格物致知、诚意正心说的毛病。对于格物致知，他说：

从前舜讲“人心惟危，道心惟微”，孔子讲“非礼勿视，非礼勿听，非礼勿言，非礼勿动”，都不曾分什么有物无物。因为喜怒哀乐之情未发之前，并不见得就无物，发而皆中节，也不能就算有物……现在若想拿《大学》中的话去接续它，也应该由“致知”开始，而不必管这个“知”之上是有物？是无物？那个物究竟是是？还是非？格得通？还是格不通？能这样，自然所知灵悟，心意端一，虽然不能就达到简捷的地步，然而自身与家国天下的道理，都能贯穿通澈，比起各书所说，先后断绝，彼此不相照应的那一套说法来，功用相差太远了。只为了一个“物”字格得通，格不通，就弄得意迷心误，而自身与天下国家之理，反倒窒滞不通，这才真是学者的大毛病。

因此，“格物”的过程是不必要的，可以免去。

其次，“诚意正心”的名堂也可以省略，因为：

如果能穷尽天下物理，无差无爽，则对于天下国家的道理，就完全通明而不再有所保留或蕴藏；如此，意又哪会不诚？心又哪会不正？

所以说，“诚意正心”也是多余的。朱子能捻出“格物致知”为《大学》之要，而把它们列在“诚意正心”之先，是聪明而“最合审辨”的，但“格物”与“诚意正心”都可省略，只一个“致知”的过程便够了。因此，叶适把自己的著作取名为《习学记言》，除了明示孔子“学而时习之”的意思外，也等于告诉人：圣人只讲“学习”，而不讲什么“格物”、“诚意”、“正心”。“格物”、“诚意”、“正心”，是《大学》、《中庸》的说法，是子思、孟子的想法，而不是孔子的。子思、孟子的“道”和孔子的根本就不相衔接；因此，继子思、孟子的学庸思想而发挥的两宋道学，便不能够说是承孔子真传。这样，宋儒所自立的“尧、舜、禹、汤、文、武、周公、孔子、孟子、曾子、子思、程朱”的一脉道统，便也不攻而自破了。叶适甚而进一步重排道统系列，认为应该是：

尧、舜、禹、皋陶、汤、伊尹、文王、周公、孔子。孔子之后，“道”便断了。在他的总述讲学大旨里，对于这个新道统排列的理由，叶适也作了相当的说明。

“学”既然是致“道”的唯一途径，那么学习的步骤又该是什么？叶适说：

学必始于礼。

学习应该从复“礼”开始，这同时也是针对程朱“居敬”其“心”的修养工夫而发的。因为礼有实实在在可操守的礼文，小自一身言语举止的规则，大至一国的文物制度，莫不有其落实的道理可求。因此，叶适说：

夫礼者，学之实地也。

我们要“敬”，该“敬”的便是这个落实的、有道理可求的“礼”、而不是那个只具思辨功能，却不含“理”的“心”。所以叶适又说：

由敬而后可以学礼，学礼而后有所据依。

礼乐兼防，自然中和兼得，则性正身安，哪里需要像朱子所说的那样去除人欲，压抑性情去徇伪，弄得礼不能中，乐不能和，性枉而身病。

除此之外，叶适更详考十翼的来源及其演变，证明《易传》已杂入佛老思想，绝非孔子所作，再一次斩断了程朱所抬举的学说与孔子的关系。他说：

十翼，后世都认为是孔子作的。……魏晋以后，它与老、庄并行，号称“孔老”。佛学后出，其后演变为禅说，喜其说法者，认为和孔子学说相同，也拿十翼去拟况，所以又有“儒释”之称。当代，由于禅说太盛，豪杰之士多想用我国的学说去胜服它；因此，周子、二程子、张子诸人自称甚习佛老，且言佛老中的道理，我国传统圣道中早就有了，那就是十翼中的无极、太极、动静、男女的理论。他们的目的，原只想抑制炽盛的禅风，却没有想到十翼根本不是孔子作的。

切断了理学家所推崇的《易传》、《大学》、《中庸》与孔子的关系，理学家所自承的正统地位也就自然消失了。

·诋斥佛（禅）老

不但推翻理学正统，叶适同时也诋斥佛老。对于佛禅，他认为：佛学来自西戎；西戎之地偏僻阻远，既无中国礼义忠信之教，又不讲夫妇五伦之别，只从人身喜、怒、哀、乐上去反复剖析，别其真妄，以区分圣、狂、贤、不肖，既不合于传统习俗，又不通于中国民情，其道非中国之道、其学非中国之学。既然一方面说身如浮旅、飘泊，无所依恃，一方面偏又大修庙宇宫室；一方面主张顿悟、不立言语（禅），一方面偏又多传经典，这真叫人大惑不解。不过，它传入中国既久，竟乱了圣人之道，有志之士常费尽心思，想去攘斥它，结果不但不能将它与圣道区分开来，自己反而被汩乱了。

尤其是禅学，教人尽弃旧书而自为佛，弄得夫妇离散，破家从禅，男不婚，女不嫁，争相为死浮屠；长此以往，则人口尽，圣道废，又哪来佛家子弟？

此外，对于老庄的道家，叶适则批评他们夸大而不可以教示天下之士。

·结语

浙东学派有体有用，言经制事功的主张，从永康学派的陈亮开始便一直努力着，目的是在对抗“空疏”、“烦琐”的朱陆理学。然而，陈亮本人虽费尽毕生力气去攻击和争辩，却始终没有建立起一个完整的理论体系；因此，终免不了“意气之争”的嫌疑。这棒子交到了叶适手里，才改变策略，根本地从经典上建立起浙学的理论体系，从理论上和朱陆争是非，斩断了理学家自诩的“道统”，推翻了理学家所自封的“正统”地位，使浙东学派在当时能取得与朱陆两派鼎足的地位，完成了浙东学派的最后任务，叶适真称得上是两宋浙学画龙点睛的灵魂人物了。

三、生平著作

叶适的生平著作共有两种：

（一）《叶适集》

宋人陈振孙《直斋书录解题》最早著录叶适的著作，计有：

（1）《水心文集》二十八卷；早失完本，明人黎谅搜集各种残本，得二十九卷。

（2）《舍遗》一卷。

（3）《别集》十六卷；前九卷叫制科进卷，后六卷叫外稿，都是论当代政事，末一卷叫后总，专论买田赡兵的事。是叶适的政治主张与哲学思想所在。

河洛图书公司合刊三者为一，名《叶适集》。

（二）《习学记言》五十卷

参考书目

何格恩 :《叶适在中国哲学史上的位置》,《岭南学报》二卷四期。

牟宗三 :《对叶水心“总述讲学大旨”之衡定》,《心体与性体》第五章。

吴春山 :《叶水心》,《台大文史丛刊》三十五号《陈同甫的思想》第三章第三节。

真德秀

甲凯　著

目　录

一、传略

真德秀字景元，又字希元，南宋福建浦城人。《宋史》载入《儒林传》，生于宋孝宗淳熙五年戊戌（公元一一七八年），卒于宋理宗端平二年乙未（一二三五年），享年五十八岁，谥文忠，人称真文忠公。他生前曾在家乡筑西山精舍讲学，所以学者也称他为西山先生。本文为行文方便起见，以下均称之为“西山”。另一位与他同时的学者——魏了翁，号鹤山，与西山齐名，讲宋代理学的人，一向西山鹤山并称，两人都是南宋末期的大学者，本文讲西山，有些地方也并及鹤山。

真氏本姓慎，汉时慎佑去心为真，后因避讳（见《西山年谱》）遂姓真。慎氏出自黄帝玄嚣，后世家于合淝（今安徽合肥）。晋永嘉年间，有真弘仁者，迁居于金陵（今南京），传十余代，至唐有真元政者，又从金陵徙居于江西南昌。宋绍圣间，有名真齐的人，居于浙江龙泉西乡木岱口，又三世到真嵩，喜爱福建浦城长乐里仙阳山的山水佳胜，遂在浦城定居，真嵩就是真德秀的父亲。

真德秀幼时聪敏，十六岁即研读六经子史，十八岁举于乡，以文章名于时。宋宁宗庆元五年（一一九九年），西山登进士曾从龙榜，当时仅二十二岁。其后五年，也就是开禧元年乙丑（一二〇五年），他又中了博学宏词科，俨然已是士林的领袖，但他的成名，还在其立身于朝廷和以发扬程朱理学为终身的抱负以后。

西山一生的经历，严格地说，应分为两个阶段：第一阶段当从开禧二年（一二〇六年），金人入寇，淮西失守算起，到嘉定十七年（一二二四年）宋宁宗崩逝，史弥远拥立理宗时为止。在这一阶段里，西山先后出仕太学正，博士，秘书省正字，御试编排官，玉牒检讨官，右文殿修撰，有不少的诏令是出自他的手笔。后来知泉州，守抚湖南，然后回朝廷为起居舍人兼宫讲，再迁礼部侍郎直学士院，能言敢谏，声誉渐隆。

嘉定十三年（一二二〇年），西山丁母忧，归浦城故居守丧。次年筑西山精舍，与詹体仁、黄叔通、徐凤等亲长故旧往来讲学，其中詹体仁年辈居长，《宋元学案》列西山为詹氏门人，其实西山向詹体仁同学之事，记载不多，仅及于所谓“居官莅民”之道而已。

嘉定十五年（一二二二年），西山服阕，朝廷授宝谟阁待制知潭州，继改湖南守抚使，辞不就，仍在家乡西山精舍讲学著书，完成《文章正宗》与《大学衍义》两书，尤以后者为传世之作。

嘉定十六年（一二二三年），南宋内外形势改变，金人受蒙古的侵迫日急，宋朝的上下，遂有联金制蒙或联蒙制金之议。西山时已返朝任起居舍人兼宫讲，受命不久即建言主张抗金，不必再输岁币，惓惓于复仇之议，慷慨言事，因而与史弥远之主和派抵牾。是时弥远正以爵禄縻天下，擅权用事，虽台谏言其奸恶，而宋理宗以其有立己之功（史弥远废杀济王竑，立理宗，独相九年），不敢奈何，竟致群小当道，有四木：薛极、胡榘、聂子述、赵汝述；三凶：李知孝、梁成大、莫泽之徒，皆谄事史弥远，一时正人君子，尽遭贬窜斥逐，真德秀亦毅然求退，告刘爚说：“吾徒须急引去，使庙堂知世有不肯为官之人。”遂与魏了翁等相继离朝，回到浦城，构堂于梦笔山麓，日与门人刘克庄、杨溪、徐华老等讲学。魏了翁曾撰《梦笔山房记》述其事，这是西山在朝从政第一阶段的结束。

第二阶段，自宋理宗绍定元年（一二二八年）开始，到真德秀逝世时为止。这一时期，由于史弥远的死去，朝政大变，西山再出。当时西山已经五十一岁，先后历官户部尚书、翰林学士知制诰兼侍读，至端平元年春，乃除参知政事，但因得疾力辞不就，改授资政殿大学士，提举万寿宫兼侍读，至端平二年（一二三五年）五月初十日，他就死了。

西山晚年任官的事，后人曾有不同的批评。《宋元学案》引黄文洁两朝政要，以为他阿谀时相郑清之，而清之曾与史弥远共立理宗，所以西山与清之合作，不能不谓有伤清誉。其实，宋理宗于端平亲政，赫然独断，用郑清之为相，的确是想有所作为。试观其召还真德秀、魏了翁、崔与之、李埴、徐侨、赵汝谈、尤煜、游似、洪咨夔、王遂、李宗勉、杜范、徐清叟、袁甫、李韶一班有名望的人，即可知之。当时号称“小元佑”，金国既亡，宋师又败于蒙古，兵连祸结，无有宁岁，正是朝野上下团结奋斗的时候，有识见的君子，当然不会再斗意见、斗是非，而应以国事为前提。西山再出从政，是在这种背景下与郑清之合作，此事正足以见其谋国之诚。清之诚然老耄而乏建树，但在当时局面下，也只有维护而求安全，黄文洁不明此理，而以不清高责之，正是迂腐之见，不足以论西山。

西山的一生，立朝不满十载，奏疏不下数十万言，直言敢谏，声震朝野。所到之处，民皆群聚迎观，可见其名望高于一时俊杰。西山青年时代，正是韩侂胄反对朱熹，而以“伪学”禁锢善类的时候，当世大儒的著作多被禁绝，独有西山、鹤山辈，抱道守经，以斯文自任，始使正学能继续传布。尤其西山所著《大学衍义》一书，以《大学》为经，以史文为纬，采取《资治》的观点，讲明为政修己之道，融会经史，体大思宏，应作南宋理学的结集观之。为了解西山在政治、学术上的成就，以次分政绩、学术、著作、师友数方面论之。

二、政绩

1. 边防主张

宋宁宗开禧二年（一二〇六年），权佞韩侂胄无谋浪战，函首乞和。后五年至嘉定四年（一二一一年），蒙古大破金兵，以后即连年大战，使南宋陷入极艰苦的局面。当时朝野上下，或主联金以制蒙古、或主联蒙古以夹攻金。争议纷纭，莫知高低。联金者所持的理由，是主张继续予金以岁币，结好以为屏障，这一派可以乔行简为代表；联蒙古以夹攻金者，则惓惓以复仇为念，正好借蒙古侵金的机会，报金昔日入侵之痛，两派本各有所见。然而，南宋当时局面，实已非常危险，如果继续予金岁币而主和，自然是赍粮输盗，过于软弱，不是爱国者所应为；但明知新兴的蒙古足以灭金，乘金之弊而与之绝，或进而联蒙古以灭金，也是所谓唇亡齿寒，再陷联金灭辽的覆辙，所以说与金完全断绝，自然也非上策。

嘉定六年（一二一三年），金人易主，西山以起居舍人的身分，充金国贺即位使，行至盱眙而返，沿途观察山川险易，士卒勇怯，以及守将的贤劣，对于外交的形势有较透辟的看法，遂以自振图强，绝金岁币，增强国势为念。返朝上疏，力主不必再予金岁币，以节省国用，防备蒙古，这本是两全之策。

当时的乔行简却持不同的看法，他上书陈述，指强鞑渐兴，其势足以亡金，金昔日为宋之仇，今日则为宋之蔽，应联金抗蒙，继续予金以岁币。当时的权相史弥远颇赞成此说，主张予金岁币，使拒蒙古，太学诸生黄自然、黄洪等遂请斩乔行简以谢天下，他们所持的理由，即以西山奉使金廷，奉币返命的奏疏为根据。西山为奉币的特使，他既然不能到达金廷，可见此事之可缓，所以朝绅三学，主张西山之议者甚多，此事遂搁置。

嘉定七年（一二一四年），金人再到南宋督币，争议又起。十一月，史弥远一派聂子述，主与金和，侍郎刘爚以下，太学诸生皆称不可。真德秀仍是主张对金强硬，朝廷遂采纳了西山的意见，断然拒绝了金使。十三年（一二二〇年），金人虽一再借此南侵，但已成为强弩之末，前后败绩，证明了西山对外主张的正确。可惜也就因为边防政见与史弥远等抵牾，西山这些人不得不在嘉定八年至十二年（一二一五——二一九年），被排挤在朝廷以外，对于南宋边防方面的建议，也就不能推行了。

2. 军政建议

宋太祖惩唐末五季之弊，外召藩镇以还京师，别迁文臣，以为牧守。然捍边之臣，则久其考任，假以事权，当然不能与内郡相同，不久便初意渐失，并汾闽越甫平，江淮诸郡即已令毁城隍，销解甲兵了。

淳化咸平年间，距建隆不过四十余年，盗发两川，惟陵梓、眉遂有城可守。濮盗作于近辅，如入无人之境。王禹偁自黄冈上疏，极陈江淮空虚之害，至谓名曰长吏，实同旅人。名为郡城，荡若平地。富弼论江、浙、荆、淮、湖、广诸道，也说处处无兵，城垒不修，数十人持钼耰白梃，即可尽杀守令，入据府库，无人能御，北宋军政的荒弛可以想见其大概。

南宋初年，李纲曾计划分长安、襄阳、建康为三郡都。胡舜陟曾研究析三京、关、陕为四巨镇。张守尝欲以大河州郡，仿唐藩镇，付之帅守。范宗尹则拟分划诸镇，更不代除。李弥逊也要求假帅守事权，以销奸宄。但诸策皆不行。宁宗嘉定七年（一二一四年），真德秀为起居舍人，上疏请在近臣中择其更事任，熟军情，威望素孚，文武兼备的二人，一在襄汉，一在两淮之间，建立幕府，财许移用，官许辟置，以重边守，但朝廷仍懔于唐代藩镇之失，又狃于一时的承平，皆未采纳。宋代终由于内重外轻，守御之权不能集中，招致灭亡的命运。然而此等军政大弊，终非西山等文人一篇奏疏所能纠正。

关于军政的败坏，西山所见，尚不止此。宁宗嘉定七年，他曾上疏指出，连营列戍，虚籍不填；老弱溷殽，教阅废弛；衣廪朘削，憔悴无聊，诸多的弊病，真可看出当时无可用之兵。至于荆淮一带，团结什伍，反成绎骚，更是闹得不象话。东南所长者本是舟师战棹，可谓是绘画图册，徒事美观而已，未尝习以凌风破浪之技。以上均见西山的奏疏，（《真德秀集》三）可谓最能指出南宋军政废弛的文献。

嘉定十三年（一二二〇年），西山出知江西隆兴府，到任以后，讲求军政本末，发现州郡禁卒，多以供工匠，备厮役，不曾有什么训练，教阅只成为虚文，兵不足以为兵，将不足以为将。当时有所谓：副总营、路铃、路分、州钤、将副、都监、监押，都以主兵为职，但大多数都是由宗戚、人情、关说而来，根本没有考任制度，即有可用之才，也未尝闲习将略，反而以富贵骄人，狂诞废放，无所不有！像这样兵不足以为兵，将不足以为将，如何能捍卫国家，维持治安？西山乃疏奏实情，思有改善，然不久去任，未展抱负。

理宗即位的元年（一二二五年），西山解湖南安抚使，还朝不久即擢升礼部侍郎直学士院，仍回到文职的岗位，但他仍不时上疏言各地将帅剥削士卒之弊。他指出总戎之帅，训练不勤；唯掊克是务，主帅剥削偏将、偏将剥削队伍，以此饰苞苴，以此买歌舞，真到了兵贫至骨的地步。像这样对军政有痛切指摘的人，在南宋，西山实为第一人。可惜，当时弊病已深，西山的痛论竟不能使宋局反危为安。

3. 国计民生方面的看法

宋季国计民生问题，有三件大事：一是土地问题；二是楮币问题；三是“和籴”与“和买”问题。其中二、三两个问题，关系国计民生者尤巨，西山对此极为留意，也有贡献。

楮币源于唐之飞钱，然飞钱的性质尚仅如近世的汇票，不是直接交易的媒介，而宋代的楮币却已成为直接交易用的货币。楮币在宋真宗时始行于蜀之民间，不久政府即收其发行之权而专之，并且更推行于其他地方。南宋初楮币之用始广，到南宋末，中国已成为一楮币的世界，宁宗开禧以后，楮币发行的数量，作直线上升，当时曾发行一万四千余万贯。（见戴埴《鼠璞》）宁宗嘉定间又达二万三千余万贯，到理宗绍定六年，则高达三万二千余万贯，淳佑六年，则高达六万五千余万贯。（见《雪窗文集》）自绍定六年至淳佑六年（一二三三—一二四六年），十三年间，楮币增加额达一倍以上，其后增加的情形，虽不可考，然以当时财政艰难的情形推断，当然是有增无减，一如现世的通货膨胀。

楮币既然滥发，而政府又不能尽量兑现，即兑现也不能十足。加以赋税缴纳，又不能全用楮币，其低折乃成为不可避免的事。理宗、度宗两朝，楮币低折的实数，未见明文，《鼠璞·楮卷源流》条言：“宁宗开禧间，朝廷始诏江、浙诸道，每贯必以七百七十行用，终非令之所能禁，嘉定初，顿损其半。”可见楮币贬值的严重。商贾为避免楮币低折的损失，只有抬高物价。西山一时重望，对此一问题，力主降低税收，减少楮币，因而端平更化，人盼其当政，一如元佑时代的司马光，相信西山真儒之用，必有建明转移之效。当时曾有民谣云："若欲百物贱，直待真直院。”及西山入朝，为政首以尊崇道学，正心诚意为第一义，对于物价政策，亦只有薄敛节用为主，不能产生迅速平复的作用，所以民谣又云："吃了西湖水，打做一锅面。”可见南宋社会凋弊之严重。西山虽参大政，但未及建置而薨。

理宗初年，言理财者已承认农商赋税，已高至无可复加的程度。然宋末人民的负担，除赋税外，尚有所谓“和买”与“和籴”。

“和买”、“和籴”二制，皆源于北宋，其初由官家先给民钱，而民则输绢帛，谓之“和买”；输粟则谓之“和籴”。然而到了宋季末叶，和买竟成了不给值而强取，或令民输钱以代绢。和籴在北宋已有“官虽量予钱布，而所得细微，已无所济，遇凶岁不蠲，最为弊法”。（见《刘克庄集》卷五一）到南宋则成为“低估高量，几于豪夺”的情形。西山抨击此项弊政甚力。《真德秀文集》卷六载："淳熙五年，知江宁县事章駉，偶因推排，平白将一厢三都分立和买两色，房地僦赁加征家业钱，店肆买卖则征所谓营运钱。”例如家业钱达一贯六百二十三文，每及一贯文，即催和买绢五寸五分，绵五分五厘，共折钱一百三十八文七分二厘，税率在百分之十三以上，不谓不重。至于店肆买卖，比之房地，尤无定准。西山对此深欲有所减免，但减免此种和买与和籴，必须另开财源，西山书生耳，怎能有有效的办法，所以在国计民生方面而言，西山的贡献不大。

4. 宁息政争

宋在南渡之后，秦桧主王安石之学，赵鼎主程颐之学，党派之分，倾轧之烈，日甚一日。时朱熹为理学宗主，韩侂胄为排除异己，遂倡伪学之禁，伪学者指道学，亦即理学。

宋代的理学，一禁于蔡京，再禁于秦桧，三禁于韩侂胄。而侂胄未严申禁令之前，陈贾已启其端。陈贾原为宰相王淮的鹰犬，专攻朱熹。太学生因《孟子》有“陈贾毁周公”事，偶与宋之陈贾同名，遂作诗以讽，诗见李心传《道命录》五：“周公大圣犹遭谤，伊洛名贤亦被讥；堪叹古今两陈贾，如何却把圣贤非。”这是宋代太学生与官僚相争之始，也可以说是理学与反理学的激荡。

真德秀是朱学的私淑，当然也受到反理学的攻击。《鹤林玉露》七上说：“理宗宝庆初，当国者欲攻去真西山，朝士莫有任，梁成大独欣然愿当之，遂除察院，击搏无遗力。”这是西山在理宗朝受排斥的情形。但当时的学术界对他特别尊重，梁成大不能动摇他。太学生曾戏谓：“梁成大的大字应加一点，曰梁成犬。”可见厌恶之情。

理宗初，当朝的奸相史弥远，排挤正人君子，对真西山自是去之而后快。梁成大谄事史弥远的家干万昕，因而为言官，宋代的言官发言是极自由的，梁成大即曾说：“真德秀乃真小人，魏了翁乃伪君子。”可见其抵牾之甚，已把此两个理学家视为眼中钉。太学生指莫泽、梁成大与李知孝为之凶，两派遂成水火，本可酿成极严重的政争，然而西山与鹤山均为极有涵养者，理宗宝庆元年，西山去朝，光明磊落，使政争宁息于无形。

西山在开禧年间为太学正，嘉定元年迁博士，鹤山则在嘉泰二年为太学正，虽在职都不很久，但二人同为太学中领袖人物，当时太学生一向西山鹤山并称，他们二人如联合太学生与权臣相争，必将危及南宋的国脉，所以二人皆淡然引退，宁息政争，自是高度的爱国表现。

理学家自来重视涵养功夫，这一点西山极为到家，有自得之妙，他晚年名其读书处为学易斋，有联句云："坐观吴粤两山秀，默契羲文千古心。"可见其不以政争和权势为意了。

三、学术思想

我国理学在北宋鼎盛，二程已成定型人物。至南宋的朱熹和陆九渊，思想上又见分歧。朱子主道问学，从实际的人事物理上求知；陆象山主尊德性，简易直截，由尊德性上悟入。后来愈谈愈玄妙，愈说愈空疏，因此有浙东事功派的应运而生。叶适在《习学记》里说："正谊不谋利，明道不计功，初看极好，细看全为疏阔。古人以利与人，而不自居其功，故道义光明，既无功利，则道义乃无用之虚语耳。"此话阐明功利之说甚透，可谓南宋理学转变的见解。南宋后期的学者，基于致用的目的，多转趋重视实学的一路，西山虽墨守朱学的成规，但在实际上也有趋向实用的迹象，试分论之如下：

1. 资治论

儒家的学问，本以“内圣外王”为究竟，其功夫在日用寻常之间。宋儒受佛学影响，大倡心性之论，遂逐渐流于空疏，顾炎武尝言：“魏晋清谈谈老庄，宋理清谈谈孔孟。”大抵也接近一些事实。西山治学最重《大学》一书，其目的也是在治道。他在“上《大学衍义》表并札子”里说：“首刿圣贤性命道德之言，旁采古今治乱安危之迹，必提其要，皆聚此书。”此书以《大学》为纲，以历史为纬，详论尧、舜、禹、汤，以及汉唐以后的君臣事迹，大体上是分析忠奸贤佞，因革得失的，其观念当然是资治，恐怕是受朱熹的学说和司马温公的《资治通鉴》影响而成。

《大学衍义》里首列“帝王为治之本”，次举帝王为学之本，再谈“格物致知”之要，层层推进，借以“明道术”。西山以为自孔子死后，异端纷起。到孟子时代愈来愈甚，由司马迁所记，自驺衍、淳于髡、田骈以下，无不著书言治乱之事，但大都成事不足，败事有余，不足以使国家达郅治之境，所以言治道，还是要从《大学》之道开始，而以历史为佐证，西山的读书有明显的资治观念，已有史学的意味在其中，与北宋的理学家是有些不同的。同时，他也推崇汉武帝时董仲舒所倡“春秋大一统”之义，主张辟邪说，讲法统，寻求国家富强之路，这当然是南宋积弱的形势使然。也就因为如此，他所著《大学衍义》一书，不仅受到南宋当代朝野的推崇，而且流传到明清之际，仍然是帝王讲道术的张本。由明万历至清康、乾年间，其书一刻再刻，都是由于读书人欣赏他这种资治的观念所致。

2. 心性论

“心性”之说，肇端孟子，而完成于程朱，大抵是儒家与佛学融会而成。程朱论性，持二元之说，一是天命之性，纯善；二是气质之性，有善有恶。西山也遵循此说，没什么更深的探讨。只是他引证《诗经》、《春秋》、《易大传》，乃至《孝经》、《论语》、《孟子》，似较程、朱详细些，但最后归结于“性善论”则一。

程颐的学说，性就是理，天下之理，原其所自，未有不善，西山最信此论。他说：“昔人言性恶，善恶混，都是不曾识性。性只有天理，天理那得有恶？”但天理与人性的关系如何？西山又说：“理是天地间公共之理，人禀得便为我所有。”又说：“性是天成，说多道理。”（均见《读书记》）天之大德曰“生”，所以是纯善的，这是本乎《易经》立论，宋儒多根据此点以论心性，西山也是如此之意。

宋明理学，自南宋以后，因朱陆的分歧而成争论，西山虽尊朱而讲格物致知，然于尊德性方面，似也甚为注意。西山问答，论收其放心云：“收放，养德性虽曰二事，其实一事。养德性在人本皆全备，缘放纵其心，不知操存，自致贼害其性，若能收其放心，即是养其德性。”这话即颇似陆象山口吻。

理学的传统，一向二程并举，其实二程为学规模并不相同。大程，明道，德性宽大；小程，伊川，严毅敬谨，朱熹承伊川之学居多，象山则近明道。令人奇异的是西山私淑朱子，但其为学宗旨，却推崇程明道。他撰《明道先生书堂记》，自述从小诵习明道之书，长而愈见佩服，以为可以开千古之秘，而觉万世之迷。对于朱子，却很少见到西山此类的话。

总之，西山心性之说出自程朱，略参考陆象山。以为性是义理的本源，学者必明乎此，而后始能解天下之理。（见《西山孟子要略序》）西山当然是性善论，性善可见于五常，而仁义为五常的纲领，所以论性必须归结于仁义。至于心，则是性之主，不可以无操存持养之功，是以论心又在仁义之次，这种层次观念，是西山独具的。人心有善有恶，性则无不善，所以心性是二元的，西山说："圣贤之学，循天理之正，所以书其性；异端之学，循人欲之私，所以咈其性。"即由心性二元为出发点，这种立论虽不始于西山，但西山的发挥却使此项论调大行其道。

3. 修养论

人生谈修养，当从两方面言之：一是养心，二是养身。宋明理学家都重视心性的修养。程明道由静而敬，归于动静合一。程伊川主居敬穷理，气象严格专一，凡此都是精神方面的修养，由内向外，及于行动观瞻。西山曾作《心》《政》二经，《心经》即全讲精神上的内圣修养，他又有养生论，对养生的方法，也很有心得。

孟子以为养心莫善于寡欲，此言西山最服膺。孟子说："其为人也寡欲，虽有不存焉者寡矣；其为人也多欲，虽有存焉者寡矣。"此欲字何所指？孟子则未加分析。有人以为欲即沉溺，程伊川反对此说，以为凡人心有所向即为欲，多欲则百虑纷纭，其心外驰，求学便不易成功。朱熹指口、鼻、耳、目、四肢之所欲，虽人人所不能无，但多欲不加节制，则没有不失去本心者，所以养心之道，首在寡欲。西山则主张由乎中而应乎外；制乎外所以养其中，所以养心之道，在于克己复礼，庄敬自持，此种意见，自是糅合程朱而来，其实仍是《论》《孟》所讲的宗旨。

西山最欣赏朱熹的《敬斋箴》中的几句话，即："正其衣冠，尊其瞻观，潜心以居，对越上帝。"视之为养心要诀，因名其奏疏文稿为《对越甲乙集》，以诚意居敬为维此道心，万善之主。

关于养身的方法，西山的意见是以之为养心的延长，并参以五行之论。他有一首《卫生歌》，其中说："卫生切要知三戒，大怒大欲并大醉。三者若还有一焉，须防损失真元气。欲求长生先戒性，火不出兮神自定。木还去火不成灰，人能戒性还延命。……"综观其意，还是求心安气定，节欲寡劳，其中也有道家的说法，如："发宜多梳气宜炼，齿宜数叩津宜咽；子欲不死修昆仑，双手揩摩常在面。"便都是世上常见的养生诀了。

修养一事，西山是本自程朱，而参以释老，后人评西山每以杂老释病之，其实南宋人讲修养多难免撷取释老的成分。如能分清儒释学说各有不同的功用，也就不足为病了。

最后，言穷理，宋人治学穷理以尽心为主，主张以敬自持，使心有主宰，无私意邪念的纷扰，然后可以谈穷理，程颐说"涵养须用敬，进学在致知"即此意。西山则取朱熹"格物致知"的解释，主张先在心中有所主，然后再在事事物物上各穷其理，理穷然后致尽心之效，这本是宋代理学的基本理论，西山无所更进。

然而，西山对于儒释分辨，还是下了一番功夫。他以为穷理而不知持敬以养心，结果一定是思虑纷纭，精神昏乱，对于义理便判断不清。反之，养心而不知穷理，则此心虽清明虚静，又只是个空荡荡的物事，无义理为主，应事接物也就不能得当。因此，讲修养必须先以敬涵养，进而博学、审问、谨思、明辨以致其知，在清明虚静中，众理悉备，这种说法，不只是儒家的成分，其中涉及了释老的"清明静虚"，但西山能指出释老不能"穷理"的毛病，也算是明辨儒释的不同了。

四、著作

1.《大学衍义》

《大学》是古人童蒙即习读的一本书，西山《大学衍义》盛行于明清两代，版本甚富，有通行本、康熙间刻本、乾隆间刻本，以及汲古阁本、江宁局本、杭州局本等，不胜枚举。明人有“孔子以《大学》衍六经；真德秀则以六经衍《大学》”，其推崇可谓达于顶峰。综合来看，《大学衍义》所衍之义，约有五点：

（1）格物致知之要——明道术、辨人才、审治体、察人情。

（2）诚意正心之要——崇敬畏，戒逸欲。

（3）修身之要——谨言行，正威仪。

（4）齐家之要——重妃匹，严内治，定国本，教戚属。

（5）治国之要——总归于帝王为学为治之本。

总之，此书叙述数千百年成败利钝、是非得失的史实和事理，所谓：“总总乎千圣之精微，罗络乎百氏之异同，搜扬剪截，蔚为大编。”这是明、清学者的推崇，虽未必尽当，但西山著此书的宗旨，志在郅治，意不忘国，又具有解经的价值。

《大学衍义》一书所用的数据，大抵以经史为主，西山《大学衍义序》说：“剟取经文二百有五字，载于是编，而先之以尧典、皋谟、伊训与思齐之诗，家人之卦者，见先圣之规模，异乎此也。继之以子思、孟子、荀况、董仲舒、扬雄、周敦颐之说者，见后贤之议论，不能外乎此也。”可见他是以《大学》经文为题目，附以后儒的议论，编纂成这部书，己见则甚少。

《大学衍义》既以治国之道为主，论明道的法门，则不能不特别提出，西山综合之，约为四项：

（1）天性人心之善。

（2）天理人伦之正。

（3）吾道异端之分。

（4）王道霸术之异。

其意是由伦理学推及政治学，总归于儒家的政治理想。

2.《心》《政》二经

西山的著作，流传最广的是《大学衍义》，次为《文集》，《西山甲乙稿》，经筵讲义，端平奏议等稿，至于《心》《政》二经，原藏于南宋内廷。宋端平乙未夏五月，西山卒后两个月，洪舜俞在经筵，帝命携出刊行，淳佑二年（一二四二年），西山门人王迈始付梓，明成化中再度刻版，至清康熙五十四年（一七一五年），西山后裔真克箕，交遗本于徐枝芳，再度刊印推广，也成为西山书中流传较广的一本。

《心经》一书，王迈以为“开天理迪民彝之大本”，《政经》一书则以为“续天命，救民穷之实用”，二者合并即儒家内圣外王之道。《心经》的内容，全系阐发程朱的性理之学；《政经》的内容则为由四书悟出的行政原理，文字记述类似札记，不如《大学衍义》之体大思宏，而且理论上全用程颐和朱熹的主张，到朱晦庵的话约可占全书文字的一半以上，所以此书只可为研读《大学衍义》的辅助读本。

3.《文集》及《对越甲乙稿》

《真文忠公文集》凡五十五卷，其中包括古诗、律诗、赋、奏札（即《对越甲稿》及《乙稿》十三卷以后所收）、故事、奏状、奏申、表笺、请免、举制、经筵讲义、翰林词草、制、诏、答诏、批答、敕书、大礼册文，青祠祝文、春端贴子、记、碑、序、讲义、策问、箴、颂、铭、赞、题跋、书、启、文辞、神道碑、墓表、墓志铭、行状、青词、疏语、祝文、祭文等，凡十余万言。

《对越甲乙稿》，大抵为奏札类文字，关系南宋政事颇巨，为研究宋史宝贵的史料。至于“对越”一词，原取朱熹《敬斋箴》：“正其衣冠，尊其瞻视，潜心以居，对越上帝”之意。

西山诗文，均取“文以载道”的宗旨，即诗词小品亦不脱此意，绝无吟风弄月的篇章，试观嘉定六年春七言之一“一夜东风到集芳，满园红紫已低昂；寻花问柳非吾事，燕生坤宁春画长”可知其意。再看另一首五言绝句“读罢怀沙赋，重哦卷耳篇；殷勤劝明主，属意在求贤”，更是时时以国事为念，可见其严肃的文学态度。

后人或批评南宋朱熹、真德秀、魏了翁辈，道德学问，昭揭日月，自无疑义，可是多悃竭于奏对，而不能制一时之元恶群凶，未免迂阔无用。可是理学家热爱国家，注重气节，学究天人，态度严谨，对于南宋衰颓的政风实有针砭的作用，也是不争的事实。

4.《文章正宗》

《文章正宗》一书，在明清两代亦甚流行，常见之版本，为乾隆杨仲兴据宋版复刻。此书以今日视之，实为一分类文钞，在正文之外，西山有注解或批评。“正宗”云者，欲为后世文辞立一标准，此一目的也曾维持一段时间。

《正宗》一书分前后两编，前编四门：辞章、议论、叙事与诗歌，所收文章从周秦起，诗歌由虞夏开始，迄于唐。续篇则全为宋代名家作品，例如欧阳修、秦观、苏轼、晁无咎、范仲淹之文，皆曾入选，体裁多属考道论德，知人论世之作，宛如一本道德总集。

宋以前选文者，本有杜预、挚虞诸家，往往湮没不传。至宋仅有《昭明文选》及《姚铉文粹》，多由文艺着眼，不关乎治道。西山既为理学家，选文全以载道着眼，所加的批评和批注，也念念不忘世道人心，所谓：“诠要释疑，皆关世教；小行附录，尤严别择。”（见杨仲兴《文章正宗序》）我们今日读此书，不是欣赏文学，而是注重思想，由此观点去看，也颇见西山的治学功夫。

5.《读书记》

西山《读书记》，篇帙甚富，原有甲、乙、丙三部，其以读书记名目付梓者，为乙部下半篇，上半篇则已收入《大学衍义》。

《大学衍义》一书是以朱熹《大学集注》为依据，推衍为论学求治的根本。《读书记》则是综合四书、五经、子史、周、张、程、朱诸儒的论说，分门别类，参注己见，勒以成篇。

《读书记》凡四十卷，内容言天地阴阳、性命道德，亦可视为宋代理学的一部总集，为治宋明理学者所应读的一本专书。

以上西山著作五种，均收入《真文忠公全集》，又有《西山真夫子年谱》，为真鼎元所辑，也收入乾隆刻本《全集》之中。《全集》在清代流传甚盛，深山穷谷亦往往有之，人皆视若拱璧。

五、师承、讲友与门人

1. 师承与讲友

《宋元学案》卷八十一《西山真氏学案》，表列真德秀为詹氏门人，又为屏山、晦翁的再传。西山的门人则有王埜、马光祖等二十人。王埜再传为王应麟，为南宋大儒，著有《玉海》和《困学纪闻》，学问渊博，成为后世浙东学派之所宗，为真氏最有力的后继。

西山师事詹体仁，见《宋史》卷三九三《詹体仁传》。体仁字符善，也是建宁浦城人，与西山同里，隆兴元年（一一六三年）进士，仕至太学博士，史称其颖迈特立，博极群书。少时曾从朱熹学，以存诚慎独为修养中心，为文明畅，理充词达。西山早年从之游，问居官莅民的法则，体仁告之为“尽心平心而已，尽心则无愧，平心则无偏”。西山终身遵之，时人美之。体仁既为朱熹的学生，所以西山应是朱熹的再传。

西山同时的讲友，最著名的莫过于魏了翁。了翁在《宋史》卷四三七有传，与真德秀同列儒林，而不在《道学传》，唯《宋史》“道学”、“儒林”之分并不谨严，我们不能因此即视西山与鹤山不是理学家。

西山、鹤山一向并称。《宋元学案》卷八十一《西山学案》，黄百家说：“从来西山鹤山并称，如鸟之双翼，车之双轮，不独举也。”西山卒后，鹤山为之撰墓志，亦以司马文正、范忠文的生同志、死同传相比，所以后世无敢优劣之者，仅全祖望修补《宋元学案》时，对于西山略有微词，对于鹤山则推崇备至，其实，不论政治地位或学术成就，仍以西山略高，观其遗书，自可知之。

2. 门人

西山门人，最重要的当推潜斋王埜。王埜字子文，金华人，嘉定十二年（一二一九年）进士。初入西山门下，西山授以辞学，潜斋却要学义理之奥，西山因而奇之，曾作《潜斋记》揄扬之。潜斋再传为深宁王应麟，学术成就甚高，所以潜斋在西山门下，有承上启下之功。

潜斋以外，西山重要门人，尚有马光祖、金文刚、孔元龙、吕良才、江埙、刘炎、陈均、周天骏、徐元杰、王迈诸人，而以徐元杰、王迈为著。徐元杰为绍定五年（一二三二年）进士，因忤时相史嵩之暴卒，人以为嵩之害他，谥忠愍，王迈则整理西山之著作有相当的贡献。

西山再传弟子王应麟，浙江鄞县人。九岁通六经，从王埜受学，淳佑元年（一二四一年）进士，曾修国史实录，入元不仕。王氏之学，兼诸家之长，不墨守朱学成规，综罗文献，师法吕东莱祖谦，为理学中长于史学的一派。我以为他的治学态度，广征博引，多少总受西山《大学衍义》的影响。

六、结论

真德秀一生事迹、学术及著作，大抵已如上述。他在南宋士林地位之崇高，无人可望其项背，即魏了翁亦有所不及。全祖望《题真西山集》云“乾淳诸老之后，百口交推，以为正学大宗者，莫如西山”，自属定论。在今天来看，西山的成就，至少有四点为人所不及：

（一）倾力著述《大学衍义》四十三卷，整理传统的儒家学问，归属于《大学》一书之下，举凡正心诚意，格物致知，以及政治、经济、学术各方面都能勾玄提要，加以议论，此种综合的功夫，在南宋当推第一人。

（二）理学一脉，肇始于北宋，至南宋朱熹始集其大成，对政统、道统、学统都产生极大的影响。唯朱熹当时受韩侂胄的反对，被诋为“伪学”，幸有真德秀在政治及学术上促成南宋第二次理学的复兴，始能扭转颓势，西山在理学的发达史上实为功臣。

（三）西山立朝不满十载，奏疏却有数十万言之多，直声动天下。生前受到中外的交颂，身后尤有传世的美名。看他的奏疏，总以御侮自强为主，爱国的情操溢于言表，虽然晚年拜相未就，不久即薨，但他在稳定南宋的政局上，确有相当的贡献。

（四）西山的文章，虽不如韩愈、柳宗元、苏轼、欧阳修等人一样地影响广阔，但他的文集、诗集足可以代表宋人的哲学思想。尤其在佛教的批评方面，似较前人更为深刻，如《径山三塔记》、

《明因大师塔记》，虽赞誉佛教人士的修养，却不失儒家的立场，牛毛茧丝，皆能辨析，是其所长。

西山成就大抵如上。他生平学问纯粹，恪守善道，爱国精神能表现于行事及著述之中。倡言春秋大一统，为元明以后国族命脉，加强生命力，他的确可以称为南宋时代一个伟大的读书人。

参考书目

《真文忠公全集》，真德秀撰，包括 :《大学衍义》、《心经》、《政经》、《文集》、《对越甲乙稿》、《文章正宗》、《读书记》。
《西山真夫子年谱》，真鼎元辑。
《宋元学案》，黄宗羲撰，清全谢山补。
《日知录》，顾炎武撰。
《鲒琦亭集》，全谢山撰。
《鹤山先生大全集》，魏了翁撰。
《宋史》，托克托监修。
《十三经注疏》。
《朱子大全集》，朱熹撰。
《论语正义》，刘宝楠正义。
《孟子正义》，焦循正义。
《大学衍义补》，邱浚撰。
《传习录》，王守仁。

《玉海》，王应麟撰。

《四朝闻见录》，叶绍翁撰。

《古今纪要逸编》，黄震撰。

《东莱集》，吕祖谦撰。

《癸辛杂识》，周密撰。

《齐东野语》，周密撰。

《建炎以来系年要录》，李心传撰。

《三朝北盟会编》，徐梦莘撰。

《宋文鉴》，吕祖谦撰。

《鼠璞》，戴埴撰。

《梦粱录》，吴自牧撰。

《文献通考》，马端临撰。

《资治通鉴》，司马光撰。

《资治通鉴后编》，徐干学撰。

《鹤林玉露》，罗大经撰。

《宋季三朝政要》，佚名。

《伊洛渊源录》，朱熹撰。

《序大学章句》，朱熹撰。

《程氏外书》，朱熹撰。

《二程全书》，程颢、程颐。

《文史通义》，章学诚撰。

《象山全集》，陆象山撰。

《参同契考异》，朱熹撰。

《孟子要略》，朱熹撰。

《周易本义》，朱熹撰。

《通书解》，朱熹撰。

《续资治通鉴》，毕沅撰。

耶律楚材

赵振绩　著

目　录

耶律楚材是契丹的大思想家，也是元朝的大政治家，自然是有其历史的渊源，兹将耶律楚材的传略与时代背景、思想的渊源、作品的成就，分别叙述如后：

一、耶律楚材的传略与时代背景

耶律楚材的九世祖耶律阿保机，是契丹开国的皇帝（可汗）。当他建立契丹帝国初期的时候，能够用汉人，以行汉人的政治，建筑汉城，以收容汉人，采纳汉人的建议，首先建立孔庙，实行儒家的学说。楚材的八世祖，也就是阿保机的长子耶律突欲，曾经建议他的父亲，建立孔庙，实行儒家的学说。他一方面为了政治上的因素，不能得君行道，一方面他更仰慕汉人的文化，才逃奔了后唐，从事汉文化的研究。他知晓音律，精通医药，工辽汉文章，尤其善画人物猎马，可称一绝。为了好学，曾经在其老家医巫闾山绝顶的望海楼，藏了万卷书，真是名副其实地，读万卷书，行万里路。

耶律楚材的父亲——耶律履，他的父亲聿鲁早死，寄养于族伯的家里，以履为后，幼受庭训，年方五岁的时候，能够触景吟诗，继长荫补国史掾，金世宗的时候，提倡儒术，诏他翻译经史，完成《唐书》，继成《文选》，撰《乙未元历》，成《耶律文献（履）公词》乙卷，为他的代表作品，可称儒家的优秀者。他又擅画兰花及人鹿马。

耶律楚材，字晋卿，号玉泉，法号湛然居士，谥号文正公，耶律是契丹国姓的汉译，《金史》称移剌是契丹国姓的原音，他自为文署移剌楚才。他是契丹人皇王耶律突欲八世孙，耶律履的第三子，他的长兄辨才，二兄善才。耶律楚材生于金世宗大定二十九年（公元一一八九年），卒于元太宗后乃马真称制的第三年（一二四四年），于元世祖中统二年（一二六一年）葬于玉泉东瓮山，这里是耶律楚材寄居的第二故乡，他的七世祖耶律娄国曾经作过燕京的留守，遂就世代居住在燕京，其故乡原来在辽河左右，后定居在医巫闾山，因为耶律楚材的八世祖耶律突欲首先葬在此地，后有辽朝的景宗、辽的豫王、楚材的父亲耶律履、长兄辨才、次兄善才，都是埋葬在医巫闾山，楚材及其儿子耶律铸，虽然没有埋葬在此地，然而耶律楚材在他作的《湛然居士集》，曾有十多首诗均有忆闾（即医巫闾）山之作，其诗的含义，是生为闾山的人，死愿作闾山的鬼。他的儿子耶律铸在他的《双溪醉隐集》里，更是特别强调家住辽河闾山下。医巫闾山既是契丹人的故乡，而挹娄曾经住过此山，此山就是因为挹娄而得名的。

耶律履六十岁才生楚材，他的父亲之所以给取名叫楚材，是知他日必成伟器，且当为异国之用，因取左氏之楚虽有材，晋实用之，因此称楚材。当他三岁的时候，他的父亲去世了，成了孤儿，依靠寡母杨氏生活，他的母亲颇有学识，每日严加教育。当他年龄渐渐大起来的时候，稍知用功读书，甚么书他都要读，如天文、地理、律历、术数、释迦牟尼的佛学、老子的《道德经》、医术占卜之学，读完了没有不明白，于是他写文章的时候，犹如神助，下笔千言。当他长大的时候，按照金朝的制度，因为他的父亲是金朝尚书右丞相的儿子，可以做一个类似课长的职位，他不愿意没有经过考试而做官，因此金章宗就亲自考试他，当时参加考试的官宦的子弟，共计有十七个人之多，问以疑狱数事，如何审判才能最恰当，而楚材应答得最好，遂被任命为一个相当课长的职位，后被调为开州的同知。金宣宗贞佑二年（蒙古太祖九年，一二一四年），宣宗为躲避蒙古骑兵的威胁，于是才迁都汴京（今河南开封），则命丞相完颜丞晖（《元史》称完颜复兴）行尚书事，留守燕京，完颜丞晖尚书则推荐耶律楚材为左右司员外郎，金宣宗贞佑二年六月蒙古兵围金的中京（今北京），当蒙古兵围中京有六十余日，楚材每日三餐都吃不饱，每餐都以素菜佐饭，但是他照常办理公事，丝毫没有忧愁的表示，打起精神，鼓励士气，这样才能把中京守住。虽然是这样，金的中京终于明年五月被蒙古兵攻陷，楚材被俘虏。蒙古太祖成吉思汗，早就有吞并天下的大志向，常常要访查辽（契丹）的宗室近族，以发掘人材，增加蒙古的势力，因为契丹人是蒙古的亲族，蒙古人是右部，而契丹人是左部，因此两个宗族的血缘的关系很近。于是蒙古兵把耶律楚材押送到成吉思汗的行营的地方，耶律楚材从此就辅佐太祖成吉思汗与太宗窝阔台，兹分述如下：

1. 辅成吉思汗西征及贡献

当成吉思汗闻蒙古兵俘虏了移剌履的儿子楚材，于是下诏书召见耶律楚材，当太祖十三年（一二一八年）三月在行营见到楚材，他长得身高八尺，长而美好的胡须，说话声音宏亮，帝特别器重他，说辽被金人所灭亡，世代的仇恨，我愿意为你报仇雪恨。楚材回答：臣的祖父与父亲，都是金的重臣，既然是金朝的大臣，哪敢仇视金朝的君主。成吉思汗觉得他的话，非常有道理，因此对他格外地器重，把他留在身旁，遂呼楚材曰“吾图撒合理”，而不称他的名字，吾图撒合理，盖国语（蒙古语）长髯的人也。这时的耶律楚材才二十九岁。

从成吉思汗西征：当元太祖成吉思汗十四年（一二一九年）六月，楚材三十岁的时候，西域的花剌子模，杀蒙古使者及商人。太祖决定西征，楚材随行，当太祖祭旗的时候，雨雪下到三尺之厚，成吉思汗觉得是不祥的预兆，楚材则说这是克敌制胜最好的象征，以鼓励士气，于是太祖大举西征，路过金山（今阿尔泰山）。太祖十五年三月克蒲华城（今布哈拉）适逢天下大雨，雷电交作，太祖惊异而问楚材，楚材曰：“梭里檀（苏旦）回鹘王当死于田野。”后果然应其所说。时有夏人常八斤，以善造弓矢，得到太祖的信任，每以此技而骄傲，他说：“国家正在用武力的时候，耶律儒者何用？”楚材曰：“治弓尚须用工匠，为天下者，岂可不用治天下之匠？”帝闻之甚喜，日益重用。蒙古的初期，没有历学，而回鹘人奏：“五月望夕，月当蚀。”楚材言不会蚀，到时候，果然没有月蚀。明年楚材奏十月望夜月蚀，回鹘人言月不会蚀，其夜月蚀八分，汗大异之曰：“汝于天上事，尚无不知，况人间事乎？”十五年楚材在塔什干城。当五月望，以《大明历》考之，太阴当亏二分，食甚子正，时在霄中，是夜侯之未尽初更，而月已蚀矣，盖《大明历》之子正，中国之子正也，换算为西域之初更也，西域与中国相隔万余里，仅一小时，此唐一行时有里差之说，谓千里互差一时之说法。

太祖十七年五月，长星在西方出现，汗来问楚材何缘故，楚材答曰：女真国当更换皇帝。后果然应验。从此以后，成吉思汗，每当出征的时候，必须先请楚材占卜吉凶，汗亦烧羊髀骨，以符合其预兆，并指楚材，告诉其三子窝阔台曰：此人天赐吾家，以后国家军政，应当由他来担任。因此造成以后太宗对他特别的信任的原因。

太祖十八年的夏天，帝军到印度，驻军于铁门关，侍卫见到一奇怪的野兽，鹿形马尾，绿色而独角，能讲人的话曰：希望你们的君主早些回去。汗问楚材，楚材答曰：这种兽名字叫角端，日行一万八千里，能解四夷语，它讨厌征伐杀害老百姓，这是上天遣它来告诉陛下，愿陛下承受天命，来宽恕这些国家的生命财产，实在是陛下万福无疆之好的象征。汗即日就下诏班师。这是楚材劝成吉思汗，不要杀害无辜百姓，这些百姓可能多为契丹人，因为中亚一带契丹人多，才能有耶律大石建西辽国达八十八年之久。十一月长春真人邱处机应诏到萨马尔干。楚材生子铸。

太祖十八年春，率兵循辛连河，命窝阔台循河而下，至昔斯干城（今萨马尔干城），遣使来请求太祖的命令，太祖告诉窝阔台说：天太热了，另外再派遣一个将领去攻城。到了夏天的时候，太祖同皇长子术赤、二子察哈台、三子窝阔台到八鲁湾川（今阿富汗都城喀布尔东北）避暑，过了夏天，各路兵来会，遂把西域平定，并设置达鲁花赤于各重要城镇，以监督各地的人民。

太祖十九年，楚材在西域阿里马城（今名），为从容庵作序。

太祖二十年正月，回到行宫（今阿富汗都城喀布尔），楚材尚留在西域瀚海军（今哈密）所属的高昌城（今新疆吐鲁番）。

太祖二十一年十一月，蒙古攻下灵武（今宁夏灵武县）。蒙古诸将兵争抢子女金银财宝，楚材惟独取书数部及很多大黄，以后军中士兵得了瘟疫，楚材用大黄将他们的瘟疫病治好，治活了的士兵有好几万之多。

太祖二十二年春天，保留军队攻击西夏都城（今宁夏银川），并且亲自率兵渡过黄河攻击积石州（今青海贵德县西），二月攻破临洮府（今甘肃临洮县），三月攻陷洮河、西宁（今青海西宁）二州。六月太祖避暑六盘山，西夏国王李晛向太祖投降。后来太祖到甘肃清水县的西江（今牛头河）。七月太祖得病，死在萨里川哈老徒之行宫。由皇四子拖雷监国。于是楚材奉命回燕京，在临行之前，他搜集各种有关图籍，以预备治理燕京之用。这时的耶律楚材，已经三十九岁了。楚材自太祖十三年追随他的左右，远征西域，前后共达九年之久。扈从太祖征讨六万里，历尽辛苦，当他回到燕京的时候，曾追述从太祖西征的经过，写了一部《西游录》一卷。对元初的历史，中亚的地理，尤以后半段，记述他与邱处机因佛教与道教信仰的不同甚详，史料价值甚高。

2. 佐太宗窝阔台汗之政治、经济的贡献

太祖曾向他的第三个儿子窝阔台说，耶律楚材是一个天才的政治家，以后你当政的时候，要重用他，来辅助国家军政大事，故太宗即位以后，遵照他父亲的遗命，特别重用他，他也能忠君爱国，洁身自好。

·政治

当太祖病死以后，依照蒙古的风俗习惯，由小儿子拖雷继承祖宗的产业，监督国家的政事，再召开宗亲大会，由各宗族来选举由谁继承大汗的位置。但是太祖在生前曾暗示楚材天赐吾家，命窝阔合尔后军国庶政，当悉数委之于他。故楚材竭忠全力，劝太祖少子拖雷将监国之大政早日让给窝阔台，并劝告二子亲王察哈台，来拥护窝阔台继承太祖汗位，再加上楚材为太祖的亲信重臣，竭力拥护窝阔台，所以窝阔台才能登上汗位。至太宗即位后抚楚材曰："真社稷之臣也。"那些反对太宗继位的人，太宗拟处死，然楚材建议将他们赦免，救活了很多人命。

睿宗（拖雷）监国元年，燕京时有许多的盗贼，天未黑的时候，抢劫牛车，见到富有的人家，向其取财物，如果不给他们，则杀人放火。因此睿宗以皇子监国，看见盗匪非常猖獗，就命令中使塔察儿，偕同楚材严格惩罚。犯人之所以胆大妄为，因其支持他们犯罪的幕后人，为宗亲与势力家的子弟，楚材并不畏惧权势，一律逮捕下狱治罪，当时其家人贿赂中使塔察儿，塔察儿有意免治他们的罪，楚材坚持原则，中使惧怕。由于楚材的严惩，并将重犯斩首示众十六人，燕京治安，从此相安无事。

太宗二年（一二三〇年）时，中原大致平定。而人民不懂法纪，

往往犯了国家法令，依蒙古的律令，杀之无赦，太宗命令楚材上建议，如何处理这件事情。楚材建议：人民无知，在法令规定以前，所有犯罪的人，一概不治罪，因为不知者不为罪。并且上十八项建议事，颁行天下，其要点：（1）郡设长吏管理人民的事。（2）军设立万户统治军队，使军政势均力敌，以阻遏骄横。（3）中原之地，财税的征收，最好是便民，体谅民间租税负担的痛苦。（4）州县必须要奉到上级的命令，才能差遣与科税，如果擅自差科，则加治罪。（5）贸易借贷，妨害公务，加以治罪。（6）蒙古、回鹘、河西诸人种，如果违抗命令不纳税，应该处以死刑。（7）监守自盗官物者死罪。（8）应犯死罪者，非得由申奏准许，然后才能行刑。（9）贡献礼物为害非轻，要严加禁止。以上八事，均经太宗允准，唯贡献礼物为害非轻，帝曰如果彼等自愿奉献，且听其便。楚材坚持禁止，帝未允准。七月太宗自将南伐，楚材随行，攻陷天成等堡，遂渡黄河攻击凤翔府。太宗即位之初期，完全注意西域之事，没有时间留意中原官吏。这时中原的官吏，多聚敛自私，家财巨万，而国家财赋为官吏所贪污殆尽。如果官吏有空缺，多半是达官近臣所推荐的人充当，而汉人没有机会。如果没有适当的人选，则只有将缺额空起来，使人民没有父母官。楚材曰：陛下将南伐，军需必须准备充分，如果平定了中原，而中原的地税、商税、盐、铁、酒、治山泽水之利，每年可得税银五十万两，帛八万匹，粟四十余万石，足够供给军需，中原的税收，为何对于国家财赋，没有补助？帝曰：如此照你的办法去作，以对国家税收，有所裨益。于是楚材设立燕京等十路征收课税使，凡长赋都用士人，如陈时可、赵昉等忠厚长者，所选拔的人，均是天下的第一流人才，其他各部门，均用省部的旧有人员，以免人事更动太多，恐人心惶惶。

石抹咸德曾经谮害楚材，至石抹咸德有罪时，使楚材治他的罪，楚材觉得过去石抹曾害过他，今天来审理他的罪嫌，恐有挟恨报仇的嫌疑，故不受理此案，太宗知道此事，称赞楚材为忠厚长者。

楚材奏请太宗，请禁止迁徙燕山后面的居民，充作采金银种田等工作，并请颁布命令给降民，使其归其田里。

元朝初年，盗贼充斥国内，商人不能成行，于是政府下达命令，凡是有盗贼的地方，一年不能把盗贼的领袖给捉到，命令其当地住户百姓，代偿其失掉的钱财与物品。因为不能捉到盗贼，其代为赔偿的钱财物品，前后积累有万元以上。那些地方的官吏，在没有办法之下，只有向回鹘人借债银偿还，其利息，一年加一倍，第二年利滚利，谓之羊羔利，其利钱积压太多，根本不能清还。这样长久积存下去，老百姓赔偿盗窃的本利钱，往往会倾家荡产，妻离子散，宗分族亡，以至以妻为抵押，然终久也不能偿还。楚材见到这种情形，便请示于太宗，以官府之钱来偿还盗窃的债，凡七万六千定银子。于是奏请太宗，以后不准偿贼盗之债，不准放高利贷，遂为固定的制度。

太宗侍臣脱欢奏请选民女，以充后宫之用，勑（勅）中书省发诏行之，楚材坚持这种事不可行，太宗忿怒召楚材责问为何故不可选美女，以充后宫之用。楚材曰：前次已经选有美女二十八人，尚留在燕京，已经很够后宫使用，而脱欢又传旨选美女，臣恐这样有骚扰百姓的嫌疑，故臣敢冒死覆奏陛下。太宗思索很久，遂将此事作罢。

帝又欲向汉人民征牝马，楚材曰：汉地很少有马，非马生产的地方，而中原五谷蚕丝很多，倘若向汉人要马，以后必然成为定例，这是最骚扰汉民的事，因为他们没有马，如若征马，他们只有花钱向塞外人去买，买马很贵，用钱很多，这是汉民负担不起的事。太宗觉得楚材的意见很对，向汉人要马的事，就再不提了。

当太祖成吉思汗的时候，因为特别对全真教第二代教主长春真人邱处机的崇信，故对全真道教徒免去所有的赋役，因此豪富奸民，为了免赋役依附道教的人很多。因此楚材建议，人民倘若出家为僧道者，必须经过经义的考试，才能受戒为僧道，准许他们居住寺院道观。读书人必须考试通过，政府才承认他们为儒者，而准许恢复他们的家园，免于作蒙古的奴隶。太宗准许楚材的建议，严格执行，以免有的人投机取巧，借出家为僧道或为读书人，逃避赋役，使善良的老百姓无故增加赋役的负担。

蒙古诸王贵戚从前可以自行向驿站要马作为交通的工具，因此冒名为使臣的特别多，驿站马匹因之缺乏，在没有办法的情形之下，只有向人民去抢夺马匹，以备乘骑，因而城市与乡间的道路上，老百姓乘马的人，受到很大的骚扰，随时有被袭夺的可能。甚至于馆舍索取马匹，百般地要挟，如果不能供给他们马匹，或是不给他们钱财，时常被亲贵的人所鞭打，馆舍（驿站）的人受不了他们的骚扰。楚材建议，以后诸王贵戚必须有牌札（乘马证），才得使用驿站的马匹；住驿站的饮食要分官员的身分，才看能吃甚样饭。自从这种规定下来以后，从前的弊端，自此革除。

楚材看见蒙古从前的政事，积存的弊病非常的深，因建议时务十策：一曰信赏罚，二曰正名分，三曰给俸禄，四曰封功臣，五曰考殿最，六曰定物力（甚么样的人，享受甚么样的生活），七曰裁汰工，八曰务农桑，九曰定土贡（地方出甚么物产，贡甚么物产），十曰置水运。太宗接到这些建议，虽然没有全去实行，也时常参考这十种原则去做。

楚材当政在太祖有九年，太宗有十三年，至乃马真三年，共计有二十五年之久，所得的利禄，都分给他的亲族，没有使他们的亲族做官。行省刘敏，很客观地向人讲：楚材有敦亲睦邻之情义，只是分给他们钱财布帛，如果使他们做官，觉得这是违法的事，有假公济私的嫌疑。

太宗四年（金哀宗天兴元年）春天帝向南面征讨金朝，正月由白坡渡河，楚材与郑景贤、游济源随同一起出征，并且围困金朝的南京（今河南开封），加紧攻击。楚材的长兄辨才、二兄善才，都在围困之中。楚材为了拯救他的二个长兄，特别向太宗请求，给他一道命令，向金哀宗要他的两个兄长。金主得到太宗的命令，就召见辨才、善才，说明他们的弟弟楚材营救他们的好意，放他们出城，与楚材会面，而他两人，愿意一起与哀宗共生死。而金主坚持要他们出城，并给他们金钱，作为以后生活之用，在分别的时候，君臣相视哭泣，情况非常的凄惨。二月十七日善才投城内东城濠水中死，年六十一岁。辨才出城与楚材相会，以后留住河北省真定，楚材两兄死后，都葬在医巫闾山。四月太宗攻不下汴京城，到居庸关去避暑，留下速不台继续围攻南京。

太宗五年（金哀宗天兴二年）正月，金主哀宗因为金元帅（亦是丞相）崔立叛变，才逃出南京，直奔归德（今河南商丘市南），六月逃到蔡州（今河南汝南县），崔立投降蒙古。依蒙古制，敌人拒绝投降，矢石一发，则杀之无赦，况且南京将近一年没有投降，更是罪不可饶。于是主将速不台遣人来报，且言金南京守城日期很长，杀伤士卒很多，建议把南京城的人，统统给屠杀。楚材入奏曰：将士攻城略地数十年，所争者为土地人民。得地没有了人民，谁来耕种，没有人耕种，要土地有甚么用处。太宗见到楚材的建议，还是犹疑未决。楚材又复奏言：此城有弓矢甲杖与金玉等匠，以及官民富贵之家，都聚积在这个城里，如果把他们统统都杀光，就一无所得，其攻城略地，等于徒劳无功。于是太宗才准许除完颜氏外，其余的黎民百姓都不杀，这时逃避兵患的户民有一百四十七万之多。楚材乃奏选工匠、儒、释、道、医、卜等人，散居河北，公家给他们吃住，以供给蒙古做事。从此以后，蒙古攻取淮河流域及汉水、长江流域的城镇，都不屠城杀人，变成了一个定制。楚材之所以建议攻城不杀人，其原因有四：

（1）楚材于蒙古军围金的南京（今河南开封）之前，就建议太宗，请蒙古军不要屠杀无辜的老百姓，如果不杀不投降的人民，其他各城，则不攻自破，将投降的南方人民，加以救济，以收取民心，凡是将相大臣所俘虏的人民，不要把他们留作奴隶，仍然恢复他们平民的身分，这样才是德政。

（2）郑景贤是太祖、太宗的御医，很得两帝的信任，他与楚材的感情非常，楚材能够得到君主的信任，他卫护的功劳是很大的，如果由景贤建议不屠杀不投降的人民，亦是顺理成章的事。

（3）元好问建议楚材保存中原善良的老百姓，中原老百姓的精华，多集中在汴京城，故由元好问之建议，更使楚材坚持不屠中原的人民。

（4）萧也先建议木华黎不屠北京城的影响亦有关系：蒙古太祖九年（金宣宗贞佑二年，一二一四年）蒙古围金之中都（今北京）城，金守将拒降将近一年，其城破未被屠杀，该城能够得保全，可能与蒙古兵同时攻城的人，尚有契丹军及若干投效蒙古的金朝将领，他们在中京城内定有亲人。于是才由契丹将领萧也先建议木华黎赦免了中京（今北京）城人民，而耶律楚材也是金在中京城主要官员之一，不但未被杀，反而被太祖、太宗所任命为重臣。因为中京拒降未被屠城，当然对金之南京城的人民未被杀有很大的影响作用。

这个时候河南各城初次被攻破，俘虏掳获很多，等到蒙古撤退的时候，逃命的人有十之八九，后来可汗下命令，禁止他们逃走，如果有帮助他们逃走的人民，灭他们的宗族。其家乡社也要受到连坐的处罚。由是逃亡者，不敢回来，多饿死在道路上。楚材从容建议曰：河南都已平定了，他们都是很好的老百姓，如果想逃走，也是非常合理的事，为甚么因为一个囚犯，要连坐杀死数十百人啊？太宗听到他的建言，就觉悟了，于是下命令，把这个禁令解除。

金宣宗南迁南京（今河南开封），楚材长兄辨才、次兄善才，都随从南迁。楚材的母亲杨太夫人与其妻梁夫人，亦南行，初定居东平（今山东东平县），后居嵩山。楚材拜中书令以后，母亲太夫人尚在，到了金朝灭亡的时候，他母亲与妻子，都死了。

太宗六年（金哀宗开兴元年，一二三四年），蒙古与南宋统帅赵珙联军攻陷了蔡州，金主哀宗自焚而死，传位宗室子承麟，也被乱军杀死，金朝为之灭亡。太宗下诏令，以大臣忽都虎总其成，以丁为户，而中原以户为丁计算之数。楚材独以为不可行，蒙古与西域诸国，都是以丁为户，岂可拿蒙古的法令，实行于中国，中国自古以来，没有以丁为户的计算方法。如果以丁为户，来使人民纳税，不到一年，老百姓都逃光了，太宗接受他的建议，以户为单位。当时诸王大臣及将校乘政治紊乱的时候，将捉来的民丁，作为驱口（奴隶），往往都寄留在州郡中，这些驱口，几乎占了天下一半的人口。楚材因建议太宗，将这些奴隶放归民户，不得视为奴隶。

太宗七年（一二三五年），朝中的大臣建议，以回鹘人治理南朝的人，以汉人治理西域人，大家都以为这是最好的政策。楚材极力反对这种政策，认为汉地与西域，相去数万里，及至敌境，人马疲乏，不堪使用，水土不服，必生疾病，人生地不熟，不如各就本土，征治似为两便。两种政策的建议，争论了十余日，后来这个议论，不了了之。

综论上述，耶律楚材虽然是一位契丹人，然其对不同宗族的汉人，并未怀有异族歧视的心理，反而以赤子的心理救民救世，人溺己溺，完全是儒家的己所不欲，勿施于人，克己利人的大同主义思想。

·经济的贡献

耶律楚材对于蒙古经济上的贡献，分太祖与太宗两个时期，兹分述如下：

（一）蒙古太祖时期：西征以后，蒙人之仓廪府库，没有斗粟尺帛。在这种没有办法情况中，中使别迭等上建议，虽然得到汉人的地方，也没有用处，不若尽量废除农田，使它生长牧草，以作放牧牛羊。楚材立即上前讲：天下这样的广大，四海这样的富足，求甚么东西，不可以得到。因建议汉地不必作牧地的用处，可以向汉人征地税、商税、盐、铁、酒之税，取山川盐泽之利。一岁可得税银五十万银两之巨、绢八万疋、粟四十万石。于是奏请设立十路课税所，置正副税使二员，都以儒生充当，如燕京陈时可、宣德路、刘中等皆为天下之上选。楚材因时进言曰：周孔之教，且谓天下虽得之马上，不可以马上治之。从此以后，蒙古政府官员均用文臣，这完全是楚材立下的规矩。从前诸路长吏兼领军民的钱谷，往往依仗其富强，肆无法纪。楚材有见于军政财集中一官吏手中，常常会为非作歹，于是建议太祖，长吏专理民事，万户统军政，课税使掌钱谷，各不相统属，从此变成定制。

（二）太宗时期经济：太宗元年勅蒙古民有马百匹，输牝马一；牛百头，输牸牛一；羊百头，输牝羊一，为永久的规制。

太宗二年，定诸路课税，规定酒税，十抽一税，杂税三十取一。十一月开始设置十路征收课税使。

太宗三年，至云中（今内蒙古托克托县），诸路所贡课额银币及仓库米谷簿籍，各路课税使向帝报告征收税的情形。帝命楚材定天下赋税，每二户出丝一斤，以给国家的用项；每五户出丝一斤，给诸王功臣之资；上田每亩税三升半，中田三升，下田二升，水田五升；商税三十分之一；盐银每一两四十斤，从此规定为定额。朝中大臣都谓太轻，楚材曰将来必有以利进者，似乎现在这样已很重了。

太宗十年，天下大旱，蝗虫为灾。太宗问楚材，如何处理这种灾害。楚材曰帝可以便宜行事，太宗曰如果减税或不征税，恐怕国用不足。楚材曰仓库所存钱粮可供十年之用。当初统计天下的户口，共计一百四十万户，这里包括逃亡的人，有十分之四五，而赋税仍然照旧征收，天下人都以为不应当。于是楚材建议将逃亡户口三十万除去，不再将税金加在他人去负担，人民才得安心。

燕京刘忽笃马，他阴结权贵，以银子五十万两，朴买（包办）天下的差科、打猎的使费钱，以银二十五万两朴买天下官廊房地基、水利、猪鸡。刘庭玉者以银五万两，朴买燕京的酒税收钱。回鹘商人以银一百万两，朴买天下的盐税收钱，以至于天下河泊、桥梁、渡口的税收钱。楚材觉得这些包税的商人，都是些奸猾、欺上压下的坏人，对于国家的损害非常的大，于是奏请太宗，废除这种包税的制度。楚材曰：兴一利，不若除一害，生一事，不若少一事，此都是班超的名言，自古至今都有定论。

楚材自太宗二年制定课税的办法，这时（太宗十年以后）每年收税银一万定，太宗五年，攻下河南汴京，税收增加银二万二千定。而回鹘人译史（翻译人员）安天合到汴京，侍奉楚材，以求升官，楚材对他的努力工作，时常嘉奖，但始终不能满足他的企望。他于是跑至镇海丞相处，用种种方法，说耶律楚材的坏话。首先介绍回鹘人奥都剌合蛮包办天下的税收，开价银子四万四千定，楚材曰即便出四十四万定银子，也不能包办天下的税收。包办天下的税收虽出税银子甚高，还不是向人民多收税金，税金高，人民穷困，人民穷困，则去做匪盗，匪盗多，并非国家的福分。于是安天合买动太宗左右的侍臣，都说楚材的坏话，太宗就听信他们的话，觉得包税制度可行。但是楚材觉得国家征税的制度行得很好，不赞成包税的制度，于是据理力争，并且声色俱厉，不为众议所屈，必要时，则想以身死，都在所不计。太宗曰：你又要为百姓请命，为百姓哭。于是终久为他的公忠体国所感，则取消朴买的税制。至太宗死，皇后乃马真当政，终则采信了奥都剌合蛮，行包税的制度。楚材力争不准，则气忿而死。楚材对经济的措施是爱民的经济，减轻人民的税金负担，可称为福利经济理财的原则。

二、耶律楚材的思想

楚材虽是契丹的后裔，但是是蒙古的大思想家，他是儒学的大同思想家，佛学的理想主义者：

1. 儒学的大同思想家

楚材是儒学的大同思想家，是有他的历史传统背景，他的开国祖先，耶律阿保机，首先招纳汉人的儒学者，加以重用，以汉人行汉政，首先建立孔庙，以表示他的尊敬儒家。他的八世祖耶律突欲，首先建议他的父王建立孔庙，他为仰慕汉人儒家文化，则投奔后唐，从事儒术的研究。他的生父耶律（移剌）履，更是儒者之秀异，在这种儒家思想传统的影响下，自小耳濡目染，自然而然就倾向儒学的研究。他的母亲杨太夫人是一位汉人，很有学问，自幼受母教，他能于十六岁的年龄，从事各种学问的研究，他会汉语，他的学习历程，是先儒学而后佛学。楚材于汴京未被蒙古攻陷以前，即请准遣使入城，索取孔子五十一代孙，袭封衍圣公元措，并命他收拾散亡的礼乐人等，及召名儒梁陟等数人，并于燕京设置编修所，于平阳设置经籍所，以开蒙古文治儒术的风气。孔元措未入蒙古以前，金哀宗正大四年（一二二七年）使孔子四十六代孙孔宗翰作《孔子家谱》，四十七代孙孔传作《祖庭杂记》两部书，以后合编《孔子家谱》与《祖庭杂记》为《祖庭广记》，仙源文献，至是始备。引起耶律楚材的注意，由于元好问的推荐，于是迎取孔元措入蒙古，为其制礼作乐，征集太常已散的礼官、乐官、乐工。孔元措曾协助蒙哥汗（元宪宗）三次祭天，并努力从事曲阜孔林重建的工作。太宗刚得到中原的时候，就采纳楚材的建议，以科举的方法，选择儒生，并且说，制器者必需良工，守成者必用儒臣，儒臣的人才，非得数十年的培养工夫，不能成功的。太宗曰：如果儒生果然能对国家有如此的贡献，那么我一定要使他们做官当政。于是命令宣德州宣课使，随即考试儒生，以经义词赋论文，分为三科，加以考试。儒生被俘为奴者，也命令他们参加考试，如有不准儒生参加考试者，处以死罪，考选的结果，得儒生四千三十人，免去奴隶身分的人有四分之一。

（一）耶律楚材在语言文字方面：因为他的母亲是汉人，父亲移剌（耶律）履早死，故他会汉语，会写汉字，他的字写得很好。他出生在女真人的环境里，那时女真汉化很深，尤其是燕京为女真与汉人文化交流的地方。他住在燕京城里，做女真人（金朝）的官，自然会女真语文。然他虽是契丹人，其父亲也会契丹大小文字，惜当他三岁的时候，父亲就死了，故他的契丹文是在他随同成吉思汗西征（一二一九—一二二四年）中亚的时候，在黑契丹（西辽）向契丹大汗的大臣，西辽郡王助理李世昌所学的。当时在北方契丹人会契丹语文的人，已经很少，至耶律楚材学会契丹文，他可以说是一个最后会契丹语文的人。本来契丹大字是契丹太祖阿保机于神册五年采汉字隶书的偏旁而成的，由两个至七个偏旁字而成，如果是两个偏旁，一个在上，一个在下，如果三个偏旁，先右后左一个在下，如果四个偏旁字先右上下后左上下，五个字母，一个偏旁在下面，六个偏旁右三左三，七个字旁一个放在下面。契丹大字虽采用中国隶书的偏旁组成的字，但其读阿尔泰语系的音调，如契丹读贺兰音，正如日本字亦采中国的偏旁为字母，其训读为拼音字母，可能亦为阿尔泰语系。后来阿保机觉得大字使用不方便，于是就命皇子迭剌仿回鹘语言（今维吾尔文），造成契丹小字，这种字为纯粹的阿尔泰语文。以后的蒙古语，亦仿回文而成的，无怪乎学者专家研究契丹文，必须从老蒙古文着手，因这两种语文均是仿照回文而来的，况契丹与蒙古两宗姓为亲族。当耶律楚材向西辽郡王助理李世昌学契丹文，后赠诗曰："我本东丹八叶花（八世孙），先生贤祖相林牙（耶律大石称林牙，林牙契丹文音，汉译为翰林），而今四海归王化，明月青天却一家。"由这首诗，更可证明楚材的契丹语是向西辽郡王助理李世昌学的。

（二）儒家的风范：耶律楚材因其家学渊源，是先儒而后佛的思想，虽然如此，在从事对人接物、政治方面是有儒家的风范，在宗教信仰方面，他又为正统的佛教徒，这可从他的《湛然居士集》与《西游录》，得到最好的证明。然在他仕宦旅程中，他又是典型的中国儒者，据王国维氏撰《耶律文正公年谱》曾叙及他是一位有性格的中国读书人的本色，坚持原则，至死不屈，有所为，有时又有所不为。从耶律楚材的《神道碑》与《传记》内容的显示，他是一位救人救世大同主义纯粹儒者，因为给他写传记的人，是宋子贞，他是一位儒者，因之给楚材写《神道碑》，特别注意他的从政事功，至于他的从政事功举例，前面传记项已经很多，在这里不再重复。不过他支持太祖的遗命，使窝阔台继承了汗位，这种立场的坚持，可见他是有浓厚儒家的气质。楚材特别强调每个人对社会的道德责任，如果每个人遵守儒家学说的规范，是获得社会安定的最佳方法，这种方法有两个原则：一是儒家学说是社会道德力量的源泉，二是自修变化气质最好的准则。他的师父万松老人，以佛教普度众生的精神，来推广儒家的政治理想。如果要实现儒家的政治理想，人类最重要的事，是修心，此正如《大学》上之：心正而后国治，国治必须讲究五常之道，这种道理，是儒佛二家不谋而合的地方。因此以佛学来修心养性，以儒家政治理想治理国家。这种分途并进的原则，是两全其美，是权宜之计，只有楚材自己最清楚，不过从他撰的《湛然居士集》卷一“裁物惟平均，综名必核实，求儒务求真，经术勿疏废。穷理达生惟孔子，唯思仁义济苍生。济世安民，莫如孔子”，“孜孜进仁义，儒术不要忽略”，可见他虽然以儒家学说治国，以佛学来修心养性，但他个人对佛学理想特别倾心，可是作为一个实际政治家，他仍然勉为其难地承当儒家现实主义的优越性，以实现他的佛心与儒道《礼运》大同理想和世界思想。

（三）耶律楚材与中原儒士之关系：楚材撰之《湛然居士集》中与中原儒士和诗，除一二武臣外，多是金亡以后中原的儒生，从他们交往的诗文中，可以看出当时的儒生对于楚材为人从政的影响，在集中与楚材诗文的往还，共有八十余人。举其重要者叙述如左：

（1）郑景贤：楚材和景贤的诗文共有七十五首，占文集诗十分之一（全集诗文共七百七十六首），他是太宗的御医，与楚材同辅太祖西征。太宗时没有杀汴京的老百姓，固然是楚材的据理力争，然景贤在太宗与楚材中间调解的功劳，亦不可埋没。尤其楚材得太宗的特别信任，他有很大的功劳。

（2）王巨川：名檝，字巨川，陕西虢县人，他崇孔敬儒，致力于蒙古太祖太宗两朝对宋朝的议和事，尤其是对于汉文化很有贡献。

（3）刘用之：文集卷六，诫以无忘孔子之教，穷理尽性，莫尚佛法，济世安民，无如孔教。

（4）李邦瑞：字国昌，与楚材共事汗庭，有儒者之风，两个人有同气相求之感。

（5）王玉汝：郓州（今山东沂水县东北），他为东平严实幕客，严氏与楚材不和，由于他在中间缓和，则和好如初。

（6）苗兰：文集卷四《和琴士苗兰》诗，他是金朝有名琴师苗秀实的儿子，山西平阳人（山西临汾县），他的人品高洁，当蒙古围困汴京城时，苗兰的《琴谱》已经作好。金朝自世宗以后，朝野以弹琴为风尚，在皇帝寝殿外面，设有练琴的地方。楚材时常和他练琴。

（7）兰光庭：字文仲，金城人（今甘肃兰州人），他是社会的贤达，没有做官。

（8）孟攀鳞：字驾之，云内人（今内蒙古萨拉齐），他的祖父与父亲，都是金朝的进士，他也于金朝哀宗正大七年进士及第。世祖中统三年授翰林待制同修国史。至元初世祖召见他，他向皇帝陈七十事，大概劝世祖，郊祀天地、祠太庙、制礼乐、建学校、行科举、择守令、储米粟，以赡军队，省无名之赋，罢不急之役，百司庶府统于六部，纪纲制度，悉由中书，世祖嘉纳之。

（四）楚材与元好问等儒士之关系：楚材与元好问二贤于金宣宗贞佑二年（一二一四年）前似未相识，不过两人心仪已久。至元好问于蒙古太宗五年（一二三三年）四月二十二日上中书耶律公书（耶律楚材），请收养天下名士（儒生），这封请求收养天下名士的书信，不但达到了收养天下儒生的目的，并且间接保全了中原的善良老百姓。好问书信中，将楚材比作汉朝的萧何、曹参，唐朝的房玄龄、杜如晦，有致力于天下太平的功劳。从古到今，读书的人，能够存在于这个世界，必须要靠家庭的背景、学校的教育、师友的互相帮助。当时的名士有圣者的后人，如孔元措；耆旧者如冯内翰叔献、梁都运斗南、王延州若虚；时贤者如王状元纲、王状元鹗等四十八人。这些儒士以后都得到很好的照应，取名儒在燕京设置编修所，在平阳设置经籍所，多半为了收容元好问请保天下的名士。楚材笼络了这些儒生名士，不是给他效力，就是给他建议，促使他以天下为己任，增加了他不少的声誉。

2. 佛学的理想主义者

塞北民族都是马上得天下，如五胡十六国君主，几乎都是佛教的信仰者。尤其是契丹民族，辽以释灭，耶律楚材崇信佛教，研究佛理，有其历史背景的。辽太祖早期于上京建立寺院佛阁，圣宗游幸佛寺，兴宗皈依佛教，并且受戒，出家为僧。道宗佛教更大盛，一日剃发为僧侣有三千,一岁施舍给和尚吃饭有三十六万。在这种传统的历史背景里，楚材信仰佛教是顺理成章的事。楚材是生长在儒学有素养家庭里，先受儒学经术，文集十二云："十三岁学诗，二十岁应制策，廿七岁禅理穷毕。"他的信佛，与蒙古围燕京有关，这时促成他学佛学的虔诚由来，才奉万松老人为师。后来虽然随同成吉思汗西征，仍然与他的老师有书信的来往。从前儒生多不信佛教，而佛徒多不是儒生。而万松老人以为应该是："儒释兼备，宗说精通，辨才无碍。"楚材从之学，杜绝人迹，屏斥家务，虽祁寒自暑，无日不参，焚香念佛，废寝忘食，几三年矣。楚材虽然崇拜佛学，但他主张信仰绝对自由。在他的文集卷六云："三教（佛、儒、道教）根原本自同，愚人迷执强东西，南阳笑倒知音士，反改莲寺作道宫。"在那个时代里，三教基本性质上，相差无几，的确是金朝思想上的一个特点。万松老人主张三种教义之"识"为同源，无疑是万松特别精通一元华严哲学的影响，这时的华严哲学已为禅宗完全同化。在万松禅师的影响下，他的两位最杰出的俗家弟子，一是李纯甫，他融合儒、道、佛三家的学说为一家，这是表示他对哲学的爱好；一是耶律楚材，他的三教综合法，则是求实的新精神，他们两个的主张都是“三圣”教义同源，而所以会发展不同的宗派，只是顺应时代的要求而相异。道家与儒家是古代智慧的宝库，道家的目的在于养性，儒家因为特别强调人的正当职责及义务，提供了社会秩序的原则。佛教则是修心最理想的方法。虽然耶律楚材强调“三圣”之教有鼎峙的需要，显然他认为三教的教义，有着同等的价值，他的混合主义的说法，事实是有偏袒儒家与佛教。他改革社会和人性的实际方式，是儒佛二家，而不是儒、佛、道三家。他以孔夫子之道治天下，以佛祖之教治人心。在他给其子铸十五岁生日的劝告，勉励他的儿子，不要忽略儒家的仁爱精神，并珍爱禅理，但却没有提及道家。他也曾警告其朋友，劝他们不要忘记儒家教育精神云：“予谓穷理尽性，莫尚佛乘；济世安民，无如孔教。用我则行宣尼之常道；舍我则乐释氏的真如，何为不可也。”总之耶律楚材为佛学的理想者，儒者的政治家，以佛治心，以儒治国的大同主义者。

（一）耶律楚材与邱处机之关系：耶律楚材与邱处机（长春真人）都是金元之际，蒙古南侵，得到太祖与太宗的信任，借了这种很好的机会，以拯救中华民族的生民涂炭，和竭力保卫中华文化的绵延，贡献很大，两个人拯世救民的方式虽有不同，然其目的是一样的。耶律楚材是契丹人，与蒙古血缘关系近，语言易通，自容易建立功业。而邱处机借道教修炼可能达到长生之秘诀，但他不以此术来玄太祖。完全以一个长者告诉成吉思汗，世界上没有长生之药，只有养生之道。这种诚实的作风，再加上他的同乡刘仲禄的推荐，当然能得君主之尊崇，他建议成吉思汗，节欲，不嗜杀，敬天爱民。但是耶律楚材与邱处机差异有：

（1）年岁相差甚远，楚材当时只有三十岁，而邱处机已有七十二岁，因此两人的见解有所不同。

（2）信仰不同，楚材主张儒佛并用，而邱公是道教全真教的教主，信仰不同，故道不同，不相为谋。

（3）宗族不同，一为契丹人，一是汉人，当然会有宗族的歧视。

两个人后来因邱处机得成吉思汗的准许，将全真教徒差赋都免除，而儒士、佛徒，没有能享受同等的待遇，楚材觉得邱处机只顾自己的教徒，歧视了他人的利益，则没有长者之风，于是友谊遂绝。楚材在他撰之《西游录》后半段对邱处机有十项批评：

（1）邱处机晋见成吉思汗时，大汗问他年龄，自称不知，有意作伪。

（2）徽宗梦游神霄事，可谓骗人。

（3）出神入梦，这是全真教的无理。

（4）圣贤提真性，遨游异域，自爱梦境。

（5）不识鲁直赞意。

（6）邱公独免道人差役，甚为不公。

（7）私给官额，自古未有。

（8）道徒给牌符，有以利驰驿。管理僧尼，甚为不当。

（9）毁夫子庙，改寺院为道观。

（10）顺世人情，替民祈福。

以上十项违反天理的道教，必然遭到失败的命运。以后果然被楚材所料到。

总之楚材与处机，始由救民救世的理想相同，后由于宗族的不同，宗教信仰的相异，终久造成意气之争。

（二）楚材与铸父子佛道信仰的不同：耶律铸为耶律楚材的儿子，继承他的父亲事业，但是他的父亲是佛教虔诚的信仰者，铸反而是道教的同情人。

·耶律铸的生平

铸字成仲，金宣宗兴定五年（一二二一年）生，幼时聪敏，善属文，工骑射，父楚材薨，年二十三岁，领中书省事。宪宗征蜀，屡出奇计，攻下城邑。宪宗去世，忽必烈即帝位，派铸往说阿里不哥不成，弃妻子归世祖，中统二年拜中书左丞相。利用与铸同修实录，王鹗请铸监修《辽史》，后因他为契丹（辽）人，有隐藏之嫌，至元二十年因此事免职，徙居山后（可能是燕山之后），因此感慨吟诗曰：“好在医巫闾上月，千年辽鹤三生梦。”其义即是予家本在辽水上，后家医巫闾山，他是很想回到他故乡。铸妻赤帖吉氏生十一子：希征、希勃、希亮（曾官至集贤学士上护军，进封漆水郡公，谥忠嘉，《元史》卷一八〇有传）、希宽、希悖、希周、希光、希逸，余三子逸其名。

·父子信仰异趣

耶律楚材是很反对全真教（道教），而他的儿子铸，反而同情道教，如在他撰《双溪醉隐集》中：“是佛尽居安乐国，无仙不住莫愁乡。”在这种情况下，他只有调和佛道的纷争，他虽然表面不反对佛教，然在他暗地中确有倾向道教之意。他最初不相信扶乩，后来则坚信。如耶律铸自号独道者，又号独醉痴仙，都是他倾向道教的最好的证明。他父亲撰之《西游录》在中国之所以没有全本，因为《西游录》后半段全是楚材攻击全真教的文字，铸同情道教，可能使《西游录》攻击全真教的文字不得流传后世。二为应和世祖对全真教崇敬的倾向有关。

·历算的实践家

《元史·耶律楚材传》，对于他的天文学知识，似有神乎其说，能够预卜先知。实际他的天文学知识，一方面得之于他父亲的《乙未元历》，二方面改造《大明历》而撰成了《庚午元历》，以此为根据，才能够预卜先知。

总之，楚材晓天时达玄机，是常人所不及。

三、耶律楚材的作品

楚材撰之作品：一是《湛然居士集》，二是《西游录》，兹分别详述之：

1.《湛然居士集》的介绍

耶律楚材首撰《湛然居士集》八卷本，内容含有古律诗杂文五百余首，这是中书省都事仲宗亨所搜集，于蒙古太宗五年（一二三三年）首先出版于平阳（今山西临汾），第二年万松给他写序。后四卷在太宗六年（一二三四年）以后继续增订的至八年（一二三六年）止。自太宗九年（一二三七年）至一二四四年楚材薨止，共八年，在这个时期里，他的诗文一篇都没有流传下来。现所传的十四本，为足本，共计古律诗有七百七十六首。（王国维撰：《耶律文正公年谱余谱》，《王观堂先生全集》页三七五一）

耶律楚材书送刘满诗

（美国顾洛阜珍藏）

钱大昕氏《补元史·艺文志》:《湛然居士集》三十五卷本，不知根据甚么理由。现在通行本为十四卷本，由台湾商务印书馆发行，收在《万有文库》中。由原刻本写序的人，共有三人，一是九山居士李微子微，二是襄山孟攀麟，三是平水冰岩老王邻，三人都是儒生，其作序的时间，为蒙古太宗五年（一二三三年），正是金汴京城破出降的时候，儒生北渡来归蒙古。楚材执政的第五年，建议大汗采用儒士意见，以行汉法。文集中多是吟风喻月，抒写性灵，和禅唱玄斋疏文字，但却少有关政事的文章。只有卷八："《进征西庚午元历表》,《答杨行省书》，略谈时政。"楚材辅佐二帝，开济两朝，大权实握，何以没有奏议手札文件，使人费解。而集中酬唱者，除一二武将，余者均为文臣儒士计八十四人之多。（孙克宽著，《湛然居士集中的中原儒士初考》,《蒙古汉军与汉文化研究》页八八—八九）文集楚材《忆闾山》（医巫闾山）有十一首之多，由此可见，契丹的行营在闾山。和诗最多者为郑景贤，共计七十五首，占七百七十六首诗中的十分之一。如影射邱处机诗有四十五首，由诗中的影射意义观，则知楚材不愿提邱氏，两者一定不和。

文集主要内容：卷一：治道尚玄默，求儒务求真。卷二：穷理达生惟孔子，惟思仁义济苍生。卷三：能仁深意契无生，儒流释子无相讽。卷四：学道宗儒难两全。卷十二：孜孜进仁义，儒术勿疏废。卷十三：以儒治国，以佛治心。

2.《西游录》的介绍

·序言

《西游录》一卷，元耶律楚材撰。其书我国久无完本，节本见盛如梓著《庶斋老学丛谈》。盛氏并于其书首加按语曰："中书令国初时扈从西征，行五六万里，留西域六七年，有《西游录》述其事，人所罕见，因节略于此。"文中人所罕见，其书已不多睹，则全本之不传，亦非偶然。然梓之删节其书作在元贞元年（一二九五年），距《西游录》之成书（太宗元年，一二二九年），才六十余年。《西游录》之绝迹何其早也。陈援庵先生曰：楚材崇佛斥道，其子信道摈佛，其书殆为其子所阻发行。惟除盛如梓之节本外，《至元辨伪录》，亦曾引用千余字。视盛氏所收且多三百余字，时间亦早其三年，已往为《西游录》作考证或批注者，若李文田之《西游录注》，若范金寿之《西游录略注补》，若高宝铃（见所撰《元秘史李注补正》），若张相文之《西游录近注》，其所依据者，固莫非盛氏芟得之书也。今为耶律楚材逝世七百年纪念，余久知日本曾发现足本《西游录》，罗振玉亦曾刊行传世。

· 足本《西游录》在日本之发现

日本大正十五年（一九二六年）六月出版之《史学之杂志》第三十七编第六号，文学士神田喜一郎之《耶律楚材西游录完本发现述略》一文，及次年五月平安神田信畅所作跋，继第一部足本《西游录钞》即神田信畅氏于大正十五年春在宫内省图书寮所发现，应我国王国维先生之请，于发现之次年刊印。同年罗振玉亦继刊出。其一在宫内省图书寮，其二在内阁文店发现两足本。其人殆非一人。

· 足本《西游录》之由来

足本《西游录》之由来，神田信畅与神田喜一郎之考证，大致相似：二君同样据原钞所附文政甲申跋本（神田信畅注明邓林作）推断原本为京都东福寺普门院所藏。神田信畅以圣一国师为普门院开山祖："国师以四条天皇嘉祯二年入宋，时当蒙古太宗七年，则国师于耶律文正公并世。"又以文和二年做门院僧大道，继其藏书曰："中有《西游录》。据上村闲堂言：独可信。"神田喜一郎即以内阁文康本所独存影写普门跷朱印，鉴定其为普门谋故物，并说明圣一国师为四条天皇二年也。至于现存钞本，神田喜一郎所识为"燕京中书侍郎宅刊行"而断其从古本钞录。神田信畅则更证明宫内省图书寮所藏，为古贺氏献书之一，为古贺氏手识，邓林殆钞也。神田本即罕见内阁内原本。（方豪著：《关于足本西游录》，《益世报文史副刊》，一九四三年六月三日版四）

· 中国人研究耶律楚材之《西游录》

盖受俄人布列兹那德（E. Bretschneider）之影响，布氏于一七八四年译《西游录》为英文，刊于其著《中古世之中国游历家》

（Chinese Medieval Travellers），至光绪二十一年（一八九五年）乃有国人李文田作《西游录注》，《丛书集成初编》复有范金寿作《西游录略注补》，丁谦撰《西游录地理考证》，刊于《蓬莱轩地理丛书》册四，正中书局发行，张相文著《西游录今释》，刊于《南园丛书》册一。（方豪著：同前著）姚从吾著：《耶律楚材西游录足本校注》，《大陆杂志特刊》第二辑，一九六二年五月出版。

四、结论

耶律楚材可分为一传略、二思想、三作品加以叙述。其传略可分为辅佐太祖与太宗的政治、经济的贡献。其思想可分为儒家思想与佛学思想的源流。其作品又可分《湛然居士集》与《西游录》的介绍，兹归纳如下：

耶律楚材追随太祖（成吉思汗）西征九年，历程六万里，辅佐太宗（窝阔台汗）十三年，他对蒙古政治的贡献，是劝阻蒙古军人，不要有武力至上的屠杀观念，泯除蒙古、色目人唯我独尊的心理，重视汉人的贡献。他在政治上的贡献，是扫除以亲王贵族为后盾的恶势力，不杀无辜的良民。郡以长吏理民事，万户以统军事，使民政与军政分而治理。他于经济上的贡献是坚持汉地从事农耕，制定税制，如地税、商税、盐、铁、酒的征收，都以儒生充当，其收税的办法马百抽一，牛百抽一，羊亦百抽一。酒税十抽一，杂税三十取一。田税上田每亩三升半、中田三升、下田二升、水田五升。商税三十抽一，从此视为定额。

楚材的思想：他虽是契丹的后裔，然是蒙古的大思想家，他是儒学的大同思想家，佛学的理想主义者：

（一）儒学的大同思想家，是有他的历史传统背景，他的九世祖阿保机行汉化思想，八世祖耶律突欲是仰慕汉人文化，他的父亲移剌履更是儒中的秀异，母亲为汉人，很有学问，幼受母教，故能尊崇儒学，礼敬孔元措。治道尚儒术，求儒务求真，穷理达生惟孔子，惟有仁义济苍生，孜孜进仁义，儒术勿疏废，以儒术治国，以佛学治心，两全其美。他是大同思想家。

（二）佛学的理想者：耶律楚材是契丹人，辽以释灭，契丹人是佛教忠实的信仰者。他二十七岁穷禅毕理，奉万松老人为师，学佛三年，终有所成，以穷理尽性，莫尚佛乘，济世安民，无如孔学，以佛修心，以儒治国，他是佛学的理想主义者。

（三）耶律楚材的作品：

（1）《湛然居士集》：是一部以诗行文的巨作，表面是吟诗鉴赏，实际是劝善规过，以佛治心，以儒治国的大同主义代表作。

（2）《西游录》：前段记从征西域的风俗地理，后段显示佛道不相为谋。

总之耶律楚材的思想上通天文，下晓地利，中达人情、知事、用物、理财，这正符合中国传统的天地人合一物事财合用的六合思想，毕役于一功。

参考书目

中国部分

《湛然居士集》二卷，耶律楚材撰，《国学基本丛书》，台湾商务印书馆，台北。

《西游录》，耶律楚材撰，姚从吾校注，《大陆杂志特刊》第二辑。

《元故中书令耶公神道碑》，宋子贞撰，《元文类》卷五七，世界书局本，台北。

《元朝名臣事略》卷之五，苏天爵撰，学生书局影印本，台北。

《元朝人物略》，退谷逸叟辑，正中书局影印手抄本，台北。

《元史》卷一四六《耶律楚材传》，脱脱纂修，百衲本，台湾商务印书馆。

《耶律文正公年谱余谱》，王国维撰，《王观堂全集》，文华书局，台北。

《湛然居士年谱》一卷，张相文撰，《南园丛书》。

《耶律楚材西游录地理考证》一卷，丁谦撰，《蓬莱轩地理丛书》，正中书局影印。

《耶律楚材西游录今释》一卷，张相文撰，《南园丛书》。

《西游录注》一卷，李文田撰，《丛书集成初编》，商务印书馆。

《耶律文正公西游录略注补》，李文田注，范寿金补，《聚学轩丛书》第四集。

《耶律文献公词》一卷，移剌履撰，《校辑宋金元人词》，商务。
《双溪醉隐集》六卷，耶律铸撰，《辽海丛书》，艺文印书馆影印。
《双溪醉隐诗余集》一卷，耶律铸撰，《强村丛书》，华文书局影印。
《义宗传》，《辽史》卷七十一，脱脱纂。
《故金尚书右丞耶律神道碑》，元好问撰，《元文类》卷五十七，世界书局影印本。
《移剌履传》，《金史》卷九十五，脱脱纂。
《癸巳（元太宗五年）岁寄中书耶律公书》，元好问撰，《遗山集》卷二十九，《金文类》卷七，成文出版社影印，台北。
《龙虎卫上将军耶律公墓志铭》，元好问撰，《遗山集》卷二十六，《金文类》卷五十一，成文出版社，台北。
《奉国上将军由署令耶律公神道碑》，元好问撰，《遗山集》卷二十七、九，《金文类》卷五十二，成文出版社。
《耶律希亮神道碑之地理》，岑仲勉撰，《中外史地考》，泰顺书局影印。
方豪撰《耶律楚材逝世七百年纪念》，《东方杂志》卷三九号一，一九四三年七月版。
方豪撰《关于足本西游录》，《重庆益世报·文史副刊》，一九四三年六月三日。
严敦杰撰《耶律之历算学》，《重庆益世报·文史副刊》期三十四，一九四三年六月三日。
缪钺著《耶律楚材父子与元遗山》，《重庆益世报·文史副刊》期二十五，一九四三年六月十七日。
姚从吾撰《元史讲义·耶律楚材》，正中书局，台北。
孙克宽撰《元初儒学耶律楚材》，《元代文化之活动》，台湾中华书局，台北。
孙克宽撰《湛然居士集中的中原儒士初考》，《蒙古汉军与汉文化研究》，私立东海大学，台中市。
陈述著《金史拾补》五种，中华书局，上海。
罗克淮（Igor de Rachewitiz）著《耶律楚材》,《中国历史人物论集》，正中书局，台北。
张遵铭著《耶律楚材评传》，台大学士论文手抄本，一九五〇年。
谢莹莹著《元好问与耶律楚材》，台大学士论文手抄本，一九五三年。
吴美玉撰《元遗山诗研究》，台大硕士论文打字本。
史仲序著《元初政治家耶律楚材的事功》,《中国一周》期九十九，页一一,一九六七年十二月。
杨培桂著《元初大政治家耶律楚材》,《思与言》期一，页三五一七,一九六三年二月。

外国部分

外国书目分日本、美国、欧洲、俄国、波斯（今伊朗）:

一、日本：

（1）《耶律楚材》，岩村忍著，生活社本，昭和十七年。

（2）《蒙古史杂考》，岩村忍著，白林书房，昭和十八年二月。

（3）《东丹王》，岛田正郎著，不死鸟，昭和二十一年二月。

二、美国

（1）"History of Chinese Society Leao," Karl. A. Wittfogel pp. 3. 19. *The American Philosophical Society*. 1949. 3.

（2）Yeh–lu–chu–tsai（1189–1243）, Igor de Rachewiltz, Buddhist Idealist and Confucian Statesman, Confucians Personalities Stanford, 1962 pp. 189–360。中译本，《耶律楚材》(一一八九—一二四三年),《中国历史人物论集》，中央研究院中美人文社会科学合作委员会编译，正中书局版，一九七三年四月，台北。

三、欧洲：

（1）《耶律楚材传》（*Yeleu–Thsou–Thai*），罗姆塞著（Abe–Remusat），Minstre Tartare, pp. 64–88, NiBichurin, 1829，译自《通鉴纲目》。

（2）《多桑蒙古史有关耶律楚材史料》，册一，页三一八、三七二，册二，页一三、一五、四五一七、六五一七三、一八九一一九四，台湾商务印书馆，台北，一九六七年十月台三版。

（3）*History of the Mongol*, H, Howorth, vol. I, pp. 123, 155–158, Cheng Wen Published Company, Taipei, 1970.

四、俄国：

（1）《有关初期蒙古汗国的中文史料》（*KNTANCKNN NCTOYHNK OMEPBBIX MOHTORBCKNX XAHAX*），蒙古叶夫（H. Y. MYHKYEB），MOCKBA, 1965.

（2）《中世纪东亚研究》（*Medeaval Research*）英文本，布列兹那德（E. Bretschneider），一九一〇。

五、波斯：

（1）《集史》，拉斯特哀丁（Fazel–oullah Rashid U Din）著。

（2）《世界征服者史》（*History of the World Conqueror*），朱凡尼（Odjouvini）著。

许衡

王民信 著

一

辽宋的对峙，便宜了女真，因为女真灭了辽，把疆域从白沟推展到两淮。迫使宋朝偏安。金宋的抗衡，便宜了蒙古，因为蒙古灭了金，也灭了宋，最后，建立了一个空前的大帝国——元朝。

蒙古帝国的创建者是成吉思汗，其崛起的艰辛，其生活的多彩多姿，这些，在《元朝秘史》里面有着长篇、精彩的叙述。他生于公元一一五五年，时，南宋高宗绍兴二十五年，金海陵帝贞元三年。虎儿年（公元一二〇六年），他完成了蒙古内部各部落的统一，特别在斡难河（Onan Muren）召开宗亲大会，被属下推为共主，时，南宋宁宗开禧二年，金章宗泰和六年。越二年（一二〇九年），金章宗逝世，踵其位者是卫绍王，素为成吉思汗所不齿，未几，成吉思汗举兵略金，是为争霸中原之始。成吉思汗不仅欲争霸中原，更引兵西向，灭西辽，败花剌子模（Khwarism），攻西夏；尽管他没有完成霸业，尽管有人视其为人类之一种天灾，当他死了以后，却也能引起人们对他的怀念。如马可波罗（Marco Polo）说，“他死了，这是廉明的人的大损失”，《蒙古史略》的著者格鲁塞（Rene Grousset）更称赞他“是一个文化新道路的开拓人”。

成吉思汗生前，曾将他所占领的土地分给他的四个儿子，长子术赤的分地在花剌子模、康里（Kanklis）、钦察（Kipcak）诸国故境，次子察哈台的分地在西辽故地，三子窝阔台分地在乃蛮，四子拖雷则依蒙古幼子守产旧俗得蒙古旧地。成吉思汗死后，幼子拖雷暂时监国，直到一二二九年春天，在怯鲁连河（Kerulen Muren）的大会上，拖雷遵守遗命，推举窝阔台为汗。窝阔台即汗位后，都和林（Karakorun），以耶律楚材为中书令，楚材儒者，除为蒙古创设汉式制度外，时时向汗进说周公孔子的思想，并设置学校，使蒙古大臣子弟受孔子之教。楚材尝说："天下虽得之于马上，但不可以在马上治。制造器具必用良工，守城的人必用儒臣。儒臣的培植，非积数十年不能成功。"窝阔台汗听了这番大道理后，深深有所感动，自是，蒙古始大量启用文臣。

成吉思汗死后，蒙古的军事行动并未停滞，斯时的金国，仅仅保有河南开封等地，其精兵集聚潼关。潼关南据连山，北有大河，难以遽破。成吉思汗临终前，曾谓左右："若能假道于宋，宋金世雠，必能应允，届时，即可兵下唐（今河南唐河县）邓（今河南邓州市），直捣大梁（今开封）。金急，必征兵于潼关。潼关有金兵数万,千里赴援，人马疲弊，虽至，亦不能战，必为我军所败。"这就是有名的"假道伐金的战略"。窝阔台曾遣王檝使宋，谈判联师伐金的事，并许于成功后，以河南地归还宋。时，宋史嵩之亦主联蒙攻金，双方取得默契后，窝阔台将中军，由碗子城南渡黄河南下东进；拖雷将右军，由宝鸡渡渭假道于宋，迂回宋境，远出汉水，直下唐邓；斡陈那颜将左军，由济南西进，夹攻汴京。三峰山（今河南禹州东南）金人惨败，导致蒙兵围汴，金哀宗以京师粮尽而出奔，经归德（今河南商丘市南），至蔡州（今河南汝南县），终遭灭亡。时，一二三四年，宋理宗端平元年。金朝的灭亡，固然是蒙元势力过于强大，和蒙宋夹击的结果，其实，金主南迁汴梁后，政治不稳定，且屡与宋朝有战争，财力、兵力过于消耗，或亦为失败的主要原因。

金灭了，宋朝河南失地亦未见恢复，显然是很失面子的事情。

宋人乃趁敌人政局未稳、河南空虚之际，谋取其地，蒙宋长达近五十年的战争于焉开始。

每当边疆同胞向中原发展的时候，总会给安定的农业社会带来很大的灾难。人俘了，人死了，家毁了，田园荒芜了，这都是战争所带来的不幸。死，本来是极平常的事，然而，死以前的恐惧，是何等令人难受？当汴梁之下也，以相抗日久，多杀伤，依蒙古惯例，“杀无赦”。时，耶律楚材进言，以“将士暴露数十年，所欲者即土地、人民。若得地而无民，又有何用？”又以“金国有技能的工人、和有钱的富室，皆会集于开封，若把全城的人杀光，将无所获”。大汗终纳其言。汴梁一百四十七万生灵免遭屠戮，固然为一大喜事，然而，其他未能如愿者，尚不知几何？又河南初破时，被俘者不可胜计，及闻蒙兵北还，逃者十有八九，蒙主遂下令，凡停留逃民及资助逃民以饮食者皆死，无问堡、社、城、部，一家犯禁，余并连坐，是又何其残酷？斯时也，虽父子兄弟，一经俘虏，不敢正视，逃民无所得食，尸陈道途者比比皆是。其后，耶律楚材一言以解其禁，然禁令未解以前，百姓流离失所，一副冷漠的、菜色的面庞，是又何其惨然？故蒙宋对峙之际，史天泽临终前，尚以“愿天兵渡江，以杀掠为戒”相劝。

窝阔台汗灭金后，曾先后命宗王阔出领兵东征高丽，命阔端等三路兴兵伐宋，又命拔都率领众王子，以兵十五万至二十万西征欧洲。其中的拔都率领众王子出征，在蒙古史上是有名的“长子西征”，也即是蒙古的第二次西征。时，一二三六年，即灭金后的第二年。拔都等先取钦察（Kipcak）、次征俄罗斯（Oros），进取孛烈儿（Pologne）（今波兰）、马札儿（Hongrie）（今匈牙利），兵威所及，皆被绥服。斯时也，若非窝阔台汗逝世的消息传来，昔日的欧洲，恐怕全是我黄种人的天下了。一二四一年十二月十一日，拔都等得着大汗的噩耗后，乃立即将军队撤出马札儿，班师回国。其实，造成拔都等班师的另一原因，是由于诸王意见不合。

一二四六年，贵由为大会推举为大汗。此时，老臣虽然凋零，但是时正当蒙古国势全盛时期，威力方强，故万国衣冠，云集和林，王会之盛，连续数月，国既富饶，财物山集，奇货充溢汗庭，赏赐遍及从者。贵由汗或许有很多经国蓝图——如征高丽、伐南宋、讨西域，终因其早死（一二四八年），未能实现。踵其位者是蒙哥汗。蒙哥汗除了命皇弟旭烈兀西征木剌夷（Muhlahid）、报达（Bagdad），以塔塔儿台等远征身毒（Hindu）（今印度）、以皇弟忽必烈南征大理以胁宋朝后背外，更自己领兵伐宋。

自金朝亡后，蒙宋的对峙是无法避免。宋人除屯兵防江及守备建康（今南京）武昌以外，实时时在准备如何防卫长江的上游——荆、襄与四川。尽管国际形势颇为险恶，然蒙古新临中原，加以西征与立汗的影响，总算使宋朝借此机会得以喘息，同时也有充裕时间从容部署。一二五八年（蒙哥汗即位后的第八年，宋理宗宝佑六年），蒙哥汗以十万大军伐宋，兵分三路，孛栾台（一作孛里义）由渔关入沔州（今陕西勉县），末哥由洋洲（今陕西洋县）入米仓关（今陕西南郑县南），蒙哥汗自己由陇州（今陕西陇县）入散关（陕西宝鸡县西南），同时，于长江中下游亦兵分四路，以张柔攻鄂州（今湖北武昌）、塔察儿攻荆山（今安徽怀远县），兀良哈台自交广北上，会师潭州（今湖南长沙），降将李瑄攻海州（今江苏东海县）。就全局来说，长江上游为主力，中下游仅在分散宋人的兵力而已。蒙哥汗军由宝鸡攻重贵口（地名不详），经汉中（今陕西南郑县）、利州（今四川广元市），渡嘉陵，至白水（四川昭化西北），抵剑门（四川剑阁东六十里）、取苦竹隘（今剑阁的小剑山），进围长宁山（四川昭化西南九十里，茂县北六十里），次年（一二五九年）自春至夏，围攻合州城（四川合川县），又督兵攻钓鱼山（合川县东），不幸战死城下。法人格鲁塞（M. Grousset）称赞蒙哥汗是一个很可值得注意的君主，因为他未将他的种族性格抛弃，但却将帝国组织完固，使成为一种真正正式的大国。相对的，也因为蒙哥汗的死，宋朝的国运又延长了二十年。

蒙哥汗死后，君临天下的是忽必烈汗，他开始有计划地实行汉、唐式的中原文化，首先建元中统，四年后又改为至元，同时，立太庙、定朝仪、改官制、兴礼乐，优礼贤士，选用英俊，故秩序日复，汉地渐治。一二七一年（至元八年）十一月，又正式下诏，建国号曰大元。后五年（一二七六年）兵入杭州。宋德佑帝投降，至是，分裂三百七十年（九〇七——二七六年）的中国，复归统一。这个划时代的新局面，在中华民族历史中，姚从吾教授以为具有特殊的意义。第一，从东亚中华文化区域内的历史来说，整个中国统一于入主中原的边疆民族，忽必烈时代所建的大元帝国，尚是破题儿第一遭。第二，忽必烈所建的元朝，是汉唐文化与蒙古武力的配合。因为忽必烈大度虚心，运用得宜，所以大元帝国（元朝）时代，一方面武功卓越，比较任何时代为强大；一方面就典章制度与文化艺术而论，不但拓跋氏所建立的后魏，高欢、宇文泰所建立的北齐、北周望尘莫及，即是大唐帝国瓦解以后（九〇七年），崛起东北的契丹族、女真族所创建的辽朝金朝，也不能与统一后的大元帝国等量齐观。对于此一奇迹的造成，姚先生以为应归功于忽必烈大汗的因时制宜，能将蒙古的武力与中原已具规模的汉唐文化互相配合，使民族智慧与民族武力发生团结合作的力量。

许衡就是生长在这个变乱而伟大的时代里，在生前，他为蒙古的大汗奠定了良好的统一基础。

二

许衡，字仲平，怀州（今河南沁县）河内人。家世农。父通，以逢乱世，避地河南新郑（今名同），新郑在今开封的西南，郑州的南面，亦即今京汉铁路的西侧。

衡生于金卫绍王大安元年（一二〇九年）。九年前（一二〇〇年）朱熹去世；三年前（一二〇六年）成吉思汗即位斡难河；去年（一二〇八年）十一月，金章宗病逝。章宗在位二十年（一一八九—一二〇八年），以前，是金世宗，在位有三十年（一一六〇—一一八九年）。这近五十年间，是金朝的极盛时期。章宗的死，代表金源氏极盛时代的结束，新即位的卫绍王是代表金源氏没落的开始。“卫绍王”，在蒙古人的心目中，是“懦弱”“无威”的代名词，一位懦弱无威的人可以当皇帝，也难怪具有雄才大略的成吉思汗，也想趁机到中原来称雄了。

这是混乱时代的开始，道学薪传的继承人——许衡，就在这变乱伊始的时候诞生，其后能助理蒙古忽必烈定下立国规模，这似乎是上天所作的有意安排。

蒙古兵的进入中原，在中华民族的历史上是“幸”，也是“不幸”。所谓“幸”的，是因为成吉思汗为中国历史新开端绪，继以窝阔台汗、贵由汗、蒙哥汗及忽必烈汗的长期经营，辽阔的疆域总算奠定。所谓“不幸”的，是诸汗在长期经营的过程里，中原所造成的混乱也堪称空前，州郡残毁，纪纲荡然，强凌弱，众暴寡，哀哀烝民，离乡背井，遍野哀鸿，满谷饿莩，铁骑所向，血腥四溢，那真是一个恐怖的世界。卫绍王为臣属所弑后，金宣宗继位（一二一三年），未几，蒙金谈和成功后，宣宗立即迁都汴梁（一二一四年），大概也是想卸却这层无法控制的恐惧。很幸运的，许衡并未生长在那恐怖的社会里，这，或许归功于他那有远见的父亲吧！由于金宣宗的南迁，随政府南行的官员及百姓，无虑数千百万人。开封地域有限，开封附近的新郑也是迁居的主要疏散地，落第老儒，于逃难时借教师以餬口的，比比皆是。许衡生长在这个乱世，他所受的教育也正是这些落第老儒所传授的。

许衡七八岁（一二一五一六年）入学，时，国家多事，学校废弛，因而读书时间，也只限于农隙时候。落第老儒所教授的，也只是“句读”（指断句读诵）而已，并不解释词意。许衡的记忆力很强，凡是老师所教的，都不会忘记。许衡尝询问老师读书的用处，老师告以在应付考试——科举，许衡复问难道只是为应付考试？老师被此一追问，感到无限的惊奇。的确，对于句读似的教授，许衡认为不够，每当老师授课时，必请老师训诂、解释，更追问该段旨意。日子一久，这些落第老儒自觉不能应付，自然要辞职了。尽管许衡的父母曾竭力挽留，最后，老师还是离去。前后换了三个老师。之后，三位老师皆遇难，又无后代以祀，许衡乃设灵位，终身岁时祭祀，其尊师重道亦由是可见。

某年，饥馑甚，民无所食，乃食橡栗，或有易子而食者。斯时，许衡风闻某人有藏书，立即前往借阅，其父母以此系乱世，衡独往，恐遭不测，故与俱往。或许是因许衡人小，又好读书，故人称其为“迂夫子”。

金宣宗逝世（一二二三年）时，许衡已十五岁。许衡舅舅为县典史，乃随舅学吏事，参摭名义，考求有关立法与用刑的资料。未

元太宗窝阔台汗像

(取材自《故宫图像选粹》)

几，朝廷为宣宗建陵，州县督责甚急，民间苦于徭役，衡以民不聊生，官吏辈只事督责以自免，故不愿学吏事，决意退而求学。是时，由于国事日蹙，民多载徙，既无老师传授学问，同时也缺乏书籍，衡闻某人有善本图书，虽冒险数百里，亦必前往钞写，以便诵读。衡父母知世将乱，为避难计，欲稍知占候术，遂令衡与占卜者学。衡尝于某推步占候者家，见有散缺的《尚书疏义》，凡三往其家就宿，并手抄该书。至是，衡更醉心古籍，考求古时为治为学的次序，一言一行，必穷根究底。

金哀宗即位后，决意不再南侵，并与西夏和好，内修武备，以示决心守土。一二二七年，全真教的传播者邱处机与雄才大略的成吉思汗先后去世，时，许衡年二十岁。越年（一二二九年）窝阔台即汗位。金哀宗天兴元年（一二三二年），蒙古假道越潼关以伐金，三月，都元帅速不台统诸道兵合围汴梁，哀宗终以粮尽出奔。是年，许衡亦为蒙古游骑所得，其万夫长酗酒嗜杀，衡尝从容晓谕，卒革万夫长暴性，并听从衡言止杀，故人赖衡以全活者甚夥。之后，万夫长南征，衡始遁去。暑中，衡路过河阳，渴甚，道旁有梨，众人争啖，彼独端坐树下，不为所动。或问衡何以不啖？衡以非己所有，不可取摘。人告以此乃乱世，梨无主人，采摘而食，有何不可以？衡以梨固然无主，而我们的内心岂能无主？时，衡年二十四岁。

衡东去徂徕山（在今山东泰安市），隐居泰安东馆镇，得王弼《易注》。时，兵乱，衡夜思昼读，身体力行，言动必思其义而后发。后，衡又迁大名（今河北大名县），扁其斋曰“鲁”，世人因号衡为“鲁斋先生”。

姚枢像

（取材自《三才图会》）

窝阔台汗灭金（一二三四年），耶律楚材奏请用儒术选士。汗遂于一二三八年（汗即位后的第九年）八月下诏，令断事官术忽解、山西东路课税所长官刘申等董理诸路考试，中者得与籍为儒。魏（指大名）人力劝衡应试。衡与试，中选，留魏三年。后，自挽鹿车载书还河内（今河南沁县）。尝人洛求弟衎，既得，复自洛还魏。时，窦默尝从李浩学铜人针法。金亡，默四处流移，杨惟中奉旨招集儒道释人士，默知，乃北归大名，寻返乡里，以经术授邑人。及衡与窦默相遇，二人危坐终日，出入经传子史，泛滥释老，下至医药卜筮，诸子百家、兵刑货殖、水利等数之类，无不研究。一二四二年，姚枢年二十四，隐居苏门（今河南辉县），尝得伊洛之学于南士赵复，遂以道学自任。次年，衡过苏门，即往访枢，得程伊川《易传》、朱晦庵《论语集注》、《中庸、大学章句》、《或问小学》等书，读之，深有默契于心，遂一一手写以归。衡聚所从学者，语以“昔所授受，殊觉孟浪，余今始闻进学次序，尔等若必欲从学，当悉弃前日所学章句，改从事小学、四书、洒扫进退以为进德基础，否则，请另求他师”。众生皆听命。衡遂悉取前教简帙焚毁，使彼等不分大小，皆从小学入。衡亦旦夕精诵不辍，穷理致知，笃志力行，以身作则，虽隆冬盛暑亦不废。诸生出入，惴栗惟谨，客至则欢然迎接，使客恻然动念，渐濡善意而后出。衡自传伊洛学，心与理融，终夜以思，手舞足蹈，其诚于中形于外之情，油然可见。衡尝语人谓：“纲常不可以一日而亡于天下，假如在上位的人无法肩负，则是下属的人的责任。”故凡丧祭嫁娶，衡必征于礼，以倡其乡人，因而从衡学者甚众。衡与人交，中刚外和，一介取予，必度于义。凡与其学者，必先审察其诚否，始留诸馆下；既留，衡每诱掖忘倦，身教属属，言教循循，于是，师道日立，友道日亲。世乱，家贫，衡必躬耕，粟熟则食，偶亦食糠稗菜茹，然处之泰然。一二四八年，衡年四十，是岁八月，撰《读文献公揲蓍说》，其目的在“用验他日学问是否进步”。尽管衡于《书》(经)于《易》(经)皆有深研，然每当学者有所请问，衡必使之从事于小学，终其身亦未尝以《书》《易》语于人。衡笃敬信小学四书如神明，彼以为能明小学四书，它书虽不治亦可以。的确，小学是注重“修身”的功夫，儒家的“修(身)”、“齐(家)”、“治(国)”、“平(天下)”，是把“修身”置诸首位，若人人能从自我做起，自然就能家齐、国治、天下平了。说实在的，在乱世时，治国、平天下的目标过于遥远，若人人先把自己管束好，社会的秩序自然就不会紊乱。社会秩序的维持，是先从个人开始的。

贵由汗继窝阔台汗后，做了三年皇帝(一二四六——一二四八年)，死那一年，大旱，河水尽涸，野草自焚，牛马十死八九，民不聊生，诸王及各部又遣使于燕京迤南诸郡征求货财、弓矢、鞍辔诸物，或于西域回鹘索取珠玑，或于海东搜求鹰鹘，驿骑络绎，昼夜不绝，民力并困，至于己酉庚戌(一二四九——一二五〇年)，困弊已极，殆将乱起。是时，三年无君(一二四八——一二五〇年)，中外恟恟，觊觎者众，诸王拔都、木哥、阿里不哥、唆亦哥秃、塔察儿，大将兀良合台、速你带、帖木迭儿、也速不花等会于阿剌脱忽剌兀(Alatau–Ulaga)地，拔都首建议立蒙哥，贵由汗后虽欲立窝阔台孙失烈门，终为拔都等反对而作罢论。时，许衡以病还乡里，过卫，闻怀政苛虐，遂止于苏门，与姚枢近，以便讲习，仍作还乡里的打算。其后与孙仲谦书其心情谓“自大名迁居苏门，大喜有三：亲善人，近乡土，得佳山水”。明年(一二五一年)，姚枢赴召，衡独居苏门讲学，至是年四十三，而任道之意始笃。

一二五一年，忽必烈之兄蒙哥即大汗位，在蒙古史上是一件大事，原由窝阔台传子贵由，现在再由贵由转移到窝阔台幼弟拖雷的系统，蒙哥就是拖雷的儿子。拖雷生前，在蒙古帝国中有很高的政治地位，一二三三年死时，窝阔台为了酬庸他的功劳，便以真定

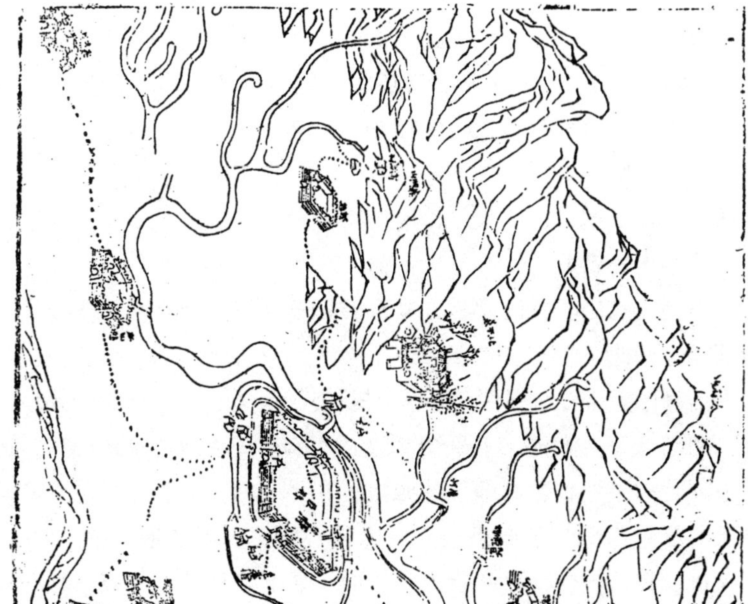

许衡隐居苏门形势图

（取材自《卫辉府志》）

民户分封给他的未亡人莎儿合黑塔尼（Sorgagtani）作为汤沐之邑，蒙哥即汗位后，便将赤老温（Cilagun）（今河北赤城县境独石口）以南的农业区——汉地交给忽必烈去经营。忽必烈生于斯，长于斯，由于年轻时和汉地人物的接触，耳濡目染，因而对于中国的历史文化也颇有心得，对于那些常为士人所称道的历史上的名君，不禁怀有向往之情，彼欲集结幕府一念的萌发，或许是受了唐太宗招致十八学士的启发。

先是，忽必烈在潜邸时，常常召延藩府旧臣及文学之士，问以治理国家道理，时，一二四四年，年三十岁。对于那片既不安定、又不治理的漠南汉地的秩序治安问题表示很关心，以当时的环境来说，的确是一件大事，蒙哥汗命忽必烈前往统治蒙古汉地民户，固然是酬劳忽必烈赞助其即位的回报，在另一面，蒙哥汗早已了解乃弟留心汉地庶务，借此机会亦可遂其心愿，真可谓是一举而两得。当政权仍在窝阔台汗系的贵由汗手时，忽必烈地位亦不高，格于客观的情势，亦无法遂行其大有为于天下的野心，其招延藩府旧臣及四方文学之士的目的，不过在集思广益，以便为未来能有机会执掌政事时，先绘下一幅蓝图而已。其最早延聘的为当时佛教领袖海云，海云南返后，其徒刘秉忠仍留藩府，并先后推荐张文谦、李德辉、马亨、王鹗，等到忽必烈正式受命设府金莲川（今河北沽源县北，东南距独石口百二十四里）后，更积极网罗天下人才，以规划和执行重建汉地的工作。据萧启庆的研究，其网罗的方式是：已成名的学者由忽必烈遣使礼聘，如李治、张德辉、窦默、姚枢、李俊民、魏璠、王鹗、赵复、许衡、郝经、萧公弼、八思巴等是；或由友朋引见，如刘肃、脱兀脱、李简、张耕、王恂、刘秉恕、张易、廉希宪等是；或为业有专长的人，如许国桢（医药）、赵炳、贾居贞、高觿、也里迭儿（以上筑城）、贾昔剌、谭澄、张惠（善蒙古语）、贺仁杰、谢仲温、姚天福、高天锡、谒只里、昔班（以上任

元世祖忽必烈汗像

（取材自《故宫图像选粹》）

刘秉忠像

（取材自《三才图会》）

廉希宪像

（取材自《三才图会》）

宿卫）等是。萧先生曾统计，自一二四四年起到一二六〇年忽必烈即大汗位止，其延揽人才可考者约有六十余人，都是东西各国及北中国最优秀的俊彦之士，其礼贤下士的态度，不仅没有征服者的气焰，甚至比一般中原明君更礼貌、更亲切。忽必烈潜邸旧侣分为邢台集团、正统儒学集团、金源进士集团、西域人集团、蒙古人集团，而许衡是属于正统儒学集团。大体上言，邢台集团多不是正统儒家，有的以术数进身，有的以吏事被召，大都为学杂驳。正统儒学集团是崇尚程朱的儒者，他们在王廷中多处于师友地位，他们努力把儒家的哲学传播进蒙古汗庭，使他们（指蒙古人）了解中国治术的核要。金源进士集团是科举出身，以文采胜，他们亦想使忽必烈认识中原文化的性质和内涵，治理汉地便必须实行汉法，必须创建制度，才能恢复秩序，重建中原。而西域集团多善于理财。蒙古集团则只是态度开明倾向汉化而已。邢州、河南、京兆（关中）等地恢复汉法以治，亦即忽必烈接纳汉臣建议分期实施的结果，事实证明这是有效的。而许衡的进身即属第三阶段——忽必烈治理京兆关中时期。

三

一二五三年，蒙哥汗以京兆（即西安府）为忽必烈封地，忽必烈乃遣王府尚书姚枢立宣抚司以治京兆，并辅以孛兰及杨惟中为使，关陇因而大治。至忽必烈平大理还，驻军六盘山（今甘肃固原境内），改任廉希宪为关西道宣抚使，姚枢为劝农使，希宪乃荐许

元世祖出猎图

（取材自《故宫图像选粹》）

衡于潜邸，以充京兆教授。时，秦人新脱兵祸，欲学无师，闻许衡至，均争欲来学。奉元（陕西长安县治）杨恭懿喜读书，尤精于《易》《礼》《春秋》，尝隐居不仕，知衡来秦，亦往见，言谈间，颇为倾心归服，自是，亦敬衡犹师。时，恭懿二十九岁。

逾年（一二五五年）三月，廉希宪拟奏授许衡以京兆提学职，仍给以月俸。衡以提学官系教师的表率，学生的榜样，同时，要常常检察并督导学生的学业，是以，责任很重。依据旧例，京兆提学官都是希望学生时常考校赋诗义论，以便他日“科举”的应用，衡自以学无渊源，又乏师承，加以举业功夫亦毫无成就，故恳请辞卸提学职务，请政府另觅科场中有声望的人充任，庶免为士友所责与贻笑四方，亦有辱王府命官的初意。衡除了函请廉希宪恳辞外，并分函刘秉忠、张易及窦默诸人，务乞代为转辞不就提学职意。至是，衡居京兆雁塔（今西安市南慈恩、荐福二寺皆有雁塔，未悉所居属何寺雁塔。）东，日与同志讲论井田制，并买田为义桑，且于郡县皆建学校，因而秦地民颇受益。今存许衡文集中有《小学大义》一篇，即衡京兆教学时口授语录，其《读易私言》，似亦作于斯时。未几，衡还怀州。

蒙哥汗死，忽必烈、阿里不哥兄弟阋墙，阿里不哥称汗和林，忽必烈即帝位上都，并改元中统，是为中统元年（一二六〇年）。无疑的，这是两个文化系统势力的明争。阿里不哥是代表蒙古游牧文化系统，而忽必烈是代表蒙古人倾向汉文化系统。

忽必烈的倾向汉文化，从其在潜邸的举动中，实已窥出端倪，至接汗位后，不过更表现得积极而已。他任用了善于理财的汉人王文统为中书省平章政事，也用了长于行政组织的张文谦为左丞，并召刘秉忠、史天泽、窦默等询以治天下的大道理，养护老百姓的好方法。忽必烈尝令窦默暗地察访人才中是否有类似唐朝魏征那样的人物，很明显地，可以看出忽必烈是以唐太宗自喻。当时，窦默立即以许衡奏告。于是，忽必烈正式下令征诏许衡来京师。衡得征诏书，立即赴都。或言衡一聘即往，未免答应得太快速了；衡回话以“不如此则道不行”，由是，知忽必烈急于求治的心情固然显得很积极，而许衡的急于得君行道的心情更流露无遗了。时，衡年五十二岁。

许衡至京，随即进谒忽必烈汗。这次的见面，欧阳玄撰《许衡神道碑》时，仅仅只用了“既至，谒，归”四个字，显然的，这只是普通的、应酬似的会晤而已，并未有长谈，当然也就谈不上有甚么深刻的印象了。衡既归后，未几，复得忽必烈汗召见，许衡再度至上京，至是，才正式有谈话的纪录。

忽必烈汗尝问许衡所学，许衡对以所学的是孔子的学术思想。汗又问许衡擅长于哪门学问？衡回以自己并无特长，人所赞誉，那完全是徒有虚名罢了。忽必烈汗又问以“科举”事。许衡坦白告诉大汗，自己不会此道。这次的谈话，充分显示了许衡谦虚的美德，在忽必烈的印象里，却认为许衡的答话句句平实，并无妄言。从谈话后许衡的被留侍大汗左右，即证明大汗对许衡是非常欣赏的。

衡侍汗左右，至七月始回燕。次年（一二六一年）（中统二年）三月，衡再度应召至上都。时，张文谦以大名彰德等路宣抚使入拜中书右丞，文谦最称好贤乐善，以古道为己任，自初见衡，即请为弟子礼，然为衡所拒。

王文统与张文谦共政，文谦素以安国利民为务，而文统以言利计，且为人忌刻，故窦默、姚枢、王盘等于大汗面前屡斥文统学术不正，久居相位，必遗祸天下。大汗遂问默等谁可为相？默等以衡对。大汗听后，颇不悦，乃不再提谁可为相事。其后，文统深忌默等，遂疑许衡与窦默、姚枢等互为表里。乃奏请以姚枢为太子太师、窦默为太子太傅、许衡为太子太保，阳为尊用，实不欲彼等久侍大汗左右，借机会排斥彼等而已。斯时，窦默亦自觉屡言文统而无结果，亦欲依东宫太子以避祸，乃与姚枢共赴朝廷叩谢汗恩，然许衡独以为不可以，彼谓按“礼”的规定，“师傅与太子位东西乡（向），师傅坐，太子然后才坐”，现在，太子太傅不能相见以礼，师道或将自此而败坏。姚枢亦赞同许衡的看法。至是，三人复怀制书进谒大汗，并力辞太师、太傅、太保职，汗乃改命新职，以姚枢为大司农，窦默为翰林侍读学士，许衡为国子祭酒。是年九月，许衡以疾，辞归怀、孟，仍奉旨教授生徒。其后，衡教学里中，亦未尝以此诏示人（按：《国朝文类》有杨果《许衡为怀孟教官制》）。

中统三年（一二六二年）九月，许衡复被召，至大都（燕京），以病故，未能赴上都，遂馆于道庵中，凡权贵豪右有所延请，衡皆不往，惟姚枢、窦默尝与往来论学，往往讨论竟日方结束。时，张文谦任职中书，因个性褊，屡忤幸臣，故遭谴责。文谦遣人于衡求言，衡贻书教以“存诚克己，委命听天”勉之。次年（一二六三年）四月，召窦默、许衡等乘驿赴开平（即上都）。又次年（一二六四年）正月，衡恳辞，仍还怀州。

至元二年（一二六五年），大汗以木华黎四世孙安童为中书右丞相，汗以安童年幼，欲请许衡匡辅。十月，乃再度召衡北上，十二月，即奉旨入中书省议事，衡以疾辞。时，安童心慕许衡德义，遂亲自往访于行馆，与衡谈良久。安童既还，心中念念不释者累日，安童曾将左右从人与衡相较，以左右从人皆不及衡。三年（一二六六年）二月，大汗召衡至檀州（今北京密云县）北李家庄后山，告以“丞相安童年纪尚轻，还不懂事，你应好好地谨慎地辅导，假如有很好的计划，先告诉安童，由安童转禀，自将有所选择的”。许衡回以“安童聪敏，领悟力亦强，尝告以古人所讲的话，他也能完全了解。我定当尽力辅导”。自是，衡乃参预国事，俨然是安童的主要幕僚人物。时，安童年十九岁（或云二十二岁）。

许衡自元宪宗甲寅（一二五四年）年受眷于忽必烈，至是年共十三年，凡“八被诏旨”，其时间是：

第一次：元宪宗四年（一二五四年）——关中。

第二次：元世祖中统元年（一二六〇年）——上都。

第三次：元世祖中统元年（一二六〇年）——上都。

第四次：中统二年（一二六一年）——上都。

第五次：中统三年（一二六二年）——上都（止于燕）。

第六次：中统四年（一二六三年）——上都。

第七次：至元二年（一二六五年）——大都（燕京）。

第八次：至元三年（一二六六年）——檀州。

是年四月，许衡自分省召至上都，屡蒙大汗垂询。于是，衡遂上陈《时务书》凡万余言，首论“立国规模”，次论“中书大要”，三论“为君难”，四论“农桑学校”，五论“慎微”。其大意如下：

对于“立国”，主要的在得天下人心，得人心的方法是“爱”与“公”，因为“爱”，则民心顺，因为“公”，则民心服。历来北方奄有中夏，必行汉法，才能维持国运长久，如辽金能用汉法，历年最久，即为明显的例子，今国家当行汉法，事在不疑。然以北方的风俗，一旦改用中国法度，其时势甚难，一定要三十年的时间才会成功。进而欲使民富裕，兴办学校，操练甲兵，都要有一定制度，只要大汗信用臣等，坚守此原则做事，不杂用小人，不钻营小利，不急求近效，不听惑浮言，这样，即可得天下心，使国家达于治境。显然的，许衡是强调蒙古立国，应行“汉法”才能维持得很长久。

“中书”方面，是用人要有法规可循，亦即是在立法度。凡已仕的人，便应当颁给俸禄，使以养廉；未仕的人，则应为其宽立条格，使彼等知道任用的次序，庶几无失职怨言；既用以后，外设监司纠察其污滥不法，内有吏部专司考订资历，居时就无非分乞求了；用人宜久任，抑制位高者，奖掖低职人员，则人才爵位有所差等。是以，俸给的数目，叙用的格式，监司的条例，应早日拟定。至于贵族的世袭，品官的荫官（任子），驱（指奴婢）良（指一般老百姓）户口等制度的建立，亦不可缓慢。总之，法令的行与不行，完全在大汗委任人如何了，至于能行与不能行，又在执政者的得人与不得人了。显然的，许衡是极力强调中书应树立法规，要用得力的人去推行，才会有成效。

“为君”的“难”，主要的是难于“践言”，难于“防欺”，难于“任贤”，难于“去邪”，难于“得民心”，难于“顺天道”，欲除那六难，故大汗出言宜谨慎，用人宜得其人，无猜疑，有邪必除，然后以诚爱天下即可得民心，克承天心以消灭变异即是顺天道。总而言之，为君者应厉行“修德”“用贤”“爱民”三者而已。显然的，许衡是强调为君者应身修，临政时要用贤，君天下时要爱民，如是，才能法施、国治、天下平。

“农桑学校”，俨然二事，然“农桑”是衣食的所出。衣食是养人生（生存），“教育”是礼义的所出，礼义是养人心（心性），若政府优重农民，使归田树艺，十年间必仓库盈积，若政府普设学校，使皇子以至庶人皆学父子君臣的伦理及治国平天下的大道理，十年后则上和下睦。显然的，许衡是主张“养”“教”并重。

“慎微”是谨慎于细微末节的事，此类范围虽极广泛，然首在“定民志”，盖民志定则不乱，天下就会安定；天下定后，应“崇退让”，若人人均崇尚退让，则天下就会不争。为君者应“慎喜怒”，谨慎喜怒则号令简而不更易；其次应“守信”，守信则民信而不疑。显然的，许衡是强调民志定才天下定，能使天下定的是君（皇帝），为君者慎喜怒、守信用，则民志定、天下定了。

当许衡疏陈时务时，因奏对过久，大汗微有疲倦意。衡见是情形，即欲敛卷求退，汗知，复振作精神以听，衡于是得以继续禀奏。奏毕，大汗颇为奖谕，并令许衡缮写以进。今存《时务书》，诸本所载稍有差异，且非全文，或云，此系许衡奏稿被删削所致。自是以后，衡每有奏对或大汗有所召见，大汗必先自己选择擅长翻译的人，然后才予以接见。在谈话中，若译者词不达意，或译语意有不合者，大汗察觉后必定会一一为之更正。由于许衡有病，大汗允以五日一次到中书省议事，并赐以西域的名药好酒，其被爱护的心情亦由是可以概见了。

许衡的时务奏章，忽必烈是否采纳付诸实施？想必一定有的，不过是执行的程度如何而已。今略举一二事例，或许能窥出端倪。

初给京府州县司官吏俸及职田（至元三年十一月）

安童奏内外官须用老成人，宜令儒臣姚枢等入省议事（至元四年三月）

以许衡为国子祭酒（至元四年九月）

定品官子孙荫叙格（至元四年十月）

立御史台（至元五年七月）

敕二分（春分秋分）二至（夏至冬至）及圣诞节日祭星于司天台（至元五年十二月）

立国子学（至元六年七月）

诏诸路劝课农桑（至元六年八月）

定朝仪服色（至元六年十月）

以上《元史·世祖本纪》

许衡等奉旨议官制（至元六年）

以上见《国朝名臣事略》卷八之二

以上诸事，虽并非皆出诸衡，然由衡启迪得以一一实施，当毋庸置疑。

四

至元四年（一二六七年）正月，许衡以病，不复入省，因求还家养疾，汗允其所请。是年九月，朝廷复除衡国子祭酒，十一月，衡北上。大汗尝诏许衡、窦默及京师诸儒各陈经史并前代帝王嘉言善政，衡乃辑唐虞以来嘉言善政为书以进。时，被选召为“进读”的人就是魏初。魏初，弘州（今河北阳原县）人，其从祖即魏璠，忽必烈居潜邸时，尝于庚戌（一二五〇年）岁被征召至和林，并访以当世之务，魏璠条陈便宜三十余事，举名士六十余人以对，忽必烈于魏璠颇为赞赏云。

至元六年（一二六九年），召衡等议官制，衡与左丞张文谦、赞善王恂、太保刘秉忠等同奏官制，酌古今所宜以定内外官属，其总政务者曰中书省，秉兵柄者曰枢密院，司黜陟者曰史、院、台；其次在内者则有寺、有监、有卫、有府；在外者则有行省、有行台、有宣慰司、有廉访司；其牧民者则曰路、曰府、曰州、曰县。衡本欲著书以进，因时间仓促，仅能“悉图为定制”而已。审其内容，亦概括了设官分职之本，沿革之由，与夫上下统属的次序，其权摄、增置、冗长、倒置，举凡行而有弊者皆不取，观其体制，是又因循唐宋旧制有所增益而成。《新元史·百官志序》盛赞“其立法之善，殆为唐宋所不及”，同时，又以蒙古人为诸机构之长，卒遭乱阶为其病，是又忽略了新朝的统治者是蒙古人，不是汉人的问题，蒙古人于汉地事务，本不善于处理，借汉人南人为副贰，从事实际的治理工作，有何不可？其后奸臣恣虐、贪吏掊克，原则上是与制度本身无太多关系。是年十月，汗又令许衡、徐世隆、刘秉忠等定朝仪、服色，至是，礼仪朝会皆有定制，士庶之间有所等别。

至元七年（一二七〇年）正月，诏拜衡中书左丞。衡入见奏事毕，即请辞左丞职，其理由是自己乃一介书生，非勋非旧，遽膺此任，恐不足以服内外的人；自己无德无才，更无能力以承办大汗交付任务；至于所学，也相当迂腐而阔远，与大汗的构想亦有着很大差异。是以，许衡以为若任左丞职，必遭物议，且会令大汗后悔。大汗尝告以任命事纯出诸已意，希望许衡无多推辞。然衡仍再三恳请，汗命左右掖出殿门，尔后衡虽连日求辞，不允。五月，衡随省赴上都。

先是，王文统因涉嫌李璮叛乱被诛后，继其掌握财经大权者是阿合马，西域人。阿合马善于开辟财源，至元三年（一二六六年），仿宋三司计省制度立“制国用使司”，并以阿合马为使，以中书右丞张易同知制国用使司事，参知政事张惠为制国用副使。至元七年，罢制国用使司，更立尚书省，以与安童所领的中书省抗衡。尚书省的成立，是大汗因军事耗费过巨，急于增加国库收入的结果，但也是西域回回人与汉人争权，以便逐次趋向独立终于摆脱中书羁绊的具体表现。至是，国家财政与中书省绝缘。时，阿合马欲以其子忽辛典兵柄，衡坚持以为不可，彼以为国家大权是兵事、民政、财政三方面。阿合马官位尚书，典民与财，今其子忽辛又典兵，权太重，应谨慎才对。忽必烈曾问衡是否畏惧阿合马造反？衡以阿合马不一定会造反，然此乃反叛必经的途径，盖自古奸臣造反，皆由于权重所造成故。汗曾以许衡所言告诉阿合马，阿合马见衡亦直询衡意何在？许衡语阿合马以汝既不反叛，何必令忽辛典兵柄？由是，阿合马衔恨。或云衡的出任中书左丞，亦系出诸阿合马主意，盖欲寻机会以事中伤许衡故。

因劾奏阿合马，未有结果，衡乃上书丞相安童，以自己旧时曾患脚气病，加之日夜忧戚，因而脚部浮肿，并谓此病很难根治，只有小心谨慎多休息。是以，特恳辞左丞职。病，固然是衡借以推卸责任的理由，然辞呈中表明自己非勋非旧，不足以服人，显然又说明了办事情的困难。对于许衡的辞职，安童并未同意。时，孛罗任台官，曾以许衡辞职事奏禀大汗，忽必烈于衡病亦颇表同情。大汗尝令衡子师可入见，同时，亦命衡举官以自代。衡以用人乃天子的权柄，人臣只有品论其贤与不肖的责任，假如现在举人以自代，难免有开市恩觊觎之渐，此风不可长。是以，衡以婉言拒绝了。

衡居相府时，大汗曾命近臣子弟十一人入学，以年长者四人从衡，余从王恂。及王恂从太子真金抚军称海（今科布多东南，都尔根湖西南滨），诸生遂悉归衡。衡书奏时务时，尝请普设学校，窦默亦以三代之历时最长，亦是由于设立学校以养士的缘故，现在建学校，置教授，选贵官子弟从学，以示国家重视教化。张文谦也奏请立国子学。至元八年（一二七一年）三月，朝廷因衡坚辞左丞职，遂改授集贤大学士国子祭酒，专掌教学事务，同时，于南城旧枢密院址设学校，旨令四方及京城里愿受业者俱得预其列。许衡对于教学事业，一直有着浓厚兴趣，对于工作的态度也非常热诚。当他闻悉大汗旨意要他教学时，内心的兴奋实无法以言语形容。其喃喃自语谓“此吾（分内）事”，除了表达是他分内愿做的事而外，实亦呈显出他内心的喜悦来。

国子生的选举，原则上是（1）国子（皇族）、（2）蒙古大姓子弟、（3）四怯薛人员子弟、（4）七品以上朝官子孙。学校设司业、博士、助教各一员。另由随朝三品以上官得举民间俊秀者入学为陪堂生伴读。时，许衡向大汗请其十二弟子来京为伴读。计：

（征）王梓于汴。

（征）刘季伦、刘安中、吕端善于秦。

（征）耶律有尚于东平。

（征）姚燧、姚炖、高凝、孙安于河内。

（征）白栋于太原。

（征）韩思永、苏郁于大名。

诸弟子既至，遂分处各斋以为斋长。衡尝谓蒙古学生性纯朴，视听亦专一。如将彼等置于好学生（伴读生）群中，可收夹辅匡弼效用，日渐月渍，彼等亦不自知其已有改变，日新月盛，彼等亦不自知其已受有良好熏陶，如是涵养三数年，将来必定会为国家培植出一批有用的人才。无疑的，这种教学思想是非常进步的。

时，所选送诸生年龄皆幼稚，衡仍待彼等如成人，爱彼等有如子女，出入进退，亦严如君臣。无疑的，这是爱的教育，亦是恩威并重的教育。其采用教学的方法是因其所知以启导其所不知，审查学生领悟程度以作为教课进度的快慢，这是因材施教的方法，非常合理。衡的教学内容亦是多方面的，课诵、礼仪、写字、算术为其主要项目。谈到“课诵”，亦即老师授课以后的读诵，许衡授课时，所教章数不多，但是，希望学生能全部理会，若未能领解，必多方面引证设譬，务使学者能通晓其义。衡亦尝问诸生，此章书义应推及于自己或今日行事，观其是否可用？这也是许衡的教学理论与实际情形配合，亦即实践的功夫。课诵闲暇时，即学礼仪，年长的蒙古生习朝廷的朝拜及受宣拜诏仪，亦习释奠冠等礼仪。若学生有倦意，亦令习跪拜揖让进退应对的普通礼节，有时亦玩投壶习射，负者罚读书若干篇，这是寓教于乐、亦教亦乐的理想，久之，诸生人人皆自得尊师重业，下至童子亦知三纲五常为生的道理。许衡教诸生习字，必以颜鲁公（真卿）为法，颜字笔力遒劲秀拔，处处朴实，是亦足以进窥其教学之用心。许衡欲以蒙古生习筭术，遂自唐尧戊辰距至元壬申间的三千六百五年，编其世代历年为一书，称为《编年歌括》（见今《遗书》卷十），令诸生诵其年数而加减，其用心的良苦亦由是可见。总之，许衡的教学理想是使学者以“治生”为先务，假如生活问题能解决，则对于治学就没有太多的妨碍，治生的基本功夫是“务农”，至于商贾只要不失义理，亦可作为短时间的治生的方法。

衡的教育思想，在《对小大学问》与《小学大义》里，有充分的显示。他说人禀有天地的仁、义、礼、智、信五德，此五德行于父子、君臣、夫妇、长幼、朋友间，各能尽其分，此即所谓“奉天命，立人道”。然人生气禀不齐，上品（等）的人不教也是好的，中品的人教了才会好，下品的人虽然施教了亦不会好，世间上品和下品的人究竟占少数，大多数是中品的人，圣人设教，当然以此等人为主要对象。大体而言，小孩年满八岁，无论上至王公贵人，下至士庶百姓的子弟，皆令入小学，小学里所学习的是自下事上的道理，所教的是洒扫应对进退的礼节，礼乐射御书数的文理，至年龄达十五岁时，皇子与公卿士大夫的嫡子和庶民的俊秀子弟皆入大学，大学里所学习的是自上临下的道理，所教的是穷理、正心、修己、治人的道理。因此，小学教育的目的是在收其放心，养其德性，大学教育的目的是察夫义理，措诸事业，是以，小学是立大学的基本，大学是收小学的成功，人人知道上临下的道理，则下顺，知道下事上的道理，则上安。上安下顺，此即治国平天下的道理。故小学大学教育都很重要。至于小学的教本，似采用朱子所编《小学纲目》，该书是朱熹采取孔门圣贤为教为学的遗意，参以《曲礼》《少仪》《弟子职》诸篇汇辑而成，书凡四卷（今名《小学集注》，凡六卷），纲目有三，即“立教”“明伦”“敬身”，辅以嘉言善行，使学者知所摹仿学习。大学的教本是以四书为主，许衡《遗书》中有《大学直解》《大学要略》《论明明德》，阐扬孔门中的修身、齐家、治国、平天下的大道理，然基础是在“心正”，故“正心”是大学的好法则。《遗书》中又有《中庸直解》，旨在阐扬圣学的性理。《四库全书提要》尝称此二书（即《大学、中庸直解》）皆课蒙书籍，词求通俗，无所发明，盖二书程朱已发其精蕴，许衡循是以教学足也，实勿须外求。

衡自掌教育业务，家事遂委诸其子师可，凡宾客来校中参观者，衡皆谢绝。先生以为于学中应接宾客，必妨碍诸生学业，诸生学业乃大汗所交代，应好好教学才是，至于外人谤怨自己的不通人情世故，那仅仅是个人的事，此种先公后私，虽遭谤怨亦勿以为意的敬业精神，实在为人敬佩。时，许衡年六十余，日令家人具备早膳午膳（以老疾故晚餐不复食），又因宿疾，当忌盐肉，故日节饮食，未尝敢至于饱，然朝夕莅事，略无老人疲倦意。

是年十一月，忽必烈建国号曰大元，诏谓此系“取《易经》乾元之意”。次年（一二七二年），御史王恽以秩满，改除平阳路判官，许衡以“临政譬如二人下棋，谋略有深浅，不可一心求胜，应因其势而顺导。同僚间亦勿以气类匪同而有彼此，即是有所扞格，亦应以至诚感发，不可相争未已”等语相勉。时，王恽四十六岁。

五

先是，忽必烈汗命伯颜、阿术、阿里海牙等率师南侵，阿术等以兵围襄阳樊城（湖北今地），凡五年而未下，阿里海牙畏吾儿人，曾言西域人善造炮，遂招阿老瓦丁（Alaiuddin）、亦思马因（Ismail）

等以新炮法攻陷樊城，襄阳亦降。时，至元十年（一二七三年）二月事。襄阳既下，忽必烈汗欲有江南，将相大臣亦皆以声罪南伐为请，汗驿召姚枢、许衡、徒单公履问计，公履以“乘破竹之势，席卷三吴，此正是好时机”；姚枢亦以“如求大将，非右丞相安童、同知枢密院事伯颜不可”，独许衡以为“应当修德，使其来服。若以力取，两国生灵死伤必多，而胜负的成算亦不定”，故不主张伐宋。其后宋平，忽必烈汗亦不以为罪。

许衡执教，虽与人无争，然权臣阿合马跋扈益盛，屡毁汉法，政府供给诸生日用所需不足，四月，衡因被召赴上都议事，遂假改葬亲丧为辞请还乡里，忽必烈汗曾命令众臣议其去留，姚枢等以为“宜从其所请”，识者亦知衡辞职系因廪饩不足所致。由是，许衡得以还居河内，遂简绝人事，常居山下以课僮仆，并事耕垦。主持国学事务乃由王恂继任，辅以衡弟子耶律有尚、苏郁、白栋等人为助教。

元初，承用金朝《大明历》，朝廷以《大明历》浸差，命王恂与江南日官置局，更造新历，以枢密副使张易董其事。易恂等奏谓“现在一般历法家只知历的方法，对于历的原理并不懂得，宜得老儒如许衡那样的人商订才好”。于是，诏征衡赴京师。时，至元十三年（一二七六年）七月，衡年六十八岁。参预修历者除许衡、王恂、张易及南北日官陈鼎臣、邓元麟、毛鹏翼、刘巨渊、王素、岳铉、高敬等人外，尚有都水少监郭守敬。守敬，字若思，顺德邢台（今河北邢台县）人，通五经，尤精于算术水利，系刘秉忠的学生，年四十六岁。至元十四年（一二七七年），张文谦拜昭文馆大学士，领太史院事。次年（一二七八年），二月，始正式设置太史院专主天文历数事。衡等以为金朝虽然改更历法，只不过是以宋朝的纪元历稍加增益而已，实未曾亲自测量，彼等遂参考累代历法凡四十余种，复测候日月星辰四时运行的变化，参别同异，酌取中数以为历，至元十七年（一二八〇年）二月，测量已告完成，至是年冬至，历成，大汗诏赐名曰《授时历》。次年（一二八一年）即颁行天下（按：此据《元史·历志》。惟《元史·世祖本纪》记载在至元十七年十一月甲子，《国朝文类》李谦颁《授时历》诏在至元十七年六月，并云至元十八年正月一日颁行）。

衡自入太史院修议历法，恩遇愈隆，忽必烈汗每自南方北还，必问衡安否。衡有病则赐药，或赐杖，衡入见亦必跪奏事，汗屡令衡起，并赐座，劳问有加。宋朝临安既为伯颜等所陷，宋国宫中图籍宝玩悉为蒙人运往大都，许衡以所失仍多，遂建议大汗遣使至杭州等处，取在官书籍版刻至京师，大汗纳衡言，至元十五年（一二七八年）四月庚辰遂付诸实施，无疑的，此一汉文化得以保存，许衡实有莫大功劳。

《授时历》完成那年，许衡已是七十二岁。衡本系体弱多病，至是病情益重，皇太子真金知悉，遂奏请大汗准衡还乡养病。至元十七年（一二八〇年）八月丁亥，衡致仕，以驿送还乡里，其子师可亦改官怀孟路总管，以便就近奉养。

至元十八年（一二八一年）春，衡疾甚。时，医生诊治，谓其"六脉皆平"，衡自以久病而脉平者，不治，遂不服药。未几，适逢仲春祭祀，仍勉强用力支持，故奠献如礼。又扶杖至门前，心悸，遂瞑目而坐，歌朱熹小词一阕。歌罢，奄然而逝。享年七十三岁。怀民无分老幼，皆往哭其门，征商过客，亦相唁于途，虽农夫里妇，亦皆为衡死而深感悲戚。

衡尝语子师可，以己平生为虚名所累，竟不能辞官，死后勿向朝廷请谥号，亦不必立碑。若一定要立碑，也只书"许某之墓"四字，使子孙能识其埋葬处就够了。其子谨记其言，故死后葬怀庆（今河南沁县）城东北李封村，无碑。既葬，四方学者有不远数千里而来哭于墓者，朝野无论识与不识，莫不为其哀伤。

许衡祠堂

（取材自《鲁斋全书》）

许衡墓

（取材自《鲁斋全书》）

衡死后十八年（大德二年，一二九八年），赠荣禄大夫、司徒，谥文正；又十二年（至大三年，一三一〇年），加赠太傅，追封魏国公。越二年（皇庆二年，一三一三年），诏从祀孔子庙庭。

衡子男四人，师可、师逊、师孚、师敬，师逊师孚未仕而卒，师可师敬皆通显。

六

元朝欧阳玄撰“许衡”的《神道碑》时，称赞元朝中统至元的治世，是因为上有难得一见的君主，他能表章其臣以绍述先圣先贤的志向，下有不可多得的臣属，他们能襄助其君以宪章先圣先贤的心愿，是以，有元一代的规模，与三代以后任何时期较量，实毫无逊色。所谓“不世出”的君主和臣属，即是姚从吾先生津津乐道的忽必烈汗“为适应客观的环境，乃决定采用两元政治的国策，允许用汉法治理汉地，诚意接受汉臣的意见”而言。的确，蒙古人是征服者，汉人是被征服者，在当时来说，蒙古大汗可以实行汉化，也可以不实行；可以与汉人合作，也可以不合作。最后，他们还是走上了合作的路子，姚从吾先生以为应归功于“人”的因素，据他的分析是：

（1）汉地藩府旧臣赢得蒙古大汗信任。蒙古人素重部曲随从的关系，故能与汉人忠于所事的哲理相配合，关系极为重大。

（2）汉地大臣智略过人，遇事有办法，有立场，可以协助大汗解决困难，因以取得大汗信任。

（3）忽必烈的诚意采用汉化，也有感于当时一般儒者所表现的卫道精神与守正不阿的精神。

宋太祖重文，使宋朝历国三百余年，人才的培植不可谓不多，然此辈人才对于微弱的宋朝，并未发挥国富民强的作用，反而要等到蒙古人兴起后，才能尽其最大用处，想来，这是赵匡胤在推行重文政策时未尝料及的，他若死而有灵，他将会痛斥其不肖子孙，未能把他辛苦得来的天下经营成太平盛世，俾能传诸久远。朱熹勤研治学，一生以修齐治平为追求目标，其身或许已修，家或许已齐，而国未能治，天下未能平属实，最后是抱憾而逝，孰知历半世纪后，又有人假其修齐治平之道以说服蒙古大汗，施行汉法而使乱世慢慢地安定下来，想来，这也是朱老夫子未曾料及的，他若死而有知，他将会含笑九泉，因为，他的抱负有人为他实现，所不同的，那位能表章其臣以绍述先圣先贤的志向的君主，是位好骑马射箭、尚武的忽必烈汗，蒙古人，而那位能襄助忽必烈汗以宪章先圣先贤的心愿的大臣，是位久沦陷于异国女真所统治下的许衡，汉人。

许衡，以朱子言为师，穷理致知、反躬践实，虞集称其“纯乎儒者之道”，或谓朱子集小学以为大学基本，注释四书以发圣贤渊微，故能上继孔孟二圣的道统，而许衡以小学四书为修己教人方法，不尚文辞，务敦实行，使人知有圣贤之学。显然的，朱熹的功夫在阐释理论，而许衡的功夫在实践理论。诚如欧阳玄称“先生之于道统，非徒托诸言语文字之间而已”。盖其为学以明体达用为主，修己以存心养性为要，事君以责难陈善为务，教人以洒扫应对进退为始，精义入神为终，也难怪有人说许衡在继往圣、开来学方面的表现，其功劳并不在朱熹之下了。

许衡一生，以修齐治平为准则，也以此为终身追寻的目标，一面以此思想勉励自己，一方面也以此思想启迪后人，观忽必烈汗建元中统，征衡赴都，而衡仓猝上道，其急于得君行道的情形，似有惟恐稍迟的感觉。然衡十被诏旨，进辄思退的心情，显然夹杂有不少的辛酸滋味，谁能知情？其仕不受禄，人人皆赞赏其行为，许衡真的不愿受禄？从其“仕岂有不食君禄者哉，食求无忝而已”的自语看来，食君禄也并不是一件很容易的事情哟。

许衡的急于行道，不择主而仕，显然地曾遭受到后人非议，论者以为衡乃华人，今臣于元，非春秋内夏外夷之义，实有害民教，清江彭纲曾为衡辩护，以宋失中原于金，非失于元，元取中原于金，非取于宋，衡生于元朝兴起已四世时，而宋失中原已数世了。是以，衡生为元民，仕为元臣，亦名正言顺，何瑭亦为其辨析，以为中夏夷狄的划分，不是因地与类，应以道为主，若中国用夷礼则仍称夷，夷而进于中国用中国礼则仍称中国，故舜虽生于东夷，文王虽生于西夷，然仍称圣贤。今蒙古诸汗虽未可与古圣贤相比，其敬天、勤民、用贤、图治，亦是遂行中国的方法，怎可以用内夏外夷的方式强制划分？蒙俗嗜杀，若有人能转移其俗，使生民免于鱼肉糜烂，有识人士都应尽心而为。何况蒙古大汗知尊敬许衡，冀其行道济世，许衡怎能视以夷狄而拒于千里以外？的确，在国家多难、钱财生命皆贱如粪土之际，只要有人能匡国救民，不采用卑躬下贱的手段以完成任务，又有何不可？

许衡的思想，散见于《直说大学要略》、《大学直解》、《中庸直解》、《语录》及《读易私言》中，其奏疏中则多涉及政治理想方面。《四库全书提要》称《大学、中庸直解》皆课蒙书籍，词求通俗，无所发明，盖二书朱熹已竭心诠释，许衡只要实践，当然求其词愈通俗易懂就愈好了。因此，在许衡教学过程中，不厌其烦地引证设譬，必使学者通晓其意方肯罢休，因为修齐治平的理论贵在实践，不重徒说。今存《语录》两卷，凡二百余条，亦多为小学四书周易等作更明白的剖析其义而已，小学四书是讲修身齐家治国平天下、尧舜禹汤文王武王周公的王道思想。《周易》是讲阴阳四时更替，进而说明乾坤定、贵贱位，事君敬长为自然的现象。对于世间“事物”的看法，则归诸于“义”和“命”，“义”是出诸己，自己可以控制，“命”则出诸天，是无法由自己控制的。

哪些是属于“义”呢？许衡举例谓人处贫贱富贵，如自然界的有春夏秋冬，天行春夏令，则每人即备春夏天所穿的衣服，若天行秋冬令，则每人自然会准备秋冬衣服，冬裘夏葛，这就是“义”，是以，天有“命”，人有“义”，各人虽然处于贫贱富贵，只要各人行其应当做的事，那就是“义”了，在《中庸直解》里，他的“义”的定义是“分别事理，使之各得其宜”。

至于“命”，似应指“天命”而言，万物皆本于阴阳，天有寒暑昼夜，物有生荣枯瘁，人有富贵贫贱以及死生修短祸福，此等皆本乎天，是一定的“分”，不可强求而得，这是“天理”，更推而广之，所谓“君臣”“父子”“夫妇”“长幼”“朋友”等五常，实即“天命之性”，亦即自然赋与的“名分”，明乎伦理之常，社会就很安定。大体说来，天命大公至正，没有不善的，不听父命的则目为不孝，不听君命的则称为不忠，对于至大至公至正的天命，我们又何苦要去违背？

七

儒学传播者许衡，平生素主实践，故著述不多，欧阳玄撰《神道碑》时，称“先生有《鲁斋集》，及《中庸语意》、门人记载《语录》行于世”，检视历代藏书目录及提要解说，知其死后，经过了二十余年，才有人为之辑集，主持其事的是“安成（今河南汝南县东南七十里？）县尹苏显忠”，时间是在大德九年（一三〇五年）。书前有杨学文序（今存），次年（一三〇六年）刻梓。刘昌辑《中州名贤文表》时，对于是书有详细的叙述。《天禄琳琅书目续录》称“《鲁斋遗书》一函二册：元许衡撰书六卷，分奏议、杂著、书简、诗章、乐府、编年歌括，前有大德九年杨学文序，附录谥告、象赞、神道碑”，《瞿镛铁琴铜剑楼书目》踵其余绪，亦云“此乃大德九年刊本，前有杨学文序，及大德元年赠谥诏、内翰王文秉赞，卷一奏议，卷二卷三无总目，自《读易私言》至答丞相问《大学明明德》凡五篇，皆论学之文，卷四杂著，卷五书简，卷六诗章乐府《编年歌括》分卷，与明刊本绝异，卷一后有题识二行，云右数段皆非全文，偶见别纸草稿，今附录于此。是则《鲁斋集》以此本为最初，后有欧阳圭斋所作《神道碑》一篇……”，从二书所记，知均非“元刻本”，因为《神道碑》的完成是在后至元元年（一三三五年），欧阳玄所撰碑文怎能先出现于《鲁斋集》？由是，足以说明大德十年以后还刻梓过一次，时间应该是在后至元元年以后，刘昌刻《中州名贤文表》时，尝言明“苏显忠本残编断简，多所失遗”，倪颙刻书时，以《遗书》板在陕西学宫，或多脱落，更可借以说明元时已有二种刻本了。二种板本皆六卷，属实。然二本中，一种是没有《神道碑》的，应是最早，一种是有《神道碑》的，是越三十年后始刻，疑后一种刻的时间就是后至元元年二年间。

明宪宗成化七年（一四七一年），刘昌刻《中州名贤文表》所采用的《鲁斋遗书》是“录本”，得自怀庆守吕恕。刘昌以苏显忠本残编断简，多所失遗，而录本亦多缺误，遂重加订定为五卷，复以制词神道碑为附录一卷，其缺误而无考者略去十之四，虽如是，刘昌仍遵旧本，惟无语录、直解部分。刘昌刻《中州名贤文表》那一年，倪颙任怀庆知府。以旧刻《遗书》板在陕西学宫，或多脱落，遂访求《遗书》于许衡六世孙纶，得写本，倪颙又从王济安处购得刻本，两相刊校付梓，并作序，书名仍称《鲁斋遗书》，梓刻时间是成化十年（一四七四年）。以上诸本，除《中州名贤文表》所录现在还留存外，其余诸本皆未见流传。

目前流行较广的刻本，可能是“高杰刊本”与“萧鸣凤刊本”，高杰刊本，今“国家图书馆”尚有两部，其著录是：

《鲁斋全书》七卷六册元许衡撰，明郝绾编，明正德戊寅（十三年）河内知县高杰刊本。郝绾，衡七世孙壻，字亚卿，曾任四川按察司副使。绾辑未竟而卒，河内教谕宰廷俊继成，何瑭有序，高杰刊行。该书初编辑时系郝绾受高杰嘱托。《铁琴铜剑楼藏书目录》称此书“较元刊本多性理一种，附录一卷，其篇目已改元刊之旧，视嘉靖本较为近古”。

萧鸣凤刊本，原北平图书馆有藏，今存台北故宫博物院。在“国家图书馆”善本书目中著录是：

《鲁斋遗书》十卷三册　元许衡撰，应良编，明嘉靖乙酉（四年）萧鸣凤汴梁刊本。萧本一般著录皆称“《遗书》八卷附录二卷”，鸣凤并自为序，复有题识，《四库全书书目提要》即据此书著录，内容：

卷一卷二：语录

卷三：小学大义、直说大学要略、大学直解

卷四上：中庸直解

四下：读易私言、读文献公揲蓍说、阴阳消长

卷五：奏疏

卷六上：杂著

六下：书状

卷七卷八：诗、乐府

附录二卷

《善本书室藏书志》称“十四卷本仍八卷本而析其卷”，只能称曰大致如是，事实上《四库全书》文渊阁本即标准的十四卷本，比八卷或十卷本多《编年歌括》,《谱传》，与万历年间怡愉刊本没有多大差异。继萧鸣凤汴梁刊本以后，有许泰和刊本，“国家图书馆”有藏，著录谓：

《鲁斋先生集》六卷四册　许衡撰，明康海编，嘉靖九年（一五三〇年）许泰和刊本。

《适园藏书志》亦著录有：

《鲁斋全书》六卷　是集六世孙世道重刻，有嘉靖三十九年（一五六〇年）衡藩新乐王载玺序是嘉靖年间有三种刻本。“国家图书馆”有钞本《许鲁斋先生文集》六卷二册，即依适园著录本抄写而成。又“国家图书馆”另有万历年间刊本，著录称：

《鲁斋遗书》十一卷，附录三卷四册　元许衡撰，明万历二十四年（一五九六年）怀庆府推官怡愉刊本。

适园及《善本书室藏书志》均有著录，书前有张泰征、江学诗、怡愉序，后有郑道兴跋。疑《四库全书》文渊阁本即据此本。此书至清初曾“修补”。又清康熙年间张伯行正谊堂亦刊行，称为《正谊堂全书》本，甚简陋，商务《丛书集成》本即据是排印，书凡六卷。

除上述诸板本外，日本《静嘉堂文库书目》著录有《许文正公遗书》一部，十二卷、附二卷、首一卷，共八册，系清乾隆五十五年（一七九〇年）刊本,《尊经阁图书目录》有《鲁斋全书》七卷，共七册，系“和刻本”，以上是许衡著作刊刻流传的大概情形。

研究许衡，除其《遗书》可供参考外，尚有其他的重要参考数据，可研究其一生行事。今撮录于后：

（1）《元史·许衡传》 该传凡二三六三字，传称“七岁入学”，欧阳玄《神道碑》则作“八岁”，耶律有尚撰《行实》称“七八岁”，知传所录与他录有所差异，必有所本，相同事物的记述亦简繁不同，其所采撷诸史料，间有他处不及者。

（2）欧阳玄撰《魏国文正公许先生神道碑》 是碑撰于元顺帝后至元元年（一三三五年），上距衡逝凡五十余年，其采撷资料，本诸衡第四子师敬及朝廷档案，所记翔实，碑凡四二四三字，然半数皆赞誉之词。

（3）耶律有尚《许衡行实》，《鲁斋遗书》卷十三有载，凡四四三字，叙述简略。

（4）苏天爵《左丞许文正公传》 传见《国朝名臣事略》卷八之三，叙事多采撷耶律有尚撰《考岁略》（今存者即取录自《国朝名臣事略》），间亦取材《国学事迹》及虞集、姚枢等人文集，欧阳玄序《国朝名臣事略》时在元文宗天历二年（一三二九年），六年后欧阳玄才撰《神道碑》，故本传为最早期最完整的记录。

（5）王祎《许衡传》 是传见《王忠文公集》，题称《拟元史列传》，以其非正式故。王祎曾参预修《元史》，此传未被采用，不知何故？传凡四一四九字，耶律有尚撰《行实》及欧阳玄所撰碑文，祎多采用，其传后的论赞，于衡的历史地位有明确论断。

（6）《许鲁斋先生年谱》一卷 清人郑士范编。光绪十六年（一八九〇年）周正谊堂刊。见郑治亭所著书。笔者撰本文时，尚未见该年谱，颇为憾事。今人袁国藩撰有《元许鲁斋评述》，（商务《人人文库》一八八二——一八八三）内有许衡的行事编年，亦有助参考。

八

柯劭忞重修《元史》，拟许衡为四科中的“德行”，显然只注意及许衡本身的操行，屠寄修《蒙兀儿史记》，以许衡“教泽所被，已足沾溉兆族贵游子弟，一涤其腥膻之气，而濡染华风”，是又从许衡对于蒙古人的影响而言。蒙古人入主中原之际，许衡擎着儒家旗纛，以实践儒家理想自任，虽然曾一涤蒙人腥膻气，然而，后世学者对许衡并未有适当的评价，亦未作过多的研究。即是有谈及许衡的事，然多属附属，故许衡事功不彰，名亦不显。

姚从吾先生晚年集中精力从事儒家大同文化对于周边民族的影响，似有研究许衡的专著，因未见发表，故人莫知其详，然早期著述中，只有在《忽必烈对于汉化态度的分析》（《东北史论丛》下册）里，于许衡有近千字的叙述，其小标题是“许衡不食道旁之梨”，其目的是用以说明元初学者所表现的卫道精神，不过，许衡在姚先生的文章里，被称为是元初儒家的一位大师，当日官虽不高，而躬行实践，为人钦重，影响甚大。萧启庆先生的《忽必烈时代潜邸旧侣考》（《大陆杂志》二十五卷一——三期）里，许衡仅仅是忽必烈汗所延揽诸人才中，被划分在“正统儒学集团”的一分子，对于其事功亦未能论述。黎杰《元史》（一九六四年大新书局出版）亦有近千字的叙述。称“衡与姚枢在元初同有兴文播化之功”，黎东方则称“许衡不仅汉化了忽必烈，也汉化了若干蒙古子弟。”（见《细说元朝》）大体而言，上述诸人文章或书籍，均未曾作深入的研究。安怀音《许衡的身世与学行》（见《中央日报》一九五八年二月中央副刊）也有近千字的专论，主要在表彰许衡能行儒家之“仁”，更进而强调蒙古好战嗜杀，反观“哀我华夏，获保孑遗，不能不谓系许衡等维护之功”，孙克宽《元初儒学》及《元代北方之儒》，（均见《元代汉文化之活动》）以“惟有许鲁斋出来，才大开庭户，使有元一代，尊崇儒学，程朱义理，定于一尊”的定论，然许氏“生于忧患，太怕事了，在汗庭常常以退为进”的作风，孙氏虽“不愿苛求”，然而许衡“学术规模，终嫌狭小，尊经与尊君有同样的作用，因而开明清以来，绝对专制政体，却是许学的流弊”，难免不有春秋微辞贤者的意味，然而，许衡“想从根本上把蒙古人嗜杀、好利、不讲伦常之习，潜移默化”的作用，孙氏是深知的。许衡能于乱世中，竭力挽救时病，已步出儒家说理的范畴，他要把儒家的修齐治平功夫一一付诸实践，何况倡导此风，尚能收潜移默化以变异蒙古人陋习？袁国藩《元许鲁斋评述》（商务《人人文库》）于许衡有近十万字的叙述，计分七节，首章《前言》，说明自己研究动机、撰述方法、引用图书，次章《行事编年》，实即许衡的年谱，依次两章是许衡对教育及政治上的贡献，第五章是《门弟子考》，旨在试补《宋元学案》之《鲁斋学案》，第六章是论述许衡《一生风范之评述》，最后始缕述其交游唱和，袁氏立意甚善，方法亦佳，惜乎鲁斋部分图书均未能涉及，实一憾事。

许衡一生行事，于有元一代，有其特定的地位。在中华民族的历史上，他仿佛是一粒火花，那粒火花却产生了无比的“光”和“热”，也影响了元朝的部分历史，对于一位智能型的许衡，后人是应该多花一点时间来研究的。不可存有内华外夷的观念，应使许衡事迹日彰，名越显才对。

参考书目

《鲁斋遗书》十四卷，许衡，商务《四库全书珍本》四集。
《国朝名臣事略》十五卷，苏天爵，学生书局影印。
《元史·许衡传》,《元史》列传。
《元许鲁斋评述》，袁国藩，商务《人人文库》。
《许衡传》，王袆,《乾坤正气集·王忠文公集》，环球书局影印。
《魏国文正公许先生神道碑》，欧阳玄撰,《鲁斋遗书》。

方孝儒

邱德修　著

目　录

一、传略

1. 生平事迹

方孝儒（“儒”或作“孺”，今据明惠帝颁赐给他“朝参牌”上所刻名字为准），字希直，一字希古，明朝宁海人。生于元顺帝至正十七年（公元一三五七年）。他的父亲克勤公，是洪武时代的循良官吏。他年幼警敏，双目炯炯有光，每天读书盈寸，乡人都叫他“小韩子”，另眼看待。长大后，跟随宋濂游学，以为他的门弟子虽多，都没有人比得上他；尽管是他的前辈，像胡翰、苏伯衡等人，也自叹不如。孝儒看不起“文艺”，经常以“明王道，致太平”为己任。曾经卧病绝粮，家人告诉他无米炊食，便笑着说：“古人三十天才吃九顿饭，难道古今只有我一个人贫穷过吗？”

他的父亲克勤公因“空印事”受诬被杀，孝儒扶丧归葬，路人为他痛哭失声，哀恸欲绝。守制完毕，又再从宋濂游学，直到毕业，前后一共六年之久。明洪武十五年，因吴澄、揭枢的推荐，蒙明太祖召见。太祖喜爱他的举止端庄，跟皇太子说：“他是一位壮士，应当老练他的才华！”加以礼遇遣还，暂不任用。后来为仇人所连累，全家被逮捕到京城，太祖看到他的名字，下令特赦，要他奉祖母和妻子还里。二十五年，又经人推荐，再蒙太祖召见，他却说：“现在不是用孝儒的时候。”改聘他为汉中教授，每天跟学生论讲学问，孜孜不倦。蜀献王听到他的贤能，聘请为世子的老师，经常听他陈述道德和体国的大道理，真是说得头头是道，所以非常敬重。献王特别为他的书庐取名为“正学”，学者遂称他为正学先生。

到了明惠帝即位，改元建文（一三九九年），召他当翰林侍读，即颁发给他“朝参牌”，可以自由出入京城，朝参皇帝。第二年升迁为侍讲学士，举国大政，经常向他咨询。惠帝爱好读书，每有疑问，就召唤他来加以讲解。官员临朝奏达政事，臣僚当面议论可否请皇帝裁决时，惠帝有时会叫孝儒就在屏风前马上批答。那时官修《太祖实录》和《类要》等书，孝儒都居“总裁”的要职；后来更定官制，孝儒改聘为文学士。他受惠帝的尊崇器重，由此可见。

建文元年给方孝儒专用的“朝参牌”复印件

惠帝即位，即着手削弱诸王的实力，其中燕王也受到威胁，于是采纳他最信赖的部下僧道衍（姚广孝）的进谏，在城中制造武器，训练军队。据说当时恐怕打造武器的声音外泄，以致在王宫苑内养了许多鹅鸭，让它们的啼叫声，混淆外人的耳目。建文元年七月，燕王起靖难之师开始攻打惠帝。不久，朝廷决议征讨，当时的诏檄等公文都是出自孝儒的手笔。建文三年（一四〇二年），燕兵侵掠大名，燕王又听说齐、黄等地已被窜乱，他就上书请皇上罢除盛庸、吴杰、平安等地的兵权。孝儒建议说："燕兵屯驻在大名已经很久，加上天气炎热，时常下雨，即使不作战也很疲惫，立刻命令辽东诸将进入山海关攻打永平，真定诸将渡过芦沟，直捣北平，他一定会返兵救助，我们再用大兵偷袭他的后卫，一定可以擒住燕王。现在他的奏事刚到，应该暂且给他报书，公文往返就要超过一个月，使他的军队士气涣散，精神松懈。我们的计谋早作安排，客观局势配合好后，进而去攻打他，是不会太难的。"惠帝认为很对，立即叫他草就诏书，派遣大理寺少卿薛嵓驰报燕王，全部赦免他们的罪过，要他们罢兵归藩；又再写了"宣谕"好几千字，交给嵓拿到燕军军营偷偷地散发给每位将士。孰料，等到嵓抵达燕军时，竟然藏匿"宣谕"，不敢出示，燕王更不奉行诏令了。

五月，吴杰、平安、盛庸等地发兵骚扰燕王饷道，燕王又再派遣指挥官武胜上书重申前请，惠帝准备答应，孝儒说："军队既已解散，不可再召集，但愿不被迷惑。"帝就杀掉胜表示拒绝。未久，燕兵掠夺沛县，烧毁运粮船只。那时河北军队老化无法立功，再加上德州又缺乏粮饷，航道断绝，孝儒深深感到忧虑。窥知燕王的世子仁厚，他的弟弟高煦狡猾奸诈，深受燕王宠爱，曾有谋夺嫡子之位的企图，孝儒计划用计反间，使他们互相猜忌，自相残杀。于是，建议皇帝派遣锦衣卫千户张安赍送玉玺书信到北平赐给世子。世子得到该信并不打开，一起和安送到燕军阵前，反间计却无法得逞，计划终告失败。

第二年（一四〇三年）五月，燕兵抵达江北，皇帝下诏书征调天下军队。孝儒说："事情危急啦，派遣人去告诉燕王准许割地再封，可以借此拖延几天，如果等到东南募兵渐渐集中，北军不擅长于水战，在江上决战，那么谁胜谁负是未可逆料的。"帝就派庆成郡主前往燕军陈诉惠帝的意思，燕王竟然不听。帝下令各个将领在江上集合水军，讵料，陈瑄率领舰队投降燕军，于是燕兵轻而易举，如入无人之地渡过长江，那时正是六月的乙卯日。惠帝当时非常忧虑害怕，有人劝他到别的地方暂时躲避，以便谋图恢复。孝儒却极力主张请惠帝守住京城等待援兵，即使无济于事，也应当为社稷而死。

皇宫内的宦官已被燕王收买，提供京城防卫薄弱的情报。燕王采取迂回战术，一举攻打京城。乙丑那天，金川门被攻破，燕兵蜂拥而入，惠帝自焚（一说逃走）。孝儒被执，斩衰守丧，哭不绝声。成祖下诏不至，派门人廖庸前请，孝儒叱喝道："你读了几年诗书，还不识个'是'字！"于是下狱。当初成祖发兵北平，姚广孝曾劝谏不要杀孝儒，说："攻下南京城的那天，孝儒必定不降，千万不要杀他，如果杀了，天下读书的种子就从此断绝了！"成祖点头答应。如今成祖想要叫他草写诏书，召唤前来，悲恸的声音响彻殿陛。成祖下榻安慰他说："先生不要自讨苦吃，我只想效法周公辅佐成王罢了！"

孝儒问："成王在哪里？"

成祖说："他自焚而死！"

孝儒又问："为什么不立成王的儿子？"

成祖回答："国赖长君！"

孝儒再问："为什么不立成王的弟弟？"

成祖理屈地答道："这是我家的事！"

使左右拿笔札给他，说："诏告天下的文章，非由先生来草拟不可！"孝儒拿了笔毫不犹豫地写上"燕贼篡位"四个大字，立即摔笔在地，一边哭一面骂道：

"死就死吧！诏书是万——万——写不得的！"

成祖非常生气，下令将他在市井中分尸示众。

孝儒慷慨激昂，面不改色地就义，曾作了一阕绝命词，这样写着：

天降乱离兮，孰知其由？
奸臣得计兮，谋国用犹；
忠臣发愤兮，血泪交流！
以此殉君兮，抑又何求？
呜呼哀哉兮，庶不我尤！

大意是说：生逢乱世，遭受颠沛流离的苦楚，这本是上天的安排，谁能知道究竟呢？奸臣千方百计地谋算，无非在篡位叛国；忠臣们忠心耿耿，发愤图强，莫不血泪交流！我能因此为国君殉难，真是鼎镬甘如饴，求之不得呀！他就义的时候，正是四十六岁的壮年。他的学生德庆侯、廖永忠的孙子镛铭兄弟，检拾他的遗骸，瘗埋在聚宝门外的山上。孝儒哥哥孝闻，力学笃行，先孝儒而死；弟弟孝友与他同时就义，也是赋诗一章才死的。妻子郑氏和二个儿子中宪、中愈都是先自缢而死；两个女儿却是投入秦淮河自杀殉国的。一门忠烈，壮烈成仁，高风亮节，永垂青史。有人曾在他的画像上这样赞美他：

绿鬓红颜，金精玉粹；聘束帛于山林，膺纶言于殿陛。身游乎蓬岛、方壶之间，道诉乎伊洛、洙泗之滥。潜溪之后学，名闻九重，玄英之云孙，华间奕世；是所谓孝于父母，友于兄弟者也。

如果再加上一句“忠于国君”，即是他一生最好的写照！至于他的学行，诚如他的老师宋濂所说的：

生精敏绝伦，每粗发其端，即能逆推而底于极。

因此他无论对思想、政治、文学各方面都能本末兼举，小大不遗。所以蔡虚斋赞誉说：

如逊志者，盖千载一人也！

实非溢美之辞，唯正学先生当之无愧。

2. 时代背景

一个学术思想的产生，总免不了要从当时的环境中得到许多的启示，并且受到时代很大的影响。一个生在太平盛世的学者闭门造车，坐而论道，和一个生逢乱世的思想家颠沛流离，备受荼炭，他们所抒发的理论或主张，是很难一样的。而方氏是属于后者的学人。他所遭逢的时代正是不折不扣的乱世。在他出生前的十六年，因为元人排斥汉人太甚，再加上天灾人祸，人心思变，所以那时在湖广、燕南、山东已因大饥荒而引发了战争。没有几年的工夫，方国珍就从他的邻县黄岩造反，以后，此起彼应，天下大乱。

到了他出生的那一年（元至正十七年，一三五七年），在山东以南，成都以东，一大片大好河山，已经寻找不着一块干净的土地，漫天的烽火，烧杀掠夺，无处不有，流离失所的难民，随地可见；真是哀鸿遍野，人心惶恐，草菅人命，朝不保夕。那时徐、刘、张、朱群雄，都已先后称帝称王，割据江南，正共相逐鹿中原，一直打杀到他出生后十一年，战火才停息，天下粗安，朱明定鼎金陵。十六岁，跟随父亲克勤公游宦四方。他在山东济南时，亲眼看到李文忠、朱亮祖的军队征索人民的粮食和刍草，各个“争欲先得”的事实。尤其是役民五千，限定时间浚通河道，硬逼得身为地方官，极为奉公守法、勤政爱民的父亲，几至穷于应付，无可奈何地只好祈祷上苍，加以庇佑。在他十九岁那年，克勤公竟被人诬告，判罪定谳，流戍江浦；第二年，更因“空印事”被逮入牢，以致冤狱而死——专制淫威，苛虐暴政，所加害于他身家的，竟然这样的悲凄残酷！竟然如此叫人心丧胆寒呵！

到了他结婚那年，二十六岁，云南战事才告结束；但是几十年来的战争，已把民间的经济破坏得难以复元，久历动荡的社会也已残破不堪，饱尝烽火的民心依然惊悸犹存呢！以致他一个出身仕宦家庭的读书人，到了三十岁，竟然穷到绝粮的地步！不久，又因为他叔父的讼事，全家被地方官“械送京师”，其后虽蒙太祖“特命开释”，得以“奉祖母及妻子”归还乡里。但是由此可见新政府所给予人民的保障已足够让人痛心疾首，气愤填膺了。

三十六岁，他正怀着忠君爱国的热忱出山做官，没料到至四十六岁，跟他的父亲下场没有两样，竟然便含着血泪被磔死；那十年当中，真正没有军事战祸的岁月，仅仅短暂的两年，结果却是壮志未酬，竟以己身为国殉难。

总而言之，方孝儒是确确实实，不折不扣地在兵灾、人祸、暴力、苛政、天劫地变、流离失所、饥寒交迫之下，渡过了以悲剧落幕的一生。他天天看见兵匪横行，生民涂炭，战火哀鸿，大好江南竟是一片凄惨的画面；更亲自领略到统治者以暴易暴而不自知其非，和社会经济的土崩瓦解而使自己几难自存。像一个沉湎儒学，用功心性，才学高人一筹的他，能不从根本上探讨乱世之源，追溯人性的本真，了解人情的好恶，建立完全的思想体系，更从制度上筹划安天下定社稷万全的策略吗？

二、学术思想

1. 研究学术的目的

古今中外做学问的人所处的环境各自不同，自然怀抱必殊，目的也就彼此互异。粗略地分析，有下列几种个案：有纯为学问而从事著述的，即今所谓纯学术性的研究；有别具怀抱而故意走偏锋，而取急功近利的；有谋求某种特殊政局之安定而巧加附会的；有想救当时的大乱，开未来之太平，从自己切身经历中体验出来一种安身立命、救国救民的方案，真能本末兼顾，切实可行的。方孝儒研究学术的目的，究竟属于哪一类呢？我们从他的议论中、著作中，可以很清楚地、明确地看出来。他曾说过：一个读书人学古而无法通达当世之局势事务的人，那就是腐朽的“鄙木之士”了；生于今天的士，必须“效所知，竭所能”，用以“辅安宗社黎民于无穷”；为学之士，必须“使黎庶举得所愿”，才不会“贻国家之忧”。他这种胸襟和怀抱，是何等地壮观，何等地伟大啊！

进而追述他的父亲，描绘明初的一位循吏的抱负和志向：如果他得志，在大的方面“欲润泽天下”，使四海之内都能蒙被他的恩典；若是不得志，在小的方面也要“使道术明乎书，风俗成乎身”，达到经世淑民的法则，以幸无穷。并且方氏曾自述为学的态度恐怕流于过高，反而变成古代的狂人，而不适合时代所用，所以只好

“深自制抑”，真是无可奈何！当他谈到政治、经济的政策时说：为政有三个要诀：知体、稽古、审时，三者缺一不可。设若有所欠缺的话，就不是良好的政府所颁布的政策。所谓“知体”，就是有体系，指职位分类，分层负责；“稽古”、“审时”，是指先王之制，要因革得宜。他又主张在丧乱之余，实施土地改革，不但使耕者有其田，而且兼顾到他的平均，实即国父平均地权的滥觞。

从这些数据上看，可以知道方孝儒研讨学术的目的在爱世闵民，以天下为己任，进而认清当时人民的急需，针对现实的政治弊端，来筹划出一套安邦利民的大计，使人民的生活得到改善，真是做到像范仲淹所说的“先天下之忧而忧，后天下之乐而乐”的境地，与陈义过高而流弊太多的乌托邦理论是绝不相同的。他是积极努力突破他所处周遭恶劣凶险的环境，拯救庶民于水深火热之际，又能知体民意，稽古仁政，审时便民，使人民享有风调雨顺、五谷丰登、和平乐利、快乐安详的生活。这些都是儒家平实而可行的作风。所以他研究学术的目的是既单纯而又实际，本末兼顾，切实可行，必可挽救当时的狂澜，开万世之太平。

2. 治古学的方法和态度

综观历代学术思想，后人的思想多少总要受到前人的启发，所以必须“推陈出新”所获得的理论，才是有本之学。尤其生在理学昌明时代的他，自然不能不受理学的影响，于是谈心论性，议才辩气，把他最高的境界归诸“神”，自是难免。凡是倡导政治理论的人，因为要使群众深信不疑，往往寄托古圣先贤以自重，于是有谋改制而托古的，有欲矫时弊而复古的，有想革命而反古的，有图遂一己的私利而窃古的。真是花样百出，无奇不有。为达目的，常常不择手段。方孝儒的治学方法与态度，与前面诸说大异其趣。诚如他自己所说的是要“上鉴千载之得失，下视来世之是非”。他戴着历史的望远镜去鉴往知来，品评得失，分辨是非，而不是把自己主观的利欲置入其中，作为取舍的准则。他认为只要可以利天下，裨教化，他必定坚持到底，不屈不挠，直到完成为止，绝对不会顾虑一时一地一人的毁誉而放弃呢！真是择善而固执，锲而不舍，奋斗到底，知其不可而为之的儒家传统精神。

因此他做学问的态度是从“疑古”着手，在有疑的当中找到不可疑的东西，以期获得最后可信的真理。在他的文集中，时时透露出这个消息。他认为文武周公所作所为，本来应该不可损益的；可是假使有圣人生乎其后，怎么知道他的所作所为无法损益呢？基于这个道理，从前的人认为“是”的，不要冒昧地去相信它是“对”的，必须详详细细地加以考察；前人认为不对的，同样的也不可匆忙地断定它是错的，必须详加察验，以为征信。由此以推，做学问也未尝不是如此，他以为“治经不可无疑”，一个善学的人，必须具备“始于有疑而终于无可疑者”的条件。他自己最喜爱《周礼》，但他对《周礼》却怀疑得最厉害呢！当时的人每爱托古，可是古今之理一也，因此他认为一个人品德足以为“法则”的话，何必一定出于“古”呢；言行如果不违背“常道”，何必一定要见于经传的才是对的呢？

分析他的说法和见解，可见他是个有见地的人，不受时风所笼罩的人物，而且具有科学头脑，富有怀疑精神的人物。他不独怀疑古书，要细加考证，甚至经典也在他的怀疑之列。在那时候，经典是何等的崇高和伟大，怎可随便怀疑的风气下，他的确是开了风气之先。为了要对真理负责，所以他连经典也作了怀疑。不仅如此，他觉得怀疑古书，甚至怀疑经典还不够，还要批评古人，另定是非，使真理真正地兀立在每一个人的面前为止。生长在风气闭塞，环境保守的他，为四书五经的经典所笼罩下的他，敢提出这许多问题加以讨论，还在大放厥辞，该是何等大胆，何等的科学，何等地富有创造的精神和开明的才智呢！

3. 思想渊源与内容

·渊源

明代理学，初由宋濂、方孝儒、曹月川开其端，继由河东薛敬轩、三原王介庵兴起于北，崇仁吴康斋、白沙陈献章兴起于南，都是尊崇程、朱而宗程、朱的学派。

方孝儒幼从太史宋濂读书，濂字景濂，金华人，他的学问是上溯到王鲁斋，远承朱子，是理学中程、朱一派的嫡传。前面提过，孝儒从景濂游，前后达六年之久，尽得其传。显然，他是承受宋濂的理学。此外，家庭教育，对他更具有深厚的影响。孝儒本是家学渊源，书香门第，他的父亲克勤公，曾经寻讨乡先达授受的源委，一一为他加以解说，到达寝食几废的境地。孝儒的思想形成，实得力于宋濂之学和克勤公之教，因此他的思想是渊源有自的。孝儒尊儒崇孔，所以于儒家经典无所不读，其得之于心，发而为文，也是儒家思想的展现。在儒家经典中，他最酷爱《周礼》，同时对它也怀疑得最厉害，他写了《周礼辨疑》四章，再三对《周礼》致疑，相对地，他确信它是周代的遗书，有许多规模宏伟，虑民周详的典范在其中呢。他的政治学说，得力于《周礼》的启发实在太大了。

·内容

孝儒经常以圣贤自任，世俗的琐事，绝不关怀。他认为“入道之路”，再没有比公私义利的辨别更为急切。当你的念虑发动之初，必须“静以察之”，如果你的理智不在此时此地对“念虑”有所管束，那好比是纵盗入室，其他的就无可为力了。基于这个理念，他特别强调属于君子的仁义之利，他说：一年的辛劳，是为数十年的利益；十年的辛劳，是为数百年的利益的，君子才会去做它。君子之谋求利益是在“利人”。小人之谋求利益是在“为己”。这个分辨，也是在一念之差而已。所以君子是以义为利，故能利人；小人以利为利，因而只能利己。他非常注重周子的“主静”，以为只要“主于仁义中正”，自然心无旁顾，万念俱寂，就会“未有不静”；并不是只在强制或压抑自己的“本心”，像木头石块那样了无生气，而不能应物，凡是圣人本来未尝不动心啊！

方孝儒的思想体系，是主张要从“小学”开始训练，所以写了《幼仪》二十首；说要化民必定要自“正家”开始，于是写了《宗仪》九篇；说王治是在尚德而缓刑，于焉作了《深虑》十篇。同时，他以为道体事而无不在，于是必须随时随地留心，因此写了《杂诫》，必须自我警惕。自思想体系观之，黄宗羲认为他持守严密，刚大的正气，和紫阳（朱夫子）在伯仲之间，特别推崇他为“有明”的“学祖”，将“伊、周、孔、孟合而为一”，集于一身了。

孝儒在理学上是程、朱学派的传承，居于继述和开山的地位。他的思想内容独特之处是在“逆推底极”的理论和强调民族思想的精神。前者构成他的文学理论和政治思想的根基，后者是他的地方自治、平均地权、君主立宪诸学说的张本。“逆推底极”，我们在文学理论章会特别加以介绍，在此我们先说他的民族思想。

明代思想特色之一，是在注重民本、民族的观念，上复先秦古学，下开近代风气。明初的刘基、方孝儒和明末清初的黄宗羲、王夫之，分别代表这两种趋势，都是针对专制天下的弊病而加以最严厉的攻击。方氏的民族思想正是举着民族的大纛，向沉寂已久的思想界进军，唤醒那些沉迷心性之学的理学家们，该起而鸣鼓攻之的时刻到了。

当然，方孝儒提倡这种思想自有其时代背景和社会需求。我们不妨略加叙述。

民族思想本是春秋的古义，夷夏论后，千年中几至息绝。到了元末明初才死灰复燃，至孝儒始加以发扬光大。

明代以前，中国曾两经大规模的外族侵略或征服。前有北朝，后有蒙古。魏晋时代，佛教盛行，玄谈之风，遍布知识分子之间，士大夫多受其麻醉，以致麻木不仁。除了道士利用种族文化观念作为卫教的工具外，儒家学者殆少有申明膺攘之义的。所以王通目睹隋代汉族光复中土，甚至惜于南朝衣冠文物的沦亡，还不免本贵民的旨意以帝元魏。此后之儒，更不在话下。赵宋时代，理学方兴未艾，理学家专心一意致力于身心性命的学问，三纲五常的德目，但是对夷夏的大防，反少致意，真是只见秋毫，不见舆薪呢！所以蒙古入侵，而程朱派的大儒许衡竟然替敌人谋划定制。他告诉元世祖说：自古立国，都具有规模，只要遵循和实践它，治功就可期而至了。他又主张区域不同，制度宜异，说："幽燕食寒，蜀汉食热，反之则必有变。"根据斯理论之，所以元朝的"国家当行汉法"。推测许衡的意思，只要夷狄能行汉法，虽是异族也可以为君，三纲五常须正，而华夷可以不别。然而出乎其预料之外的是，类殊心异，不可同群；用夏未能变夷，奉夷卒以陵夏。九十年中，蒙古黑暗统治的史实，昭然若揭，历历可数，许衡地下有知，必会大失所望的。

及朱元璋起兵江南，才根据民族仇元的心理，明白揭橥攘夷的旗帜，大声呐喊驱逐胡虏，恢复中华的口号，在他的《谕中原檄》一文上说：

自古帝王临御天下，中国居内，以制夷狄，夷狄居外，以奉中国，未闻以夷狄治天下也。

亿兆之中，当降生圣人，驱逐胡虏，恢复中华，立纲陈纪，救济斯民。

遣兵北逐群虏，拯生民于涂炭，复汉官之威仪。

归我者永安于中华，背我者自窜于塞外。盖我中国之民，天必命中国之人以安之，夷狄何得而治哉？

这篇檄文，词旨激厉，气壮山河，是我国二千年以来首创罕见的革命宣言，也是中国最先表现的民族国家观念。檄中虽仍承古义，以文化区分族类，然则其中“中国之民，天必命中国之人以安之”一语，已和民族主权之意很相近了；而中国居内以制夷狄的话，更略含帝国主义者所倡优秀民族之说。这些名堂，都是由九十年异族凌辱过程中，在痛苦悲惨的经验里，所酝酿出来的，也是二千年来文化传承的觉醒，代价虽高，结果却大。

方孝儒的民族思想是承《谕中原檄》之意加以引申，加以光大的，把这种思想附着在历史正统来讨论。他以为中国历史中朝代的相承有“正统”、“附统”、“变统”的区分。三代之君，取位以正，人皆华族，而其守天下，也能克尽君职，毫无怠废。所以二千年来足称“正统”的，只此而已。汉、唐、宋的国君，取位并非篡夺，为人也非夷狄。虽不近乎三代，可是其主都有恤民的心，也算是圣人之徒，称它作“附统”。至若晋、宋、齐、梁、陈之君，取天下不以正，假使全有天下，也不可以为是“正”的；秦、隋的国君，不用仁义去保有它，假使能传百年，也不可以为“正”。再像夷狄而僭中国，女后而接天位，治如苻坚，才如武氏，也不可以为“继统”。这些都是属于“变统”，论史的人所当贱视，不可和正、附二统等量齐观，一视同仁。

孝儒特别注重以取位、守位的正变，来区分君统的正变；再仔细研究，他实在是重“取位”而轻“守位”的标准。所以正统继世的暴君得尊，变统继世之贤君并贱。取位的标准有二：一是君臣之分，一是华夷之辨。方氏虽以篡臣、女后与夷狄相提并论，事实上他排斥夷狄的言论，更为详细激切。他在《正统论二》一文，征引《尚书》、《诗经》、三《礼》、《论语》等典籍以证明自古夷狄之辨的大义，昭然若揭，尤其特别强调孔子美管仲攘夷狄而得为仁者的话，就是这个道理。中国固有而可贵之道，明白地揭示是在攘夷是天理的本然。而夷狄之人，侄母蒸杂，父子相攘，没有人伦上下之等的分别，也没有衣冠礼文的丰采。所以先王把他们像禽兽一般地畜养，不得跟中国人相提并论。因此他们不是和华夏同类，这是分别夷夏的通则。能够这样，然后褒贬才能明确，劝戒才能显著，也就可以正统尊，奸邪息，夷狄惧了。

他这一套思想理论，五百多年后变成了国父所揭橥民族主义的张本，是把直刺满清政府心脏的利刃，终于唤醒国魂，使汉民族自满清黑暗统治中被拯救出来。他的华夏之说，夷狄之辨，正统、附统、变统的正名，其作用不可谓不大。

另外，必须一提的是方孝儒的怀疑态度和科学精神。他的怀疑态度，在“治古学的方法和态度”上已提过；至于科学精神，在他的行为细节上可以看出。他一向主张要有科学精神，所以必须先破除迷信，所以他是个极端破除迷信的人，甚至连替死人念经、打醮，都对他的族人严加禁止，所以他绝不会向土木偶像作任何祈祷。自然，他对国君和君权也不迷信，国君不是什么“替天行道”的“神”，君权更非神秘兮兮的理论；君主只是公仆，替人民服务的仆人呀！他有功于民是应该的，不值得大费口舌去歌功颂德，干不好，庶民就该群起而诛之了。他具有了这个理念，所以才在地方自治、平均地权、君主立宪的政治思想上大放厥辞，高声呼喊着民权、民生的思想。如果他不是极端破除迷信、富有科学头脑和精神的人，怎么可能有如此先进开明的念头呢？在他的文集中，仅有三篇告鬼神的文章，一篇是《祈晴》，一篇是《告风伯》，这显然是借题发挥，痛骂那些腐败无能的地方官吏；另外一篇是《告佑顺侯文》，简直是“取瑟而歌”，一字一句都是唱给皇帝听的哩！

4. 文学思想

·渊源

前面提过方孝儒曾师事宋濂，前后达六年之久，所以他的文学理论无形中受到老师的潜移默化，以致受到他的影响，是无法避免的。所以在没有谈到孝儒的文学理论之前，宋濂的文学思想势必值得一提，也必须一提，才能在传承过程中，更清晰地了解孝儒文论的见解。

宋濂是明初大儒，又是开国功臣，尤其他那醇深演迤的文章，和唐宋古文相较，毫不逊色，开启了明代文风之先，在文学史上是个举足轻重的人物。不但如此，而且他的学问又以义理为宗，因此他的作品除形式之外还兼顾到内容，也就是说形式和内涵并重。所以他是集以前正统派的大成，使古文道学合而为一，兼收并蓄的大家。

他认为要文章言之有物，持之有故，贵在复古，复古首在尊经，《六经论》上说“六经皆心学”，因而心中的理没有不具备，所以六经的言论没有不该洽，可以说“六经所以笔吾心之理”的了，因为“五经孔孟”的言论，是唐虞三代“治天下之成效”所遗留下来的纪录。他最后主张文学的事，当以“圣人之文为宗”。

古文家讨论文章经常谈到“才”与“气”两个问题，宋濂的主张是这样的：他以为“才”是文的体，“文”是才之用，并且说“天下万物，有体斯有用”。一个人的文章必须“若稽厥初，玄化流行，品物昭著”。而圣人的才高，所以圣人的文章能够“斡天地之心，掌阴阳之权"，博大健硕，体密用宏，藏诸名山，传之久远；或大或小，或高或低，没有不"因才所受而自文"，并不是勉强可致的呀！圣人所写的文章有如此结果，是由于他具有圣人的才华，因此他所谓的"才"就是天生睿智的"才"。他这种见解，依然脱离不了道学家的窠臼。至于论气，他主张"为文必在养气"，气是与天地同在，如果能够扩充它，就可以"配序三灵，参摄万汇"，至大至刚，充塞天地之间了，不然却只是个"小夫"而已。气"郁积于中，摅之于外"，自然可成为文章，引而伸之，必会浩然充沛而有余了。气的来源，贵在能养，即孟子所说的吾养吾浩然的正气，宋濂也说"气得其养，无所不同，无所不极"。有了足够的"气"，然后"揽而为文"，就可"无所不参，无所不包"，如果圣贤得到了它，作成经传，成为天地的"至文"。所以宋濂论气，仍然可视为道学家的意见。

因此，宋濂的文论，只是承继道学家的道统而已，并没有特殊的见地。不过，在明初，在大乱之后的明初，具有承先启后的功劳。

方孝儒是宋濂的得意门生，濂在《送门生方孝儒还乡》诗中，曾对他极力称许，而孝儒于《宋学士续文粹序》中说：宋濂的学问"博而知要"，品德纯正，与世无争，尤其那"端介之气"是"充养有道"呢！当时不论国内外的人"闻其名，见其文"，没有不"咨嗟敬爱"的。又在《与舒君书》中，强调宋濂有功于世，可谓"至大也"欤！由此可见，孝儒之于宋濂的学问、文章、品德也是推崇备至。所以宋、方二人可说是师授徒习，薪火相传，难免彼此对文学理论的见解会有相同之处。他们相同的地方是在：

（1）宋说："道明而后气充，气充而后文雄。"

方也说："道"是气的"君"，"气"是文之"师"，如果道明气就会昌盛，气昌盛则会辞达了。

（2）宋主张著书立说的人"必期无背于经，始可以言文"；又说学圣人者“必法经以为文”。

方也认为：圣人的言论不可及，其中高妙的“足以发天地之心”，头一等的“足以道性命之源，陈治乱之理”，既然可以法诸天下于后世，垂之于文而无弊，所以就称它为“经”。凡是著书立说的人“必如经而后可”。

（3）宋主张凡是文章必须达到“明道”、“立教”、“化俗辅民”的境界，才能够得上“文”的标准。

方也以为：凡是文章的作用，在“明道”、“立政”二端，“道”是用来“淑斯民”，“政”是用来“养斯民”。人民不养就不能群居以生，不教就不能别于众物，所以圣人一出，创作了礼乐、教化、刑罚等名堂来治理他们，修订了五伦、六纪、天衷、人极的德目来矫正他们，这些理论都必须“寓之于文”呢！

若由这个方面来看方孝儒的文论全同于宋濂，只是文辞表达方式不同罢了。由于孝儒论文是前承宋濂，所以他的部分文论思想也和宋濂一致。

·文学思想

方孝儒于道学上本来有他独特的见识和主张，同样地他在文学理论方面也有他只眼独具之处，那就是宋濂于《送门生方孝儒还乡》诗中所说“生精敏绝伦，每粗发其端，即能逆推而底于极，本末兼举，细大弗遗”的“逆推而底于极”之慧识。我们研究孝儒文论，如果能在这方面着眼，加以钻研，也许可以看出他青出于蓝而甚于蓝的精华所在呢。为介绍的方便，我们分几个细目来加以说明。

（一）不推崇唐宋古文八大家

宋濂论文，固然主以道入文，但却依然推尊韩昌黎，推尊柳宗元，推尊欧阳修，推尊三苏；可是到了孝儒论文时并不如此，他在《答王秀才书》中，一再强调了这个观点。

他以为尧舜、禹汤、周公、孔子的心，表现在《诗》、《书》、《易》、《礼》、《春秋》等文章上面，而著书立说的目的只在“明道”、“立政”而已。如果除此而外去写文章的，圣贤之中没有一个是如此的，可是“后世务焉”。这个弊端是自六朝开始，而“盛于唐，甚于宋，流至于今”，却没有终止的一天。在他的眼光中，汉唐以降，只有关于“道德”、“政教”的著作，才是正宗的“文统”；此外尽是浮靡绮丽，无病呻吟的“陋文”。基于这个观点，他认为韩愈的文章除了《原道》外，都在他菲薄之列，至于其他各家在他眼中的地位可想而知。他所以会有这种主张，完全在于“逆推而底于极”的观念，他认为研究一个问题，必须追溯根源，到达巅峰，才能大彻大悟，了解个究竟。他把这种论调应用在文学理论上，所以就主张文章必须尊崇五经，因为那是圣贤的“心”所展现的地方，也才是真正关系着“道德”、“政教”的枢纽。

（二）由“才”“气”而讨论到“神”的境界

明初学者论文，都相同于古文家的见地，为“才”与“气”的问题争辩不休。而宋濂所谓的“才”与“气”，总是牵涉及“道”；然孝儒则由“才”与“气”进而讨论“神”的问题，似乎和“道”没有关系。他以为要达到“神”的境界，并非一蹴可几，而是必须糅合“才”“气”臻于“工”的田地，再一跃迈入“神”的境界。他对“神”的境界之描述是“寂然无为，沛然无穷，发于智之所不及知，成于巧之所不能为”，真是何等令人向往的妙境。他并且认为“工”是可下苦工夫去学而获得。“神”却不关乎努力与否，必须具备“心通乎神”的天才才可以达到像庄周、李白之流的著作。他们都是天才，所以其作品都是“心默会乎神”，所以表面上“无所用其智巧”，事实上却是“举天下之智巧莫能加焉”，其才华却完全流露在字里行间。

总之，他认为智巧是“才”，而“神”则超乎于“才”，是无所用其才。那是因为“才”所流溢出来的为“气”，“气”之所抒发于文章的是“顿挫阖辟”，是“驰骤反复”。只有“神”才不能无“智巧”而不可用“智巧”，所以他的文章“顿挫阖辟”而不至于“肆”，“驰骤反复”而不流于“繁”，如此才是“默会神通”，才够得上知变化之道，也才是真正底于“神”的境界。

（三）“逆推底极”的调和

孝儒在“文”与“道”两方面都是“逆推而底于极”，最后加以调和，诚是发挥得更淋漓尽致，鞭辟入里了。本来推而至极，难免发生矛盾和冲突。宋濂的文论，即建立在两者调和论上。如今他在这两方面都是“逆推而底于极”，那便不成为调和，而是矛盾，而是冲突。然而方氏高明的地方就是在却能依旧不违背师说，依然重弹调和论。这种本领，才显出他的好手法。

孝儒有篇文章叫《张彦辉文集序》，这是研究他的文论很重要的一篇论文。他在文章中，提出文章和其人相类的见解。“文”与“人类”的说法，并不是顶新鲜的事，本来也不是他的创见，早在六朝的刘彦和（勰）《文心雕龙·体性》已经说过。不过，方文的妙处和重要性，是基于“文与人类”的理论上，去沟通了“文”与“道”的关系。他认为从前称文章与政治相通，只是举其大概而言。进而求之，文章实与其人相类似，也就是文如其人。于是他从战国以下到明初列举著名的作家为例：如庄周著《庄子》有“壶视天地，囊括万物之态”，因而他的文章宏博放肆，飘飘然有如“云游龙骞”不可自守；荀卿恭敬好礼，因而他的文章敦厚严正，有若大儒老师“衣冠伟然，揖让进退”，都具有法度典范；司马迁为人豪迈不羁，宽大易直，所以他的文章“萃乎如恒华”之高，“浩乎如江河”之流，曲尽周密，有如“家人父子语”，不尚藻饰，平易近人而终不可学等等。最后，他的结论是：

繇此观之，自古至今，文之不同，类乎人者，岂不然乎？

真是一针见血，入木三分的卓识伟论。他这种论调，至少产生了三种作用。那就是（1）调和了古文家与道学家的见解，（2）调和了古文家与道学家的文论，（3）承认了古文与道学的价值。我们在此分别一一加以叙述和讨论。

（1）调和了古文家与道学家的见解

孝儒在《张彦辉文集序》中，上下古今，如数家珍，对所有著名的文人，衡量殆尽，结果证明了文之不同，类乎其人。在他所列举许多例证中，我们应该注意的是，他的看法与《文心雕龙·体性》的论调不同。《体性》篇说："触类以推，表里必符，岂非自然之恒资，才气之大略哉？"可知彦和的标准很简单，仅仅指才气而言，别无他意。至于孝儒所论却大异其趣，或指学问，或指思想；便不仅侧重在"自然"的，或"先天"的等方面。所以从这点而论，"文"与"人类"的关系，不只是个性的关系，更有学问或思想的系联。换句话说，它们之间，不仅是"文"的关系，更具有"道"的关系。个性不同，所以文章的风格随之而异；学问不同，或思想不同，所以文之实质也会随之而异。因此"文类其人"，可以分别在"文"与"道"两方面看出彼此息息相关，密不可分的关系。然而，孝儒的卓见，便在这方面调和了古文家与道学家的见解，使他们自今而后不仅不再分歧，或对立，甚至冲突了；并且二家之间是呈调和的状态，相辅相成的关系。

不仅如此，他更进一步地强调"不同者'辞'也，不可不同者'道'也"的理论。虽人人的文章有不同的地方，"犹其形也"；然"天下之道，根于心者一也"。尽管天下的文章形貌各不相同，可是天下之大道根于人心，古今中外尽是一样的呀！既然根于心者是一样，那么出于心之理也是一样，古今之理又是一样。文为心声，写作文章必须“道明则止”，那么古文家的“文”和道学家的“道”，又有什么两样呢？所以那些无谓的纷争，自可休矣！

（2）调和了古文家与道学家的文论

所谓“学问”与“思想”是不同的，固然可为“文”的不同之原因，然而在儒家思想传统的观点上，未免有些不合，所以他必须强调文章不同的是“文辞”，不可不同的是“道理”。于是他再引申文章的目的虽在明道，而声音、笑貌，则随人而殊。这样说来，“道”虽不可不同，仍不和“文与人类”的见解相冲突，自然古文家的“文”和道学家的“道”是并行而不悖，相辅而相成的。由这样的观点上言，他又调和了古文家与道学家的文论。

然而，孝儒之说，更不限于此，他再继续加以阐发，认为“道”本是高深莫测，不易明白的。“道”虽相同，而有至有不至的条件，自然“文”也有至有不至的现象。依照他的理论推来，所谓“道明则气昌，气昌文自至”的说法，“道”至不至，与“文”之至不至，具有密切的关系。古者圣贤之文，“文”与“道”俱至，这是最高的标准。后人所以不能达到这种地步，究其原因，或者重道而轻文，造成“弛慢不思，辑陈蹈故，混不加修”的结果，而自以为明道。这样，无论他于道是否能明，而所作文章已不成其为文了。他的病根是在只师其道而不求于文。有求于文者，或如优孟衣冠，出于摹拟剽窃。孝儒批评说“袭其辞而忘道者，不足与论”。或者剽生抉怪，自称不师其“辞”，而文章结果写成至于不可句读的地步，这又由于求于文而不师其道。所以师其辞者固非，而不师古者之道亦非。因此，他的结论是：必须“道”与“文”兼备，二者合则双美，离必两伤，所以强调“善学文者”，务必“师其道而求于文者”，能如此才能“道与文俱至”，才能得圣贤的真传。于焉，他又从这方面调和了古文家与道学家的文论。这也是方孝儒文论的中心思想。

（3）承认了古文与道学的价值

方孝儒持着这样的观点论文——重在文与道兼至，所以同时兼顾承认了古文与道学的价值，使它们公平而又永恒地在人类的精神文明中，各自扮演着重要的角色，而不是互相鄙视、怒骂，或矛盾、冲突。他以为人想要传之久远而不朽，可从“文”或“道”上下苦工夫。因为人好其“文”则其言传，于“道”能明则其言也传；所以文至者“传”，而道至者亦“传”。惟二者都不至者则不传是无疑的。因此他所谓的“至”，类似韩昌黎的“能”与“异”。昌黎以不循常为“异”，以自力树立为“能”，所以不是怪异而是超越。“文”之至者超过一般人之文，所以成为“能”为“奇”；“道”之至者，超越一般人所明的道，所以也成为“能”为“奇”。他认为六经和孔、孟，是“道明”而“辞达”的圣贤作品，并且给“辞达”下了一个界说，“如决江河而注之海，不劳余力，顺流直趋”，找不到艰难辛苦的形态，必至于极而后止。他这个义界，就是指文之至者而言的。至于“道”呢？他说知“道”有若走路，至愈远则见识愈多，而言自是。因此造道深的话，而自得者必远，所发出的恒言卑论，都足为后世法。这又就道之至者而言的。

他强调文之至者，进而“放荡纵恣，惟其所欲而无不如意”，这就是孝儒以前所说“神”的境界。道之至者，进而“如凿井者数仞之后，将沛乎其莫御矣”，这也是他所谓“神”之境界。于焉，于“道”几乎神，于“文”也几乎神。所以说“苟得乎道，何患乎文之不肆乎？”文的肆不肆，原不应着意及此。倘若着意为之，必固执一端，便不是默会乎神。所以说：“文之不在乎奇怪也久矣，惟在理明辞达而止耳。”于是他所以一方面强调论文主神，而另一方面又极端重道轻文之故，便可基于这种关系上得到解释而不见冲突。他最后这样地说：“合二者而有之，庶几不愧于古乎？”更明显地承认古文与道学的价值。

综观方氏的文学思想，有意平息古文家与道学家的“文”和“道”之争。于是利用“逆推而底于极”的办法，调和了他们的见解，也调和了他们的文论，更同时承认了“文”与“道”同时存在的价值。他认为“文”主于“神”，“道”亦主于“神”，更又重道而轻文。文与道本是一体的两面，文在立言，道主立德，本皆不朽，而且可以并行而不悖，相辅而相成。往昔古文家与道学家各执一端，互不相让。至方孝儒始以“逆推底极”的方法加以调和，而达到两者相提并论，如车之两轮，似鸟的双翼，共生共存，互通声息的境界。

5. 政治思想和政治学说

研究过方孝儒的“文学思想”后，知道他是对理学有深邃的研究和具有丰富心得的人。因此，他才能“逆推底极”而调和了宋明理学家与古文家多年来的争执，使他们并行而不悖，共生共存，相辅相成。他对于政治思想和政治学说也是利用“逆推底极”的方法，自成一个独特，富有创造性、科学性，确实可行的系统，针对时弊，对症下药，想把自己数十寒暑所饱受的兵祸、战火、暴力、苛政等等，借着这些思想和学说，推广实施，收到天下太平的功效。他这种推己及人、人溺己溺、人饥己饥、以天下为己任的精神，充分流露在他的文集中。今天我们所能看到二十四卷文集中，除最后两卷是诗歌外，其余的几乎每篇文章都直接或间接地含有他的政治思想和理论，我们根据沈刚伯教授的研究，加以综合介绍如左：

·正德、利用、厚生

治民之道，是在正德、利用、厚生三方面而已。圣人治理天下，本来不是标新立异，只是尽这个“道”罢了。方孝儒当初读《诗·大雅·豳风》，看到周朝的祖先“积累之盛”，因而知道周朝所以兴盛的理由。那时还奇异地问：周朝立国八百年，为什么会持续那么久呢？后来读《周礼》念到大司徒乡大夫州长党正的办法，然后慨然感叹地说：周王“虑民”是够周详的，于是答案就在这里了。孝儒以为：

治理天下是很容易的事，但是“莫难于一天下之民心”；民心是可以“一”的，“莫难于使民心咸出于正道”。但是《周礼》的办法只是告诉我们：正德、利用、厚生三件事而已！

正德、利用、厚生三者中，以“正德”最为重要，是“圣人尤以为先”的工作。因为老百姓没有东西“养生”就会死，没有工具“致用”必定会劳累，没有办法“正于其德”一定是愚笨的。站在利害关系上比较而言，“愚”并不比“死”来得厉害，来得严重；在“义”上说，生不厚最糟糕的莫过于死，如果人不知德，必会至于为乱。基于这个道理，所以圣人首重在“正德”，他的办法是这样的：

宫室衣服，规定他们要朴素而相同；坟墓要由族人来共同祭扫；兄弟、师儒、朋友要密切联系；“比闾族党”，要他们互相“保、爱、葬、救”；州和乡之间，要彼此“相赒相宾”。“读法”或是一年举行一次，或是一月举行一次。好而值得赞扬的，把它记录下来，惟恐来不及；过错稍微显著的，规戒他，惟恐不改正。白天、晚上提掇督励这些老百姓而加以训勉的办法，虽是父兄来教育子弟，也比不上它的周密。

这个观念引发了他的地方自治理论，注重彼此互助合作，严格管教，加强机会教育，增进地方福利的张本。在“利用”方面，《周礼》也有一套完整的办法，孝儒说：

那时候的人民，不在田庐，就会在“族师闾胥”的庭院；不是从事稼穑工作，就在闻仁义礼乐的教化。在搜狩打猎时就练习弓矢，使他们具备自卫进而卫家卫国的能力。祭酺的时候，就“肄俎豆”，利用机会教育使他们学习礼仪，约束其心性。不曾让他们“暂放其心，而弛其力”呢！

能够“正德”、“利用”，其结果必能“厚生”，所以人民有忠顺而无乖逆，可使以“义”而不可刮以“势”。自然民生富庶，国富兵强了。所以周朝六七百年间，强诸侯有如狼顾鸢视地窥探周室，而“莫敢先发陵上之言”，一直到周礼尽废以后才放肆起来，因此“道”能化民的功效，夫岂微哉？他的政治思想体系莫不本着正德、利用、厚生的思想为基础，而加以发扬光大，于是形成了他的地方自治、平均地权、君主立宪三大套一贯的思想体系和政治方针。所以他的政治学说是本诸周礼“推陈出新”有根有本之学，可以说是开了明代的风气，也是启导三民主义的先声。

·地方自治

方孝儒的政治思想和理论的第二个重点是地方自治。由于中国地大物博，人口众多，天高皇帝远的事实，而地方官吏如果是循吏自可得到较仔细较公平的照顾，若遇到酷吏那就苦不堪言了。他深知“人君之政，岂能皆合乎民心”，于是在他的理想中，必须急于另外筹谋补救的办法，于是他“放乡邻酇鄙比闾族党之制，执其中而用之”，初步拟就详细周密的地方自治办法：

他首先把人民组织起来，民家十家为睦，有睦正领导，使各家彼此相亲；十睦为保，保有保师，使各睦能够互助；十保为雍，有雍长，使各保众而无争。把地方民众组织起来后，必须施以教育，因为教育才能使人了解人际关系，增进知识，能够分辨是非，培养品德，使他们的言行懿美。所以他主张同雍的人，在每月的吉日，都到睦正的会议室。睦正中坐着，其余的人立而侍，老者侍坐。大家相聚一堂干什么呢？睦正叫年少的一人朗读古代嘉言懿训，念完后，睦正加以阐释，同时劝戒他们，有者则改，无者嘉勉，大家都恭敬地作揖而听。这样还不够，还要让百姓能够了解国家法律规章，才不会误蹈法网。于是叫另外一个人朗读“邦法”，完毕，睦正起立加以宣达说明，大家面向北跪着听。这些都念完后，还要来个机会教育，把全睦的名单都造册登记上去，在上面注明他们一个月来的行为表现，好的坏的都一一登记有案。还把他们分成好几个等级：无恶的为“上”，善多恶少的“次”之，善恶均等的为“中”，恶多者为“次中”，无善的为“下”。睦正向大家敬酒，次序都按照品行的优劣为准则。名列“下”等的，既不畀酒，又不命坐。经过三年的考核，三年而无恶的，禀告于县，再恢复他的身分；三年而无善的，处罚他们，要他穿与众不同的衣服，使他为人所不齿。如果能够改正，就免除这些处罚。所谓“善”的德目是包括：孝、弟、亲邻、恤赏、助同睦、敏好学。其“恶”反是。这是一般普通的成人社会教育。

另外，还有成人学校教育。每保设立学校用来教育十睦里的“秀民”，四时各一会，有如睦制而较省略。教学方法和教材内容是取“孝弟忠信”作为行为准则，取“端庄和敏”作为品德标准，取“治经”而能够知理，“射”而中，习“礼乐”而安，知“书数”而适于应用。每月考试一次，以为“升”、“黜”的标准，升级的话就入雍学。雍也有学校，教学方式跟保一样，但更加详细深入。经过雍考试后，好的就“升于县而复其家”；差的就黜于睦，“俾家之修”

（等于现在的"留级"）。自修而有心得，就再教育之，达到标准再升级。凡是睦中的民众有不通达的地方，就去请教"诸正"，诸正不了解的，就去问"诸学"。这个计划如能实现，国民教育自然普及，知识水平必可提高。至于睦与保内的人，碰见时互相作揖打招呼，有工作时互相合作，言语时互相谦让，喝酒时互相命召，个个彬彬有礼，风采翩翩，大家和睦相处，快乐安详。

这个办法是方孝儒二十八岁那年所拟就的。揆诸史实，自赵宋始，各地方本来早有乡官、地保的基层行政单位的设置，受政府的命令，办理力役，征发及户口迁移等事务。孝儒的构想也是设立睦正、保师、雍长，也是由政府任命升迁。这种办法仍然不是真正的地方自治，而且流弊很多。这种吃力不讨好的差事，是好人所决不肯干，而坏人却可借此以勾结地方官吏，狼狈为奸，鱼肉人民。孝儒后来发现了这个弊端，也确实修改了这种主张，使其成为一种名实相符真正地方自治的组织。他的办法是利用"宗法社会"的"族"为单位，使人人根据血统的天然关系，基于感情的基础，各尽其相爱互助的义务，来推广教育，经营各种重要地方事业，他认为读书人有无职位唯一可以"化成天下"的那就是"睦族"一途。因为"有族者皆睦，则天下谁与为不善；不善者不得肆，至治可几矣"。他更是相信君子之道"本于身，行诸家"，然后推行于天下，而使天下人都被其德泽。他曾自谦地说：自己的德行不能够"化民"，却有志于"正家之道"，于是他写了《尊祖》、《重谱》、《睦族》、《广睦》、《奉终》、《务学》、《谨行》、《修德》、《体仁》九篇文章以告宗人，要他们身体力行。其中以《睦族》、《广睦》、《务学》和《体仁》四篇中有关地方自治的办法最为具体，我们分别将其摘要介绍如下：

（1）《睦族》 文中说明除合族"月一会于祠"，以祭祖宗、训族人，以崇孝道，教育子弟，互相联络感情外，最重要的是在设置公田同学校，并设立“典礼”、“典事”、“医生”、“老师”等人员，分别司理族人的吉凶之礼，帮助族人中自家无法胜任的事，治疗全族的疾病，用“孝弟”、“忠信”、“敦睦”教育子弟，完成全族自力自治的标的。

（2）《广睦》 就是把睦族的基础推广于“乡”，实施于乡。宗族每年举行燕乐之会四次：其节目是子弟二人为执礼以佐酒，二个人吟诵诗歌，二个人讲说嘉言懿行。每岁举行的礼仪聚会凡三次：典礼时以“谱”至，向北坐，把它宣读一遍。长者叫大家坐下，大家坐着聆听，凡是写在上面的名字与行为纪录，不论善恶，通通报告出来，毫无隐瞒。礼成，在南楹的东北向设席宴客，在上座写着“旌善之位”四字；善行多的人，长者请他饮酒，卑少的都礼拜他，表示敬意。又在南楹的西边写着“思过之所”四字，凡是登记有案的累犯，都卑立在那里。长者于是来个机会教育，凡是“谱”上“所列传绪盛衰绝续之故明言之，而告以常训”。乡党之制，是每年燕乐一次，仪式和宗族所举行的一样。参加这种大会有严格的资格限制，凡是族人、乡人不能参加的有下列八种情况：悖伦纪的、斗争的、相讼的、使酒而酗的、博弈的、犯过累书于“谱”而不改的、暴虐乡里人的、言论虚伪而行为乖违的。这些人都是君子所唾弃，自然被褫夺公权，禁止参加。

（3）《务学》 方孝儒在科举制度的笼罩下，八股文的窠臼里，却不同流合污，随波逐流，反而持有自己独特的教育观。他认为求学的目的不在于“名誉爵禄”，而在“学为人”，“学事人”和“学治人”，使自己的人格升华，具备人性的尊严，而异于禽兽。所以他强调人要“自异于物”的话，就非求学不可。他这种看法，简直是普及教育的主张，使人人都能如此，而非少数人只为仕宦之途而努力——这样大仁大智的议论，发表在五百年前，确是我们学术史上的光荣，教育史上的光荣！他是我国教育史上一颗璀璨的彗星，不啻为今天学教育学的人士所瞩目的彗星！

他的教育方针是要“以行为本，以穷理、诚身为要，以礼乐、政教为用”。他主张因材施教，而不可强人所不能；师法古代的法制，却不可违背时代精神。他想要设立的学校有小学、大学两种。

小学：七岁入学，教育他们了解“孝弟”的重要，借以端正其根本；教导他们歌谣讽谕等科目而能切乎理智的，借以启发他的智慧；利用“群居”训练他们能“合群”，送给他们东西而要他们知道礼让的风度，“慎施朴楚”，借以培养“羞耻”的观念和荣誉感。至于学童本身的素质，如“敏者”、“木者”、“柔者”、“强者”等等，都有一套教育的方法，使每个“童子”均能“质成”呢！

大学：凡是大学生分以下四系修习，它们是：道术、政事、治经、文艺，这就是古代所谓的“四教”。并且强调教学需要由理论而表现在行为上、生活上；也就是理论与经验相结合，理论和生活结合。如果“行不修”的话，就将他开除。以“政事”一系言，选择“通明才智”的学生来修习，教育他们治理人民的八种学问：制产、平赋、兴教、听讼、御灾、恤孤、御吏、禁暴，当然那时的系所修习的课程范围是相当庞大，包括了今天的经济学（制产）、财税学（平赋）、教育学（兴教）、法律学（听讼）、天文、土木、水利学（御灾）、政治学（御吏）、犯罪学（禁暴）。他特别强调的是为政之精神——“悉民情，知法意”系政事的根本。而且在他们学习过程中，必须严加考核，“试以言，授以事”，观察他们是否能学以致用，胜任愉快。至于道术、治经、文艺各系也是一样，都是必须“试之之日皆以月终，皆欲其称其教之名也”。

我们就他在政事系中所列的八项课程而言，无一不是针对当时的实际工作，实际需要去设计而开设的。由此可见，孝儒的意思实在是想起而行之，去除理学家徒托空言的弊病，谁说他喜爱纸上谈兵呢？

（4）《体仁》 政治的目的和功用，依方孝儒的说法看来，不外乎“养民”和“教民”。前面所论“睦族”、“广睦”、“务学”三事，是他以“族”为单位而设定的“养”和“教”的办法，《体仁》这篇文章则是他由“族”推广到“乡”的教养之法。

他特别强调“俾有余补不足”的观念，所以“圣贤”非为“己”设，而是以为“愚”、“不肖”之资；“财货”非富“匹夫”，而是“将俾分其余”来“补人之匮乏”。这和国父在《民生主义》所讲的“互助论”不谋而合，真可谓古今英雄所见略同。方氏想将这种理论“试诸乡间”以为政本。每乡推选“才智赀产”殊绝于众的人，创办二廪三学；二廪，所以养民；三学，所以教民。他的办法是这样的：

廪：每年夏秋丰收时，自百亩以上的人家，都把稻麦纳入公廪中，衡量该家的人口之多少而决定纳入的稻麦的多少，少的不可低于十升，多的不超过百斛。叫乡长“表籍其数”，大家“阅守之”。大概估计一下，这样每年可得千斛的稻麦，储备用来救助“凶荒札瘥及死丧不能自存者”。稻麦出入仓廪的原则是“其入也先富，而出也先贫；出也视口，而入也视产”。有钱的，财产多的必须多将稻麦纳入廪中；而贫穷的，子女众多的却是最先救济的对象。

学：立师一人，选择有德而服人的担任；另外设置司教、司过各二人，司礼三人。每月吉日，乡人都穿着整齐，相率谒学，有空暇就游于学，问乎师。有违过的，老师将加以管治；有悖教不良的，老师将加以处罚。

打开历史，后汉“义学”之兴，是由于地方官吏的劝导；隋代开皇间设“义仓”，则纯粹出于中央政府的命令，都不是人民自动的地方组织，自然人亡政息，未能行之久远。宋代范氏的“义庄”

确与政府无关，然而其目的只在补助族人的“有嫁娶丧葬而力不能举者”，并没有自治的意味，而且仅限于“族”而未推广到地方——乡。蓝田的“乡纳”，以“德业相劝，过失相规，礼俗相交，患难相恤”为目的，而设有“约正”以主其事，其组织之大和作用之广，都超过范氏的“义庄”；然而参加退出均属“自由”，实在只是一种民间自由组合的“社团”，还够不上说是一个有组织，有纪律，有权利义务，永久而普遍的地方自治机构。迨方孝儒出，他才把杨仁、长孙平、范仲淹、吕大钧等曾经试验过的四种办法综合为一，取长补短，以形成一种具有永久性同普遍性，有纪律、有权利义务限制，人人必须参与的地方自治政府——这实在是我国政治思想史上一种最富建设性的创议与设计。而这种理想，在五百多年以后才由国父所倡导的“地方自治”而付诸实现。孝儒有知，必会含笑九泉。他在专制政体之下，固然不敢明目张胆地说废去府县之类的地方官，使人民免受无谓的鱼肉之苦。事实上，他的建议如真能实行久远，则朝廷所设的地方官吏必定形同虚设，自可逐渐废去。所以他明白地说：“试诸乡间，以为政本。”我们如把“政本”当做“政治的基层组织”来解释，未尝不是很具体而又符合孝儒之理论的讲法。

·平均地权

从前我国是个以农立国的国家，田地就是生产的财富，它是否平均，关系着人民贵贱贫富的重要因素。方孝儒有鉴于此，其政治理论的第三个重点是“平均地权”思想。他相信人是生而一律平等的，所以他说：“天之生人，岂不欲使之各得其所哉！”衡盱历史，在历史发展过程所造成的贵贱贫富大相悬殊的现象，实在是大乱的根源。所以他一而再，再而三地说：

我们都是“天民”，何以有贵有贱？而贵者何以肆力以虐贱呢？

谁贵谁贱？难道不都是“民”吗？谁一定穿着“文绣”的衣服，谁一定穿着“悬鹑”的衣裳呢？那些贱民呀，屈为庸隶，天呀！天呀！天宁不仁乎？

如今富贵不同，富者盛气凌人，“上足以持公府之柄，下足以钳小民之财”。政府救济小民的时候，小民不一定得到；有取于富家的，小民却已代缴纳。这样的现象，形成“富者益富，贫者益贫”贫富差距更大的结果，二者都是大乱的本源。例如历史上的陈涉、韩信。如果他们拥有一廛之住宅，一区的田亩，不必仰于人，就会终身做南亩的良民，哪有闲暇造反呢？

既然如此，所以他确信政治的重大任务是“用天所产，以养天民”，“使得于天厚者不自专其用，薄者有所仰以容其身”。也就是前面所说的“货财非富匹夫”，而是“俾分其余，以补人之匮乏”的理想。因此，他认为：

治国的大道，在于“安于均，定于分”。

“其为义也，必有义之政”，推而广之，政府的税收要有常度，花费时要有节制，“均之也有分”；疆界要防止争端，必须衡量以信多寡；饥寒的时候，减少力役的稽征，简略婚娶的仪式，多节约，少浪费。最后臻于“安生”“达分”的境界，唯有如此，才是合乎“义”。

政府要想使人民“安生达分”，首在“贫富均”。孝儒以为要使贫富均，最好的办法莫过于施行“井田”制度。理由很简单，因为“井田”实是“三代圣人公天下之大典”。当元末明初，经过多年的争战，死伤累累，人口锐减，已不及承平时的十分之一；又值新政府刚刚成立，威望甚高。基于这两个有利的条件，实行井田并不困难，只要“法立令行，实足以乘势有为，举而措之，无所难者”。

我们必须澄清的是他所谓行“井田”，实即类似今天的平均地权，或耕者有其田的土地政策，仅借“井田”之名而已，盖“井田”一辞，世代相传，为人人所共知，户户均能晓，孝儒采用它，实为说解方便罢了。他并非拘泥于《周礼》之说，想盲目地复古，只不过略师古人的意思，要使耕者各有其田，而且使彼此间多寡相差不太悬殊而已。至若实行起来，必定要兼顾到各地实际情况，和地方自治互相配合，分别办理，绝对不是硬把全国土地分为无数一般大的区域，再把每区都划成整整齐齐的九个方块，让每家自种一块，而再合八家共种那中间一块的那样。现在把他和朋友讨论井田问题的大意介绍如下，大家看了必定可以明了方孝儒并不像王莽、王安石之流，对《周礼》的研究生吞活剥，食古不化，以致所有主张都是乖逆时情，违背民意。

以吴、越二地为例，山溪险绝，而人民稠密，难道强要堙卑夷高，以尽合乎“井”字形吗？只是使人人有出，田各有公田，通力趋事，相救相恤，不失先王的美意，就可以了。而江汉以北，平壤千里，画成井田，就非常容易为力了。

在几十年大乱后，人口锐减的情况下，土地几经易手，原来疆界几乎全都泯灭的时候，土地政策的重新厘定，和疆界的重新测量，及耕地的重划，都属必要的。孝儒的主张不但是合乎实际需要，而且施行起来亦可通行无阻，进而可导致几十年或数百年的社会安定，经济繁荣，是可想见的。

·君主立宪

历代的英雄豪杰遭逢时会，以武力夺取天下，据为己有，而传之子孙——像这样的君主政体，方氏并不认为是合乎理想。然而他却无法否认历史事实，并且也觉得国家总不能没有政府，政府更不能没有一个元首，于是在无可奈何之下，只好承认这种“君权”，而替它在历史上寻觅其起源，并在道德观上找到一些根据。

他认为生民之初，并没有所谓的“君”，于是“众聚而欲滋，情炽而争起”，却无法自决，于是乎才有“才智者出而君长之”。“君”才在人群中出现呢！这种理论和霍布斯（Thomas Hobbes）在孝儒死后二百多年所发表的理论刚巧相合。（霍布斯，一五九八—一六七七年，英国哲学家、政治家，毕业于牛津大学。他的哲学祖述培根［Francis Bacon，一五六一—一六二六年，英国作家及哲学家，是归纳理论的创立者］，主张机械论及感觉论。当他推论国家的起源时也归根于感觉，谓人间行为全以求快感避苦为依归。人们为了避免强弱兼并，乃制法度，设君长，立宗教以防止它。）但是孝儒却不肯像霍布斯那样向实力低头。他只承认三代是“仁义而王，道德而治”，才可以称为“正统”，那就是真正合理合法合情的朝代和政府。以后所有各朝代不是“附统”，就是“变统”，实别有用心。如他始终不肯把汉、唐、宋纳入正牌的“正统”之系统，而又不得不给它一个附属于正统或是副牌的正统中。于此可见，孝儒的笔削之严，也可看出他的用心之苦。

总之，孝儒已看到君主政体的流弊太多，不过在没想到更好的制度之前，才不得已而对它作有条件的承认。

因此，孝儒对君主的要求是严格的、合理的、必要的。所以他对君主所定的必要条件，至少有下列三种：

（1）君职　他替皇帝明白地规定了“养民”的职责，并且暗示皇帝若不尽忠职守，便应当受到严重的惩罚。这是自孟子以后，千余年来所仅见的政治主张。他说：

上天立君的目的，不是“以私一人而富贵之”，而是派遣他来“涵育斯民，俾各得其所”。

上天立君的目的是为民服务，不是使其民奉乎君。所以凡地位在人民之上的“当养斯民”，本来就是“其职宜然”耳。设若“臣不供其职，则君以为不臣；君不修其职，天其谓之何？”上天必定会盛怒而殛毙他呀！

皇帝该是大公无私，他的好恶完全取决于人民。人民所爱好，皇帝也跟着好之；人民所厌恶，皇帝也跟着讨厌它。如果反是，有能率民去干数君侯而墟其庙，废其祀的事，这是“天之所甚予也”！

照这些说法看起来，方孝儒已将皇帝的神权剥夺尽净，也将他的淫威残暴一扫而光，只把他完全如同普通官吏一样地看待。皇帝也只不过是许许多多的公仆之一而已，事情做得好，是理所当然的，用不着加以恭维；若不尽职，便该杀该废，这本是天意，更用不着有所忌讳。在朱明暴政之下，敢发此论，真可谓气壮山河，富有震撼的力量。

（2）君量　他曾写《君学》两篇，认为人主要有“邈乎无为，澹乎无谋，以任天下之贤智，而不与之争”的气度。接着又作了《君量》一文，他特别强调：智周万物，才高众人的，可取天下，但不可守天下；仁义足以施法政，洽民心的，可守天下，但不能使天下悦而不忘。善用智的人，是在不用智而无不明；不以才自名的，会无所不成。所以“德洽合乎，而人莫能忘其仁义”，只有“量足以容天下者能之乎”！后来，他更借娄敬献策的事，大发议论，说唐太宗好学有谋，超过高帝；但是所为比不上高帝之“尽善”的原因是“量不若也”。

由此可见，孝儒理想中的元首不是逞能的，而是无为；不是才智出众的，而是体休有容。就用现代的政治术语来说，他所主张的正是“虚君政体”，也就是英国人经过几次革命，才能完全实现于十八世纪的那种“君主立宪政治”。

（3）君术　前面说过，皇帝既是应该“无为”、“无智”、“无谋”，那么他究竟将何术以完成上天所交付给他养民的职责呢？孝儒曾针对这一点提出了两项办法：

第一是重视丞相，而用人须专；

第二是礼贤纳谏，而尊重舆论。

他大概很不满意洪武十三年明太祖罢中书省（丞相）的策施，才拿汉光武作为他批评的对象，说光武不任二公以事，而改归于台阁，其后于是酿成宦寺之祸。三公之位，古代所谓“共天职，治天民”的了。如果能够择当世的贤才而置诸位的话，天子就可拱手而治待其成功了。他在论及黄霸做丞相而没有重大措施和优越表现的时候，却归其过到汉武帝身上，说汉武帝任人以位却不假之权，是不相信他。假之权而不采纳他的建议，实行他的政策，那和无权又有什么两样。所以用人时候不能尽其才，是人主的责任。

至若他对于人民的言论自由之重视，那就更为彻底。在他文集中，我们摘录其中几段，就可略窥一斑：

战国时代，功利炽而仁义销，游说行而廉耻衰，谲诈盛而忠厚的风气息矣。但是当时待士的礼节还存在，所以能够“广听周知，匡扶其国”。

世人谈到酷刑的，一定提到“秦法”，但是做宰相的吕不韦却广大罗致宾客以著书立说，书中都诋訾时君是俗主，甚至细数先王之过，肆无忌惮。

圣天子下诏书到达郡县。有志的人上疏以论天下利病，唐宋以还是常有的事。

方孝儒不独重视时人的言论，而且更重视史学家的褒贬，直把它看成一种极有力量的政治裁判和政治教育。因此，他很不满意《史记》里的条侯传，说亚夫之心难道是以穷困为悲戚的人吗？史迁不说他能“守官”，而只訾他“不逊”；不悲悯他死不以罪，而悲伤他的穷困——史氏之论如此，“何以信于后世”？他认为天子的赏罚只不过是“信于当时”，史氏的赏罚却是“信于万世”；天子的赏罚可以贵贱一世之人，但是史氏的赏罚却可以惩劝于无穷，荣辱于既死。这是孝儒的历史哲学，实在值得大加赞扬。他以为“君子谓史氏之柄不在天子下，彼以其位，此以其公”。这简直是把“无冕之王”的皇冠戴在历史学家的头上，真令几百年后学历史的人提高了莫大的勇气，产生最大的力量，也增加了无穷的责任。一位有勇气，有责任，有力量的史学家，真是任重而道远啊！

三、著述介绍

方孝儒著《逊志斋集》一书，原刊刻于洪武三十年。后遭明成祖磔死弃市，并且下令海内“有收其只字者，罪无赦”！以致他的著作绝而不传。过了八十多年，才有人敢“诵其言”。到了成化年间谢译写的《新刊逊志斋集后序》一文，曾提到该集有文集三十卷，拾遗十卷，为文千二伯（佰）首，总若干万言。成化年间去今也不过二、三百年而已，可是我们今天所能看到的，只剩下二十四卷的《逊志斋集》了。成祖时，毁弃他的作品一定不少，而后世传刻，自成化至今，又丢掉了十六卷，真是太可惜！方氏的著作如今所存，只是凤毛麟角而已。

为使读者能够进一步了解《逊志斋集》的内容。所以不惮繁琐，将他的作品一一列表介绍，同时也可从中窥见方氏高风亮节，耿介不阿之一斑。

《逊志斋集》表解

卷次	类别	题目	页数	备考
一	杂著	幼仪杂箴二十首 有序	○○一	
一	杂著	杂铭	○○四	
一	杂著	杂诫三十八章	○一三	
一	杂著	学箴九首 有序	○二○	
一	杂著	四忧箴 有序	○二二	
一	杂著	箴四首 有序	○二四	
一	杂著	克畏箴	○二五	
一	杂著	励志箴	○二五	
一	杂著	毁誉箴	○二六	
一	杂著	择交箴	○二七	
一	杂著	家人箴十五首 有序	○二七	
一	杂著	四箴	○三一	
一	杂著	九箴 有序	○三一	
一	杂著	慎斋箴 有序	○三四	

一	杂著	宗仪九首 有序	○三四
二	杂著		
二	杂著	释统三首	○四九
二	杂著	后正统论 跋附	○五三
二	杂著	深虑论十首	○五七
三	杂著		
三	杂著	君学二首	○六九
三	杂著	君量	○七一
三	杂著	君职	○七一
三	杂著	治要	○七三
三	杂著	官政	○七四
三	杂著	民政	○七六
三	杂著	成化	○七八
三	杂著	明教	○八○
三	杂著	正俗	○八二
三	杂著	重爵禄	○八五
三	杂著	正服	○八六
四	杂著		
四	杂著	周官二首	○八九
四	杂著	周礼辨疑四首	○九一
四	杂著	西伯伐崇	○九四
四	杂著	武王诛纣	○九五
四	杂著	毕命	○九六
四	杂著	檀弓	○九七
四	杂著	读三坟	○九八

八	杂著	考祥文	二二三	
八	杂著	诫妖文	二二三	
八	杂著	诮伯牙文	二二三	
八	杂著	吊茂陵文	二二四	
八	杂著	吁天文	二二五	
八	杂著	告风伯文	二二六	
八	杂著	里社祈晴文	二二六	
八	杂著	告佑顺侯文	二二六	
八	杂著	核咎赋	二二八	
八	杂著	静学斋	二三〇	
八	杂著	悯知赋哀叶廷根	二三一	
八	杂著	友筠轩赋	二三二	
八	杂著	郑氏四子加冠祝辞	二三三	
八	杂著	释思辞	二三五	
八	杂著	文会疏	二三六	
八	杂著	建祖祠移族人疏	二三七	

上八卷是方氏杂著类，也是他的思想、主张、理想所寓寄的地方。文中多微言笃论，字里行间流露出他的冥契神解；他的远谟石画，又时时于《深虑论》各篇披露出来，用以抒发其忧患的情怀。至于论辨正统、变统的笔法，是自《左》、《史》以来，所无法看到的。八卷之中，处处散发出“始终典学，死而后已”的伟大精神。如要了解方氏的精神、抱负和远谟，自当细读这八卷文字。

十一	书	答林嘉猷书	三四〇	
十一	书	与陈敬斋书	三四二	
十一	书	与楼希仁书	三四三	
十一	书	与卢编修希鲁书	三四四	
十一	书	与陈用中书	三四五	
十一	书	与郭士渊论文书	三四七	
十一	书	与舒君书	三四八	
十一	书	与钱克温书	三五〇	

孔子曾说修辞立其诚，方氏在上三卷书信中在在流露着“诚”字，无论奖掖后进，无论讨论学术，无论师友交情，无不以“诚”出之。读前贤书信，如沐春风，或娓娓道来，或侃侃而谈，似相对而坐，聆听教益，倘能沉潜其中，咀嚼其滋味，一定受益匪浅。

卷次	类别	题目	页数	备考
十二	序			
十二	序	周礼考次目录序	三五一	
十二	序	武王戒书序	三五三	
十二	序	篆书考正辨伪序	三五三	
十二	序	基命录序	三五五	
十二	序	蜀鉴序	三五六	
十二	序	蜀汉本末序	三五六	
十二	序	自警编序	三五七	
十二	序	仕学规范序	三五八	
十二	序	宗忠简公奏疏序	三五九	
十二	序	寿亲养老新书序	三六一	

十二	序	蒲鞭诗序	三六一
十二	序	宋学士续文粹序	三六二
十二	序	刘樗园先生文集序	三六四
十二	序	先太守文集后序	三六五
十二	序	华川集后序	三六六
十二	序	苏太史文集序	三六七
十二	序	观乐生诗集序	三六八
十二	序	张彦辉文集序	三六九
十二	序	郑贞孝先生文集序	三七一
十二	序	刘氏诗序	三七二
十二	序	时习斋诗集序	三七三
十二	序	白鹿子文集序	三七四
十二	序	非非子医书序	三七五
十二	序	癸酉应天府小录序	三七六
十二	序	丙子京闱小录后序	三七七
十二	序	己卯京闱小录后序	三七八
十三	序		
十三	序	宋氏世谱序	三八一
十三	序	谢氏族谱序	三八二
十三	序	童氏族谱序	三八三
十三	序	葛氏族谱序	三八四
十三	序	范氏族谱序	三八五
十三	序	徐氏谱序	三八七
十三	序	吴氏宗谱序	三八七
十三	序	楼氏宗谱序	三八八

十四	序	赠王仲播序	四一四
十四	序	赠郭士渊序	四一五
十四	序	赠赵教谕序	四一六
十四	序	赠王生序	四一七
十四	序	送河南佥事汤侯序	四一八
十四	序	赠河南王佥事序	四一九
十四	序	送徐思勉之山东按察司佥事诗序	四二〇
十四	序	送伴赞朱君之庆府序	四二一
十四	序	送陈达庄序	四二一
十四	序	送祝彦芳致仕还家序	四二二
十四	序	送叶嘉祥知县叶孔昭朝觐还任序	四二三
十四	序	送刘侯序	四二四
十四	序	送李宗鲁序	四二四
十四	序	赠黄叔晹之遵化主簿任序	四二五
十四	序	赠金溪吴仲实序	四二六
十四	序	送平元亮赵士贤归省序	四二七
十四	序	送吏部员外郎龔彦佐序	四二八
十四	序	送卢尚毅序	四二九
十四	序	赠刘君序	四三〇
十四	序	奉教送宣尉使杨铿还播州诗序	四三〇
十四	序	送楼君士连谒选入京序	四三一
十四	序	送解元振先生还庐陵序	四三二
十四	序	送周宗傅省亲序	四三三

十四	序	送太学赵孝先从军诗序	四三四	
十四	序	送危泰生序	四三五	
十四	序	送凌君入太学序	四三五	
十四	序	送金文举归省序	四三六	
十四	序	送梁宏省亲还广东序	四三七	
十四	序	赠卢信道序	四三八	
十四	序	送周景琰入试序	四三九	
十四	序	赠林士恭序	四四〇	
十四	序	赠刘文仲序 代太史公作	四四一	
十四	序	赠王时中序	四四一	
十四	序	赠四明邵真斋序	四四二	
十四	序	送李生序	四四三	
十四	序	送李参政之官广西序	四四四	
十四	序	送王文冏序 代太史公作	四四五	
十四	序	送浮图景晔序	四四五	
十四	序	赠瑄蕴中序	四四六	

上序三卷，方氏的文学理论，多在序中提出。其中许多宝贵的意见，是研究文学理论、批评史、文学史的人所不容忽视的。此外，他对族谱的重视，从他的各姓族谱序中可以看出。他认为族谱有十大功用，他说：

一序得姓之根源，二世族数之远近。三明爵禄之高卑，四序官阶之大小，五标坟墓之所在，六迁妻妾之外氏，七载适女之出处，八彰忠孝之进士。九扬道德之遁逸，十表节义之乡闾。

族谱不仅是民族精神的寄托，也是国家命脉的基础，如今复兴文化当注意及此，才是有根有本的工作。

卷次	类别	题目	页数	备考
十五	记			
十五	记	艾庵记	四四九	
十五	记	益斋记	四五〇	
十五	记	学士亭记	四五一	
十五	记	宋氏为善堂记	四五二	
十五	记	畸亭记	四五三	
十五	记	希董堂记	四五四	
十五	记	借竹轩记	四五五	
十五	记	绿畴轩记	四五六	
十五	记	时敬庵记	四五七	
十五	记	慈竹轩记	四五八	
十五	记	企高轩记	四五九	
十五	记	息耕亭记	四六〇	
十五	记	舣航轩记	四六一	
十五	记	巾山草堂记	四六二	
十五	记	藏器轩记	四六三	
十五	记	草心堂记	四六四	
十五	记	茹荼斋记	四六五	
十六	记			
十六	记	传经斋记	四六七	

十六	记	养素斋记二首 后者代太史公作	四九二
十六	记	守素斋记	四九四
十六	记	复斋记	四九五
十六	记	遗安堂记	四九六
十六	记	存耕轩记	四九七
十六	记	娱静楼记	四九八
十六	记	观海楼记	四九九
十六	记	贮清轩记	五〇〇
十六	记	菊趣轩记	五〇一
十七	记		
十七	记	柳氏谱记	五〇三
十七	记	龟岩隐居记	五〇四
十七	记	宜隐轩记	五〇五
十七	记	默山精舍记	五〇六
十七	记	直内斋记	五〇七
十七	记	君子斋记	五〇八
十七	记	尚志斋记	五〇九
十七	记	尚友斋记	五一〇
十七	记	省庵记	五一一
十七	记	御赐训辞记	五一二
十七	记	学孔斋记	五一四
十七	记	身修思永堂记	五一六
十七	记	御史府记	五一七
十七	记	春风和气堂记	五一八
十七	记	萝月山房记	五一九

十七	记	后乐堂记	五二〇	
十七	记	后乐斋记	五二一	
十七	记	孝思堂记	五二三	
十七	记	全乐斋记	五二四	
十七	记	好古斋记	五二五	
十七	记	种学斋记	五二六	
十七	记	讷斋记	五二八	
十七	记	尊闻斋记	五二九	
十七	记	棠溪书舍记	五三〇	
十七	记	来鸥亭记	五三一	
十七	记	读书斋记	五三一	
十七	记	默斋记	五三二	
十七	记	见山堂记	五三三	
十七	记	孝友庵记	五三四	
十七	记	望云堂记	五三五	
十七	记	梅所记	五三六	

上记三卷，所记或庵、或轩、或斋、或堂、或舍、或楼，都把他自己的思想、情感、用心，在文章中表现出来，涵泳其中，必可收到潜移默化的效果。

卷次	类别	题目	页数	备考
十八	题跋			
十八	题跋	题大学篆书正文后	五三九	
十八	题跋	题汉三王策文后	五四〇	

十八	题跋	题神异经	五四〇
十八	题跋	题受禅碑后	五四〇
十八	题跋	题王右军游目帖	五四一
十八	题跋	题观鹅图	五四一
十八	题跋	题萧翼赚兰亭图	五四二
十八	题跋	书兰亭墨本后	五四二
十八	题跋	题褚遂良书唐文皇帝哀册墨迹	五四二
十八	题跋	题韩干马图	五四三
十八	题跋	书黄鹤楼卷后	五四三
十八	题跋	题颜鲁公书放生池石刻	五四四
十八	题跋	题宋孝宗橙花诗后	五四四
十八	题跋	题米氏山水图后	五四四
十八	题跋	题朱子手帖	五四五
十八	题跋	题子昂千字文帖	五四五
十八	题跋	题灵隐寺碑后	五四六
十八	题跋	题桐庐二孙先生墓文后	五四六
十八	题跋	题元诸儒帖	五四七
十八	题跋	题赐宋怿颜鲁公多宝塔碑后	五四七
十八	题跋	题赐王训导诗后	五四八
十八	题跋	题医说后	五四八
十八	题跋	题太史公手帖	五四九
十八	题跋	题杨先生墓铭后	五四九
十八	题跋	题太素子墓铭后	五四九
十八	题跋	题砻硿子墓碣后	五五〇
十八	题跋	题济宁张氏墓铭后	五五〇

十八	题跋	题胡仲申先生撰韩复阳墓铭后	五五一	
十八	题跋	跋刘府君墓碣后	五五一	
十八	题跋	题会稽张处士墓铭后	五五二	
十八	题跋	题溪渔子传后	五五二	
十八	题跋	题陈节妇传后	五五三	
十八	题跋	题郑叔致字辞后	五五三	
十八	题跋	题宋舍人篆书	五五四	
十八	题跋	题宋舍人草书千字文后	五五五	
十八	题跋	题仲珩草书自作诗	五五五	
十八	题跋	题周氏文后	五五五	
十八	题跋	题王氏述训后	五五六	
十八	题跋	题刘养浩所制本朝铙歌后	五五六	
十八	题跋	题黄东谷诗后	五五七	
十八	题跋	书夷山稿序后	五五八	
十八	题跋	书浦江二义门倡和诗后	五五八	
十八	题跋	赠楼君诗卷题辞 太史公作	五五八	
十八	题跋	书学斋占毕后	五五九	
十八	题跋	题听琴轩记后	五六〇	
十八	题跋	题积善堂记后	五六〇	
十八	题跋	敬题蜀王殿下来鸥亭诗后	五六一	
十八	题跋	题许士修诗集后	五六一	
十八	题跋	题刘氏家藏诰命后	五六二	
十八	题跋	题汤氏家藏赐笏记后	五六二	
十八	题跋	题李质夫字序后	五六二	

方氏不仅擅长理学，精于政治，同时对书、画、碑、帖等艺术，也有精湛的研究，在上卷题跋中，可窥其一斑。

卷次	类别	题　　目	页数	备　　考
十九	赞			
十九	赞	春秋诸君子赞 有序	五六五	
十九	赞	蜀三守赞	五六九	
十九	赞	三贤赞 有序	五七〇	
十九	赞	尚友五赞 有序	五七一	
十九	赞	云敞赞 有序	五七三	
十九	赞	杨乔赞 有序	五七四	
十九	赞	田畴赞	五七五	
十九	赞	李太白赞	五七六	
十九	赞	孔璋赞 有序	五七六	
十九	赞	袁安卧雪图赞	五七七	
十九	赞	萧仆赞 有序	五七七	
十九	赞	杜士贤赞 有序	五七八	
十九	赞	南棱王先生像赞 有序	五七八	
十九	赞	御赐吴大学士画像赞 有序	五七九	
十九	赞	御书赞 有序	五八〇	
十九	赞	潜溪先生像赞二首	五八〇	
十九	赞	待制华川王先生像序赞	五八一	
十九	赞	空同外史赞	五八二	
十九	赞	杨先生像赞	五八二	
十九	赞	宋仲珩像赞	五八二	

十九	赞	王仲搢像赞	五八二	
十九	赞	郑仲释像赞	五八二	
十九	赞	朱方中像序赞	五八三	
十九	赞	叶友直处士像赞	五八三	
十九	赞	刘廷修先生像赞	五八三	
十九	赞	南斋像赞	五八四	
十九	赞	叶用宾赞	五八四	
十九	赞	王中夫先生像赞	五八四	
十九	赞	刘养浩像赞	五八四	
十九	赞	陈希古像赞	五八五	
十九	赞	澹如居士赞	五八五	
十九	赞	王蕴德像赞	五八五	
十九	赞	友鹿翁像赞	五八五	
十九	赞	俞博士像赞	五八六	
十九	赞	黄氏三寿图赞 有序	五八六	
十九	赞	杜推官赞	五八七	
十九	赞	张文敏画像赞	五八七	
十九	赞	姚贞妇赞	五八七	
十九	赞	老人星赞二首	五八八	
十九	赞	赤壁图赞	五八八	
十九	赞	白鹿洞规赞	五八九	
十九	赞	归田图赞	五八九	
十九	赞	画梅赞	五八九	
十九	赞	马图赞	五九〇	
十九	赞	为好义作修德樛木图赞	五九〇	

方氏为历史人物作赞，用心是在“取其事”、“赞其美”、“以为法”。本来为历史人物作传而有赞是始于司马迁的《史记》，史迁所作的赞有褒有贬；而方氏则摘取他们的懿言美行，加以赞美，一方面可显荣他们的德行，一方面使后世子孙能有所效法。

卷次	类别	题目	页数	备考
二十一	行状			
二十一	传	先府君行状	六一五	
二十一	传	常山教谕王府君行状	六二二	
二十一	传	象山王府君行状	六二三	
二十一	传	明故赠将仕佐郎礼部员外郎瞿府君行状	六二四	
二十一	传	大司农张公行状	六二六	
二十一	传	孙伯融传	六二八	
二十一	传	观乐生传	六三〇	
二十一	传	王进德传	六三二	
二十一	传	詹鼎传	六三三	
二十一	传	叶伯巨郑士利传	六三五	
二十一	传	张孟兼传	六三七	
二十一	传	芒菊公传	六三九	
二十一	传	菜根居士传	六四〇	
二十一	传	友鹿翁传	六四〇	
二十一	传	大笑生传	六四一	
二十一	传	溪渔子传	六四三	

二十一	传	魏节妇传	六四四	
二十一	传	童贤母传	六四四	
二十一	传	二贤妇传	六四六	

方氏所写行状或为人立传，都具史学家见识，有文学家的笔力，文字清新流畅，叙事层次分明，说理婉转有致，不愧是明初大家。所作《先府君行状》，一字一泪，感人最深。

卷次	类别	题目	页数	备考
二十	祭文			
二十	诔	祭太史公八首	五九一	
二十	哀辞	祭太史公迁葬文	五九四	
二十	哀辞	祭胡仲申先生	五九五	
二十	哀辞	重告胡先生墓	五九六	
二十	哀辞	祭戴先生	五九六	
二十	哀辞	祭王文节公	五九七	
二十	哀辞	祭郑仲舒太常	五九八	
二十	哀辞	祭吴樗庵先生	五九九	
二十	哀辞	祭叶夷仲主事	六〇〇	
二十	哀辞	祭郭士渊	六〇一	
二十	哀辞	祭许士修	六〇二	
二十	哀辞	祭宋仲珩	六〇二	
二十	哀辞	祭王博士	六〇三	
二十	哀辞	祭邹博士	六〇四	
二十	哀辞	祭赵希颜	六〇五	

二十	哀辞	祭童伯礼	六〇六	
二十	哀辞	祭外舅郑公	六〇六	
二十	哀辞	祭从兄希声 代家兄作	六〇七	
二十	哀辞	东阳葛府君诔 有序	六〇七	
二十	哀辞	郑府君哀辞	六〇九	
二十	哀辞	郑生佑哀辞	六一〇	
二十	哀辞	吴氏二贤母哀辞	六一二	
二十二	碑表			
二十二	志	关王庙碑	六四九	
二十二	志	梅长者祠堂碑	六五〇	
二十二	志	成都杜先生草堂碑	六五二	
二十二	志	信国公神道碑铭	六五四	
二十二	志	越国公新庙碑 代太史公作	六五八	
二十二	志	宋处士碑阴铭	六六一	
二十二	志	俞先生墓表	六六二	
二十二	志	林君墓表	六六三	
二十二	志	卢处士墓铭	六六五	
二十二	志	杨处士墓志铭	六六六	
二十二	志	王处士墓表	六六七	
二十二	志	陈先生墓碣	六六八	
二十二	志	侍读唐君墓志铭	六六九	
二十二	志	曹处士墓碣铭	六七〇	
二十二	志	吴处士墓表	六七一	
二十二	志	郑处士墓石表辞	六七二	

二十二	志	采苓子郑处士墓碣	六七三	
二十二	志	故中顺大夫福建布政司参议郑公墓表	六七五	
二十二	志	贞义处士郑君墓表	六七六	
二十二	志	郑处士墓碣铭	六七七	
二十二	志	王君国祥墓碣	六七九	
二十二	志	许士修墓铭	六八一	
二十二	志	仙居张处士墓志铭	六八二	
二十二	志	陈仲昭墓铭	六八三	
二十二	志	王处士墓志铭	六八四	
二十二	志	曹府君墓志铭	六八五	
二十二	志	宋仲珪墓志铭	六八六	
二十二	志	宋仲珩圹志铭	六八七	
二十二	志	宋子畏圹志	六八七	
二十二	志	郭君圹志	六八八	
二十二	志	附马都尉郭公圹志	六八九	
二十二	志	处士郑公圹志	六九〇	
二十二	志	楼君墓铭	六九〇	
二十二	志	严夫人郑氏墓铭	六九〇	
二十二	志	胡夫人范氏墓碣铭	六九一	
二十二	志	杨夫人墓志铭	六九二	
二十二	志	处士金君妻董氏墓铭	六九三	
二十二	志	黄处士妻郑氏墓铭	六九四	
二十二	志	郑君妻洪氏墓铭	六九五	

自古至今，非有至情者不能写至文也。方氏既能以至诚待人，又能以至情处世，所以他写的祭文、诔、哀辞、碑、表、志等二卷文章，在在流露出悲悯、关怀、爱心和至情，感人肺腑，扣人心弦。

卷 次	类 别	题　　　　目	页 数	备　　考
二十三	古诗			
二十三	古诗	蜀府敬慎斋	六九七	
二十三	古诗	读书斋	六九八	
二十三	古诗	四月一日蒙赐宴浣花新建草堂感恩怀古偶作	六九八	
二十三	古诗	蜀王赐读基命录诗依韵奉谢	六九八	
二十三	古诗	齐殿观书赐文嘉劳奉谢	六九九	
二十三	古诗	次渊明诗韵谢蜀王	六九九	
二十三	古诗	京府征考试继奉蜀王命述事	六九九	
二十三	古诗	休日奉陪蜀府诸公宴集	七〇〇	
二十三	古诗	蜀府遇夏教谕次韵叙德言怀	七〇〇	
二十三	古诗	闲居感怀十七首	七〇一	
二十三	古诗	次王仲搢感怀韵十首兼呈张廷璧	七〇二	
二十三	古诗	追次朱子春怀诗韵	七〇三	
二十三	古诗	舟中呈同召诸君	七〇四	
二十三	古诗	上巳约友登南楼	七〇四	
二十三	古诗	次登南楼韵二首	七〇四	
二十三	古诗	送郑叔贞之成都	七〇五	
二十三	古诗	再送郑叔贞之成都	七〇五	
二十三	古诗	偶尔遣意	七〇六	

二十三	古诗	送谢生因奉寄岐阳公	七〇六
二十三	古诗	发褒城过七盘岭宿独架桥阁上	七〇六
二十三	古诗	过滦阳	七〇七
二十三	古诗	过宁陵县学	七〇七
二十三	古诗	葺书斋旧门扇	七〇七
二十三	古诗	感橙树有作 有序	七〇八
二十三	古诗	栽柏	七〇八
二十三	古诗	新栽柏为瓠蔓所缠令诸生披解以遂生意有作	七〇九
二十三	古诗	喜修德汝器二君子偕嘉猷秀才至二首	七〇九
二十三	古诗	次郑好义见贻韵五首	七一〇
二十三	古诗	在石镜精舍次家兄会饮韵	七一一
二十三	古诗	题山水	七一一
二十三	古诗	杨柳渡	七一一
二十三	古诗	宿夹江寺	七一二
二十三	古诗	二虿吟	七一二
二十三	古诗	郭西精舍士友同宿	七一二
二十三	古诗	追次文公先生岁暮燕集韵二首	七一二
二十三	古诗	岁除祭先奉怀家兄次文公先生病中呈诸友韵	七一二
二十三	古诗	石镜会集诸公回途有作	七一三
二十三	古诗	再次石镜精舍会集韵三首	七一三
二十三	古诗	病眼喜郡守见过	七一四

二十三	古诗	题信可时经历熨帛图	七一四
二十三	古诗	奉怀太史公用尽字韵	七一四
二十三	古诗	邻父携酒相饮	七一五
二十三	古诗	二禽咏	七一五
二十三	古诗	次张南轩赠朱文公韵送董公	七一六
二十三	古诗	题童贤母卷后	七一六
二十三	古诗	应教恭赋静妙轩	七一六
二十三	古诗	宋五公	七一六
二十三	古诗	讯疟	七一七
二十三	古诗	次修德杂诗韵三首	七一八
二十三	古诗	初冬雨中独坐	七一八
二十三	古诗	杂诗四首赠林嘉猷	七一八
二十三	古诗	次韵赠国亮经历	七一九
二十三	古诗	杂诗四首	七一九
二十三	古诗	修德以诗寄次韵	七二〇
二十三	古诗	再和并简林嘉猷	七二〇
二十三	古诗	送一宗和尚次蜀王诗韵 有序	七二〇
二十三	古诗	家兄寄中秋诗分韵述怀以答	七二一
二十三	古诗	寄好义	七二二
二十三	古诗	送友人之云南教官	七二二
二十三	古诗	巾山晨望东钱克温	七二二
二十三	古诗	闲居偶题	七二二
二十三	古诗	勉学诗二十四首	七二三
二十四	古诗		
二十四	古诗	蜀王殿下赐行厨酒膳奉谢	七二七

二十四	古诗	次河南府梅花堂韵	七三九
二十四	古诗	东河驿值雪次茅长史白战体韵	七四〇
二十四	古诗	爱日堂	七四〇
二十四	古诗	寄贫	七四〇
二十四	古诗	览以德用中二友和东坡喜雨之作	七四〇
二十四	古诗	渡淮后寄宗文先辈及诸士友	七四一
二十四	古诗	次郑好义纪梦韵 有引	七四一
二十四	古诗	寄修德	七四二
二十四	古诗	送刘士端归括苍	七四三
二十四	古诗	题王节妇	七四三
二十四	古诗	杨节妇	七四四
二十四	古诗	题许节妇传	七四四
二十四	古诗	写怀	七四四
二十四	古诗	闻鹃	七四四
二十四	律诗	懿文太子挽诗十章	七四五
二十四	律诗	大行皇帝挽诗	七四五
二十四	律诗	谢蜀王抚问赐药六首 有序	七四五
二十四	律诗	应召赴京道上有作三首	七四六
二十四	律诗	病中述怀二首	七四六
二十四	律诗	送卢信道汉中点兵	七四六
二十四	律诗	题万间室	七四七
二十四	律诗	题曲径	七四七
二十四	律诗	次韵奉寄好义四首	七四七

二十四	律诗	岁暮寄王修德先生二首	七四七	
二十四	律诗	别宜隐友兄五首	七四七	
二十四	律诗	次韵答钱文学二首	七四八	
二十四	律诗	题画二首	七四八	
二十四	律诗	寄童伯礼二首	七四八	
二十四	律诗	催菊	七四八	
二十四	律诗	代菊答	七四九	
二十四	律诗	过北山翁	七四九	
二十四	律诗	送郑履顺二首	七四九	
二十四	律诗	峨眉县晓发次韵	七四九	
二十四	律诗	谢群公送别	七四九	
二十四	律诗	道中遇卢先生	七四九	
二十四	律诗	春和五首	七四九	
二十四	律诗	定处州教授苏平仲先生四首	七五〇	
二十四	律诗	二十九日三首	七五〇	
二十四	律诗	遣病十首	七五〇	
二十四	律诗	童景纯来二首	七五一	
二十四	律诗	赠鲍民瞻	七五一	
二十四	律诗	哭吴樗庵先生五十韵	七五一	
二十四	律诗	次危纪善五十韵倍成千字献蜀王 有序	七五二	
二十四	律诗	八日从蜀王登万岁山	七五四	
二十四	律诗	宿峰顶次济定韵	七五四	
二十四	律诗	登归云寺阁	七五四	
二十四	律诗	木皮岭	七五五	

二十四	律诗	山中对景书怀	七五五
二十四	律诗	宿新津宝花寺	七五五
二十四	律诗	送吴主簿	七五五
二十四	律诗	次韵赠方圆岩山人	七五五
二十四	律诗	次韵兄调弟希政并东郑叔度二首	七五五
二十四	律诗	挽徐节妇	七五六
二十四	律诗	赠韩敏道先生赴召	七五六
二十四	律诗	次韵留别陈季明先生二首	七五六
二十四	绝句	枯木图寄许士修	七五七
二十四	绝句	虎图	七五七
二十四	绝句	题山水二首	七五七
二十四	绝句	题曹娥江	七五七
二十四	绝句	题竹月图送太学生归省	七五七
二十四	绝句	病中除夕四首	七五七
二十四	绝句	题画	七五八
二十四	绝句	牧牛图	七五八
二十四	绝句	奉试灵芝甘露论	七五八
二十四	绝句	书事	七五八
二十四	绝句	二月十四日书事二首	七五八
二十四	绝句	试院偶题三首	七五八
二十四	绝句	次韵谢蜀王六首 有序	七五八
二十四	绝句	侍世子奉献蜀王十首 有序	七五九
二十四	绝句	谢蜀王赐果十首 有序	七六〇
二十四	绝句	无题三首	七六一

二十四	绝句	远违阙庭二首	七六一	
二十四	绝句	游峨眉山纪行十首	七六一	
二十四	绝句	入山后次韵述事言怀十首	七六二	
二十四	绝句	次韵写怀送叔贞之成都十七首 有序	七六二	
二十四	绝句	感旧九首	七六四	
二十四	绝句	别母舅哭外舅郑公三首	七六四	
二十四	绝句	中秋对月二首	七六五	
二十四	绝句	题汉中三寺佛放光	七六五	
二十四	绝句	蜀相像	七六五	
二十四	绝句	买臣妻墓	七六五	
二十四	绝句	二乔观书	七六五	
二十四	绝句	王节妇	七六五	
二十四	绝句	郑义门	七六五	
二十四	绝句	彭山道中	七六五	
二十四	绝句	夜度桑洲驿	七六六	
二十四	绝句	客至	七六六	
二十四	绝句	喜卢原质中探花郎	七六六	
二十四	绝句	送义乌龚叔安给事归省二首	七六六	
二十四	绝句	谈诗五首	七六六	
二十四	绝句	览陈先生和诸诗戏题	七六七	
二十四	绝句	道者扇	七六七	
二十四	绝句	题山水隐者 先生六岁时作	七六七	
二十四	绝句	题山水	七六七	
二十四	绝句	修德惠枯木图次韵 有序	七六七	

二十四	绝句	见梅	七六七	
二十四	绝句	画梅	七六八	
二十四	绝句	竹	七六八	
二十四	绝句	题东坡画竹	七六八	
二十四	绝句	斑竹图	七六八	
二十四	绝句	墨菊二首	七六八	
二十四	绝句	题菊	七六八	
二十四	绝句	马	七六八	
二十四	绝句	闻燕	七六八	
二十四	绝句	百雀图	七六九	
二十四	绝句	义之笼鹅图	七六九	
二十四	绝句	荷花渚禽	七六九	
二十四	绝句	鹦鹉	七六九	
二十四	绝句	立春偶题二首	七六九	

数百年以来，“皆知有先生，皆知有先生之文”，不但如此，方氏的诗名也是早已远播。六岁的时候，就有“等闲识得东风面，卧看白云初起时”的佳句。他主张诗必须是“发挥道德乃成文”，“万古乾坤此道存”，仍然和他的文论相呼应，相吻合。

总之，方氏的著作，今天所能看到的只有二十四卷的《逊志斋集》一书。其内容为：卷一到卷八是杂著，卷九是表、笺、启、书，卷十到十一是书，卷十二至十四是序，卷十五到十七是记，卷十八是题跋，卷十九是赞，卷二十是祭文、诔和哀辞，卷二十一是行状和传，卷二十二是碑、表和志，卷二十三是古诗，卷二十四是古诗、律诗和绝句。全书完全表现出正学先生的“学正”、“养充”及“行确”三大方面之写照！所以有前贤曾秉烛疾读其书，掩卷深思，让他觉得有如读程朱的集子，既喜而废寝忘食，而又不知不觉涕泗为之交零呢！

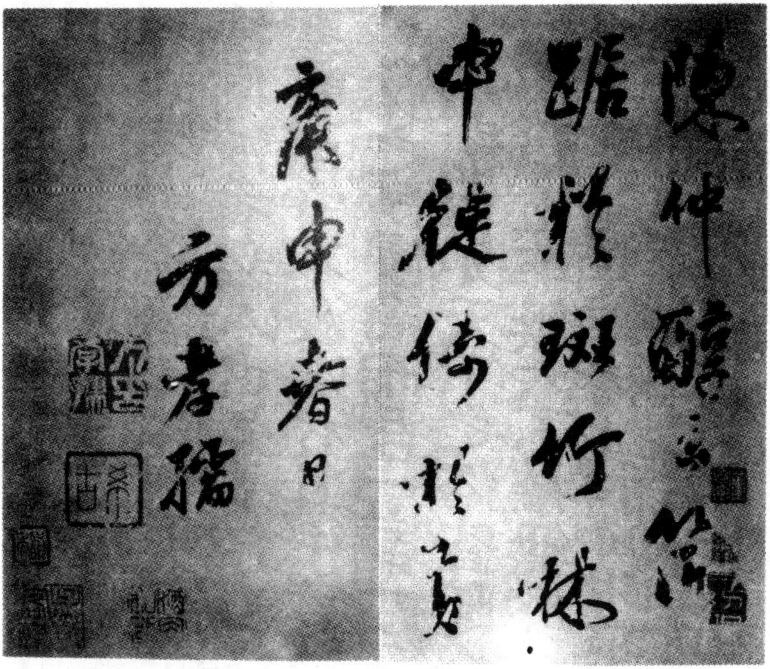

孝儒先生墨宝

遜志齋集序

流而不可止者勢也習而不可變者俗也與勢俱往與俗同波者衆人也知勢俗之所趨而能確然以聖賢自守不浸淫於其中者君子也非惟不為勢俗之所浸淫而吾一言一行之所達天下之勢皆隨以定天下之俗皆隨以化譬若烈風震雷皷撼上下無大不摧無幽不入雖有強梗自撓亦安焉委靡於其下此非聖賢豪傑之士不能當周之末孔子之徒已沒楊墨之説

明正德十五年姑苏顾璘等刊本

遜志齋集卷之一

雜著

幼儀雜箴二十首 有序

道之於事無乎不在古之人自少至長於其所在皆致謹焉而不敢忽故行跪揖拜飲食言動有其則喜怒好惡憂樂取予有其度或銘于盤盂或書于紳笏所以養其心志約其形體者至詳密矣其進於道也豈不易哉後世教無其法學失其本學者汨於名勢之慕利祿之誘内無所養外無所約而人之成德者難矣予病乎此也蓋久欲自其近而易行者為學而

明正德十五年姑苏顾璘等刊本

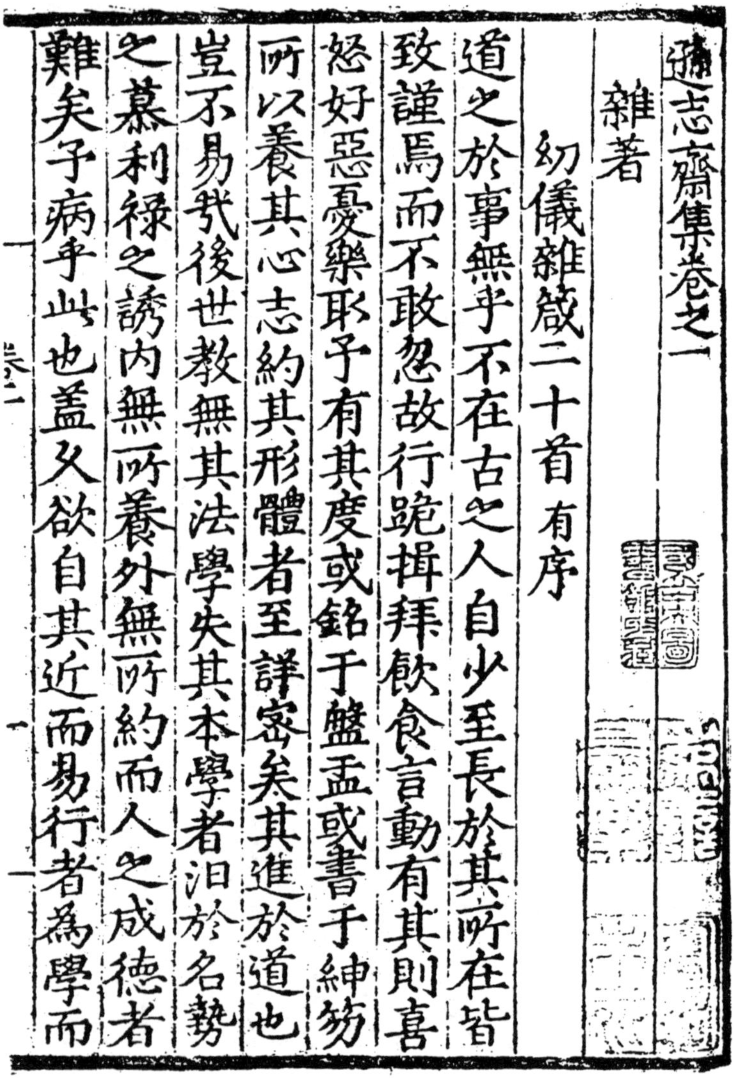
遜志齋集卷之一

雜著

幼儀雜箴二十首 有序

道之於事無乎不在古之人自少至長於其所在皆致謹焉而不敢忽故行跪揖拜飲食言動有其則喜怒好惡憂樂取予有其度或銘于盤盂或書于紳笏所以養其心志約其形體者至詳密矣其進於道也豈不易哉後世教無其法學失其本學者汩於名勢之慕利祿之誘內無所養外無所約而人之成德者難矣予病乎此也蓋久欲自其近而易行者為學而

明嘉靖二十年蜀藩刊本

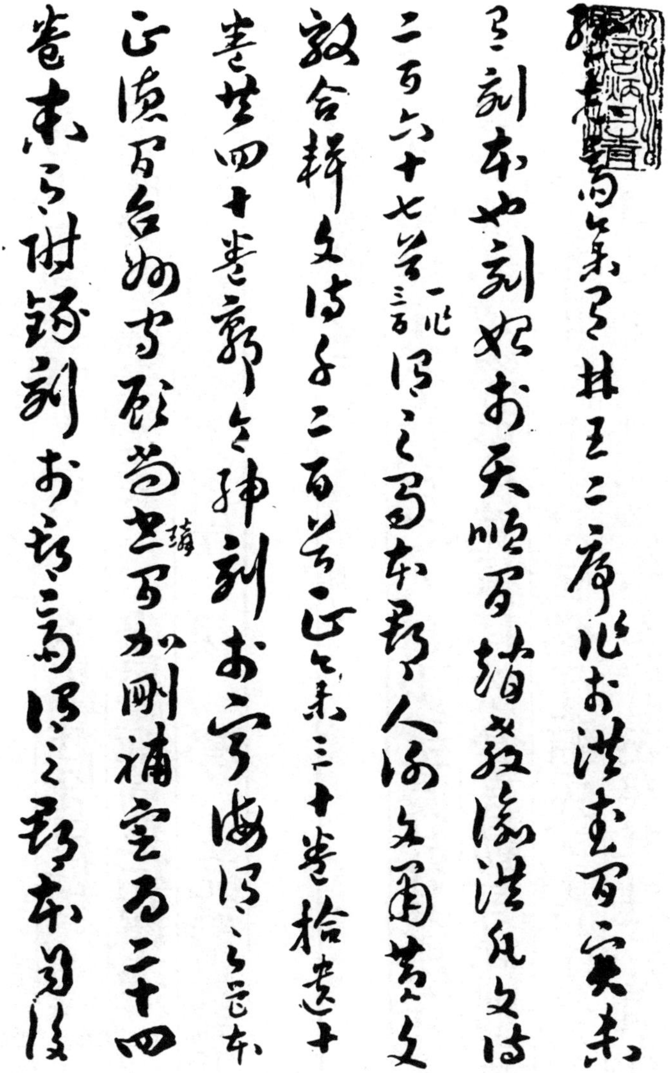

明嘉靖二十年蜀藩刊本

（“国家图书馆”藏）

方正學先生遜志齋集卷之一

南京操江都御史嘉善丁賓　南京翰林院孔目仁和錢蓁

南京鴻臚寺卿歸安錢士完　南京禮部司務仁和羅大冠　仝校

南京掌翰林院諭德餘姚孫如游訂　後學　上元姚履旋叅閱

雜著

幼儀雜箴二十首 有序

道之於事無乎不在古之人自少至長於其所在皆致謹焉而不敢忽故行跪揖拜飲食言動有其則喜怒好惡憂樂取予有其度或銘于盤盂或書于紳笏所以養其心志約其形體者至詳密矣其進於道也

遜志齋集　卷之一　一

明万历南京官刊本

重刻正學方先生文集序

人與天地一氣耳孟子曰其為氣也至大至剛塞乎天地所謂浩然者也是氣也蘊藉為道德挺植為節義建樹為勲業宣洩為文章夫文章原本性

明万历南京官刊本

四、对后世的影响

从春秋以至元末，近两千年间的学人，多多少少都曾零星地谈到政治原理和政治制度。至若比较有系统的政治理论，自中央政府以至地方组织，自政体大法以至教育经济，合成一整套完善办法的，实应以方孝儒为第一人。所以他的文章“每一篇出，海内争相传诵”，那时已是天下公认的学术界领袖。这不但说明了他的文章高人一筹，同时也证明他的思想是走在时代的尖端。

姚广孝对明成祖说如果杀了方孝儒，就“天下读书种子绝矣”！这是站在文化立场上讲的良心话、老实话！自非沽名钓誉的假做作。成祖却偏要大杀以立威，除磔死他本人外，还要尽捕他的五服之亲，一直杀了七天，而犹以为未足，仍无法泄尽心头之恨，再把他的老师、朋友、学生凑成“十族”，竟至八百七十三人之多，为学术界领袖而死，也是为暴君的残酷而死！他若因发配充军而死在道路上的，又有数百之多！成祖杀了一、二千人，心犹未甘，仍怕未能将方孝儒的潜伏思想和势力铲除及扑灭干净，于是再度下令海内“有收其只字者，罪无赦”！淫威所及，致使孝儒死后三十余年，而天下才有人敢“举其名”；又过了五十年，而天下有人才敢“诵其言”；又过百年，而天下才有人敢寻求他那灭绝已久的“后裔”呢！

这样大肆殊连，以期赶尽杀绝，斩草除根，很显然地是要根本铲除孝儒的民族的（伦理）、民权的（民主）、民生的（科学）的学术思想。为了巩固他那种至高无上的专制政权，也许明成祖觉得他那种做法有其必要。明末为国殉难的一位大艺术家倪元璐氏说：

文皇帝以一怒族先生之族，亦不悔，盖以甚重其文章之故。

事实上，重其文，则必畏其言；畏其言，则必消灭其思想而后已。因此，元璐真算是深切了解成祖的心理，而发出一针见血之论。

方孝儒的文学思想和理论，直接或间接地影响明清的文风。由于他调和了道学家和古文家的见解和文论，同时承认了“文”与“道”并存的价值，自然，在他以后的古文势必内涵与形式兼顾，而道学家的作品也必兼具古文的笔法。王阳明先生是远承象山心即是理之遗风，而其受孝儒的影响也是势所难免。方孝儒在这方面不仅开了一代新风气，而且也领袖风骚数百年。

至于他那种“正统”的论调，强调民族精神、民族情操、忠君爱国、宁死不屈的事实，自是宋明理学所讲“心”、“性”、“气”、“神”的具体行为表现。尤其是他既强调又重视“行”的观念，最后他竟以自己珍贵的生命，为真理而牺牲的精神，不是给阳明先生“知行合一”很好的启示吗？也正是孝儒一生的写照！这股伟大的精神力量，直接灌注到明末清初。虽清兵入关，问鼎中原，还有明福王、闽王、桂王的彼仆此起，再接再厉的史实，那是誓死不屈的忠臣孽子为国殉难；纵使抛头颅，洒热血，个个都是勇往直前，义无反顾的结果。尤其像史可法死守扬州，壮烈牺牲；郑成功反清复明的大志，惊天动地。这些血泪交织而成的历史，无非都是孝儒精神的重现。至于满清定鼎神州后，全国各地各种秘密组织，打着反清复明的旗帜，为民族复兴而奋斗，这股伏流一直至清末犹未断绝。国父革命也曾受到他们的影响，而革命烈士的杀身成仁，舍生取义，也是方孝儒那种伟大精神的传承。

一个国家的每个国民都能够培养出气节来，具有浩然的正气，自然就有人性的尊严，民族的凝聚力和国家之荣誉感，必能为民族为国家而牺牲。而孝儒之死，正是宋明理学讲气节讲心性最伟大最壮烈的发挥和表现。他这种人格和风范影响后世既深且远，实非笔墨所能形容，自非计算机所能估计。

际此欧风美雨朝夕侵袭的时刻，生活的西化，在所难免；精神之涣散，也是日甚一日。所以国魂的保存，气节的培养，民族性、国家爱的涵育，自是当前急务。文化复兴所要厉声疾呼的就是这股精神力量的努力保存，努力复兴，进而发扬光大，汇成一股洪流，造成莫逆之势，那么国家一切建设才是有根有本，才是可久可远的啊！

方孝儒当年的思想和理想，在五百多年后，国父所缔造的中华民国，都一一替他实现了。像民族正统，恢复汉唐声威，国父建立了民族主义，主张国内各民族一律平等，恢复了民族的自信与自尊；像君主政体，孝儒想要的是“君主立宪”，而国父却替他建立民有、民治、民享的民主政体；他想的均田制度，国父设计了一套平均地权的办法，使都市、农村的土地均有，更想出发达国家资本、节制私人资本一套完整的均富办法，使人与人之间贫富的差距缩短；他对舆论的重视，今天我们的舆论不正是影响政府的决策吗？

我们可以这么说，方孝儒在五百年前的思想和理想，在五百年后的今天都一一实现了。这种实现，除了部分受到西潮的影响外，最主要的是我国文化上的薪传。而正学先生是自孟子以后，把这薪火点燃的第一人！因此，和倪元璐同时的大儒刘蕺山在序方孝儒的遗文时，这样说：

方先生死事，距今二百五十年，而凛凛生气薄日月，震乾坤，愈传愈远；遂当前无千古，后无万古。则论世之外，尤待有先生之遗言在也。

是的，方孝儒虽为民族、为国家、为正义、为真理、为广大的众庶而殉难了；然他的精神随着时间的溪流，永恒而悠悠地流着；他的思想伴着中华民族的延续而永垂不朽，永垂不朽！

参考书日

《逊志斋集》，商务印书馆，《国学基本丛书》。
《明儒学案》，黄宗羲著，河洛出版社。
《明史·方孝儒传》，艺文印书馆。
《国学概论》，程发轫教授著，正中书局。
《中国哲学史》，冯友兰著。
《心体与性体》，牟宗三教授著，正中书局。
《中国文化之成熟》，日本东方文化社。
《中国文学家列传》，杨荫深著，中华书局。
《中国哲学原论——原道篇》，唐君毅教授著，新亚研究所。
沈刚伯教授：《方孝儒的政治学说》，《大陆杂志》。

陈献章

宋志明　著

目　录

一、传略

1. 时代与家世

陈献章，字公甫，号石斋，晚年自号石翁、紫水归人，广东新会县白沙村人。世称白沙先生，有时也称白沙子。生于明宣德三年（公元一四二八年），卒于弘治十三年（一五〇〇年），享年七十三岁。他是明代心学的开山，是一位颇有原创力的著名思想家。

陈献章所生活的时代是明王朝由盛到衰的转折时期。他出生的时候，明王朝已建立六十一年了。一三六八年，朱元璋即皇帝位，一三八七年统一中国，建立了高度中央集权的、以汉族为主体的封建帝国。为了巩固刚刚建立的明王朝，促进社会经济恢复和发展，朱元璋采取了几项明智的政策。一是释放奴隶。一三七二年朱元璋下令“诸遭乱为人奴隶者，复为民”，并按照民户、军户、匠户的分类整顿全国户口。这样，一大批奴隶、农奴、工奴都获得了自由民的身分，从而调动了劳动者的积极性。二是实行比较开明的土地政策。允许开垦无主荒地，招徕流民垦荒，安置移民，官府在一定时间内免除税收并且予以经济援助。这样，使广大的农民重新获得土地，增加了自耕农的数量，从而为农业生产的恢复和发展奠定了基础。三是扶植工商业。简约商税，开放对外贸易，采取三十取一的税收政策，裁并税关，建塌房以便利商贾，发放“勘合簿”，准许外国商人来华通商。这些措施促进了商品经济的发展。

朱元璋制定的这些政策，经过明成祖朱棣以及宣宗朱瞻基、英宗朱祁镇等皇帝的连续贯彻，收到了很明显的效果，使明王朝很快扭转了元朝残酷统治所造成的经济衰败的局面，促使经济走向繁荣。据《明史·食货志》载，永乐年间宇内富庶，粮食蓄积甚丰，已达到红腐不可食的程度。

但是，好景不常，到英宗时就已出现由盛转衰的倾向。在经济上，土地占有两极分化已经出现。据统计，弘治年间王朝官田已达到全国私田的七分之一，而大量的私田又都落到贵族、宦官、大官僚的手中。大量农民失去土地，变成流民，他们或者涌入城市，或者逃入深山垦荒，实在没有办法只得揭竿而起，由此必然造成社会的不安定。

在政治上，朱明政权日趋腐败。成祖时信任太监，置东厂，已埋下祸根，到英宗时终于演成太监专权的祸患。在著名的“土木之变”中，英宗也因受宦官王振的挟持而成了瓦剌军的俘虏。英宗还朝后，又发动“夺门之变”，杀了于谦等人，废景帝，登奉天殿复位，不久，又发生了邓茂七、叶宗留、陈鉴胡、李添保、黄萧养之乱。国内不安定，外患也接连不断，鞑靼屡次骚扰，真可以说是内外交患。面对忧患，皇帝依然过着荒淫无耻的生活，毫无励精图治之心。宪宗（一四六五年—一四八七年）在位二十三年，仅召见过一次大臣。

这样的经济形势，这样的政治局面，构成陈献章思想形成和发展的环境和条件。他之所以归隐不出，恐怕与此有密切的关系。除了全国的大环境之外，广东特殊的小环境对陈献章思想的形成也有很大的影响。

广东是明代中国最南端的一个省份，这样的地理位置使广州在明代成为中国最大的海外贸易港。当时中国的贸易以南洋诸国为主要对象，以广州为主要口岸。在《广东新语》和《羊城古钞》等书籍中都有关于当时对外贸易盛况的记载。同其他省份相比，广东的商品经济比较发达，小私有者市民阶层（其中包括小地主、自耕农、手工业者、商人等等）的人数比较多，封建社会末期的特征比较突出。除了官营手工业之外，他们基本上都是个体经营的，他们拥有少数的资本，但并没有摆脱封建主义的束缚，在封建专制制度的高压下，惨淡地经营着。陈献章本人长期生活在农村，过着读书人的生活，但这并不妨碍他成为小私有者和市民阶层的思想上的代言人。在他所接近的友人中间就有商人。如他在《茶园曲·寄治香横袁晖》中写道：

峡东湾湾一水长，商船无日不苏杭。
千村万落无穷树，都是袁郎横里香。

陈献章的哲学思想强调自我意识，对封建主义的正统观念有所拒斥，这都直接或间接地反映了市民阶层的愿望与要求。

陈献章所生活的时代，既是明王朝由盛转衰的转型时期，也是宋明道学由理学到心学的转型时期。明朝初年，程朱理学仍然是思想上占支配地位的哲学，为了加强思想控制，明朝政府对程朱理学大力扶植，在明成祖的主持下编纂了《性理大全》等书，学术界出现了薛瑄（一三九二——一四四六年）、吴与弼（一三九一——一四六九年）等著名的理学家。明初程朱理学之所以兴盛，同明代的科举制度有密切的关系。明朝继承了唐、宋以来的科举制度，增加了八股文，按照各省或地区的比例规定考试录取名额，形成了更为完备的科举制度，使全国各地的知识分子都有参加各级政府的机会。科举考试以程朱理学为教科书，这对于理学之兴盛无疑是一个推动力，但对理学的发展却未必有好处。程朱理学纳入科举的轨道之后，变成了僵化的教条和考试的工具，越来越变得令人生厌，失去其“范围人心”的作用，从而丧失了学术生命力。于是，到明朝中叶，程朱理学趋于衰落，心学崛起，并且大有取而代之之势。这是宋明道学发展史上的一项重大转折，而陈献章正处在这个转折点上。《明史·儒林传》记载，明代初年声名卓著的大儒都是朱子学的继承者，他们师承有自，守儒先证传，丝毫不敢怀疑。曹端、胡居仁可以作为代表人物。而从陈献章开始，学风有了变化。据《明史·儒林传》记载：“学术之分，则自陈献章、王守仁始。”以陈献章为界限，明代的道学明显分为两个阶段，在陈献章之前，程朱理学占主导地位，而在他之后，心学开始逐渐取得主导地位。

陈献章生长在一个耕读传家的文人家庭。他的祖父永盛先生号渭川，为人憨厚，不理会世态炎凉那一套世故之道，喜欢读老子的著作，向往道家恬淡超脱的生活方式，很羡慕宋朝道士陈抟的为人，没有做过官。陈献章是个遗腹子，祖父是陈氏家族中对陈献章影响最大的男性。

陈献章的父亲陈琮，字怀瑾，号乐芸。受道家思想影响也很深，读书只为修身，不为科考，二十七岁早亡，一生中也没有做过官。潘楳元在《广州乡贤传》中介绍说：“陈琮生有异质，髫龄能文，喜歌吟，尤究心理学，身体力行，毅然以明道淑人为己任。”陈献章没有见过他父亲的面，但这位乡贤的事迹对他肯定有间接的影响。陈献章成为儒家隐者，也算是继承了祖、父两辈的家学渊源。

母亲林氏是陈氏家族中对陈献章影响最大的女性。林氏崇信佛教，给陈献章的思想打上了烙印。母亲二十四岁守寡，恪守妇道，作为儒家道德的实践者，对陈献章亦有影响。陈献章事母至孝，他不肯出仕的原因之一就是要对年迈的老母尽孝道。母亲对佛教的信仰对陈献章有潜移默化的作用。他的母亲生病时，他曾按照母亲的吩咐，以佛事祷。陈献章很感激自己母亲的养育之恩，他在《乞终养疏》中深情地写道："方臣幼时，无岁不病，至于九岁，以乳代哺，非母之仁，臣委沟壑久矣。"

2. 艰辛的举业

陈献章天资聪慧，警悟绝人，记忆力特别强，少读宋亡厓山诸臣死节事，辄掩卷流涕。陈献章的聪慧天资加之读书刻苦，因而学习成绩很好。祖父和母亲对他抱有很大希望，从小就把他引向科举之路，指望他能有个晋身的机会。当时程朱理学统治着科场，朱子的四书是举子们的必读书。所以朱子学便奠定了他治学的根基。他在《和杨龟山此日不再得韵》中写道："吾道有宗主，千秋朱紫阳。说敬不离口，示我入德方。"十九岁时，他考中秀才，二十岁到县庠读书，他老师很赞赏他的文章，常对人说："陈生，非常人也，世网不足以羁之。"这一年的秋季，中乡试第九人，获得举人的身分，翌年入京赴春闱，仅考中副榜进士，取得到国子监读书的资格，廿四岁时再赴秋闱，又一次落第。

科考屡屡失败，陈献章并不灰心丧气，反倒促使他认真思考：自己究竟为了什么而学？孔子把学习态度分为两种，一种叫做"为人之学"，这种人学习是为了达到某种功利目标。一种叫做"为己之学"，这种人学习是为了提高自己。"为人之学"那是小人之道，"为己之学"才是君子之道。经过一番认真的思考，他终于领悟到：仅仅为猎取功名而学，不正是坠入"为人之学"的泥潭吗？他觉得自己不能在"为人之学"的泥潭中越陷越深，必须改弦更张，踏上"为己之学"的正途。在端正了治学的方向以后，他便不再以科举为意，并且投师于名儒吴与弼的门下。一日，读《孟子》"有天民者，达可行于天下，而后行之"，慨然叹道："大丈夫行已当如是。"

3. 师从吴与弼

吴与弼字子傅，号康斋，抚州崇仁（今属江西）人，他是明代与薛瑄齐名的大儒。他在青年时代也曾走过科举之路，有一次读到《伊洛渊源录》，体会到“圣贤之学”或“为己之学”才是儒家思想的根本，遂放弃举业，专攻《四书五经》、程朱理学。他为人刚毅正直，反对八股制度和宦官当权，一生居乡躬耕，授徒讲学，拒绝皇帝的征聘，不肯出仕朝廷。吴与弼很重视程朱的理学思想，但并不主张死读书。他经常慨叹宋末以来注疏之风带来的种种弊端，不轻易著述。他认为“人须整理心下”，“人心不死而天理常存”，“心本太虚”，主张为学“敬义夹持，诚明两进”，强调理在心中，主张静以涵养本心。他把天人合一的圣贤境界作为人生修行的最终目标，提出“裁断日新”的口号，主张做一个自强不息、顶天立地的“大丈夫”。吴氏治学面很宽，天文、地志、律历、医卜无不探究。他亲自参加劳动，经常与弟子们共耕田间。

公元一四五一年，二十七岁的陈献章放弃举子业，到江西临川投师于吴与弼门下。刚到吴氏学馆，陈献章还不太适应。早晨东方刚刚放亮，吴先生便操起农具，准备下田，而陈献章还在酣睡之中。吴先生对他大喊一声：“秀才，若为懒惰，他日何从到伊川门下？何从到孟子门下？”听到这一声“狮子吼”，陈献章顿时猛醒，从此治学做事更加勤奋，不敢有半点怠惰。陈献章对吴与弼执弟子礼甚恭，先生写字他奉砚研墨；先生接待客人，他端茶倒水；先生莳弄庄稼，种菜，编篱笆，他同先生一块儿干活。吴与弼平时不太重视讲论，但他一言一行都体现着儒者的风范，给弟子们留下很深的印象。吴与弼很看重陈献章的才学，把他同胡居仁、娄谅视为自己三个最得意的门生。

陈献章跟吴与弼学习的时间不太长，只有一年工夫，但获益匪浅。第一，在吴先生的指导下，他进一步明确了治学的方向，走出了声利的迷津。他在《龙岗书院记》一文中回顾自己走过的道路时说，我年轻的时候没有师友帮助，治学很不得法，热中于利禄和功名，常常把糟粕当作精华。自从跟吴先生学习之后，才有了新的觉悟，慨叹“迷途其未远，觉今是而昨非”。正是在吴先生的指导下，他放弃了“为人之学”而转向“为己之学”。第二，吴先生渊博的学识使他大开眼界。吴先生论学讲道遵循古人的成法，从周敦颐、程颢程颐兄弟、张载、朱熹的学说谈起，上溯孔子和孟子的遗训，贯通古今，挥挥洒洒，“遵师道，勇挑担，不屈不挠，如立千仞之壁”，使他感到由衷的佩服。在他的心中，吴先生不愧是一代人豪！当时他对老师讲的学问并没有完全弄懂，但毕竟开拓了他的学术视野。第三，吴先生的不言之教，给了他方法论上的启迪。吴先生从不正颜厉色地教训学生，而是注意在生活劳动中与学生们沟通心灵，让他们自己寻找进入学术殿堂的门径，这就充分调动了弟子们的创新精神。陈献章在边学边劳动的实践中体会到，“为己之学”不是向别人学来的，而是自己向心中求来的。经过这一年的学习，陈献章明确了方法，开拓了视野，找到了门径。吴先生已把他领入学术殿堂，至于怎样寻找宝藏，筑造属于自己的精神世界，全靠自己去努力了。他感到自己没有必要再在吴先生的身边待下去了，于是，便拜别自己尊敬的老师，回到故乡白沙里。

陈献章跟随吴与弼先生学习的时间虽然不长，但对于他踏上学术道路至关重要，他经常与友人和弟子们谈到这段经历，很感激吴先生对他的指点。成化十八年（一四八二年），他被征聘入京，特地到吴先生墓前祭扫，并且写下《祭先师康斋墓文》。他在文章中对先生循序渐进的教育方法，对吴先生“由涵养以及致和，先据德而后依仁”的治学之道，对于吴先生“自得于太极之浑沦”的精神境界，表示深深的敬意。陈献章没有辜负老师的期望，他站在先辈的肩膀上再向上登攀，终于创造了独具特色的心学体系。

4. 春阳台自得

陈献章从离开临川回到白沙里之后，立即开始了紧张而艰苦的读书生活。在相当长的一段时间里，他足不出户，闭门读书，就连参议朱英登门造访，他也都避而不见。他发愤要遍读古今典籍，常常彻夜苦读，不肯休息。实在困了，就把双脚放在冷水中泡上一会儿，接着读下去。他不仅读儒家的经典，也读道家和佛教的著作，甚至连稗官小说也不放过。

经过三年苦读，书倒是看了不少，收获也不能说没有，但他总觉得好像缺点什么。他后来发现，他所缺的正是主体自我的挺立，正是主体对形上本体的亲切体验。而主体自我的挺立仅靠读书是办不到的，必须向内用功。他认识到，做学问最可宝贵的是“自得”二字。有了“自得”，有了对形上本体的亲切体验，读书才不至于陷于被动，才能化被动为主动，把书上的文字化为自己的深刻体会。如果不用主体意识去驾驭书上的内容，书本归书本，自我归自我，是做不成学问的。有了这种认识，他改进了治学的方法，不再向书本上用功，开始在内省上下工夫。他造了一间屋子，称为“春阳台”，长年静坐于其中，几乎不到外面走动，甚至于家人也很难见上他一面。

经过十年的静坐，他排除了外界的干扰，也摆脱了书本的束缚，培养了他的哲学智慧和思想原创力，取得了由博返约的效果。在静坐的过程中，他消化了所读书的内容，把前人的著述变成了他从事哲学思考的资粮。他认真地思考宇宙人生的根本问题，建立了自己的哲学体系。他尝到了静坐方法的甜头，也尝到了静坐方法的苦头。

他初坐春阳台时，由于用功过度，几乎搞垮了身体，后来领悟到，静坐方法固然有用，但亦不可过分拘执。过分地拘执于静坐似乎同坐禅没有什么两样，这有违于儒家的宗旨。他进一步领悟到，动与静不是对立的，而是统一的，因为二者都是道的体现。对于道来说无所谓动，也无所谓静，一个人既可以在静中与道保持同一，也可以在动中与道保持统一。对于得道之人来说，道可以说无所不至。倘若一个人一味地求静，恐怕永远达不到“与道为一”的境界，永远不能获得对于道的深刻体验。有了这样一种觉悟，陈献章又升入一个更新的思想高度。他不再枯坐求静，而要动中求静。他走出春阳台，投入大自然的怀抱，有时浩歌长林，有时孤啸绝岛，有时乘小舟在海湾垂钓。他离形去智，忘情无我，随动静而施功，无入而不自得，进入了精神上的自由世界。

5. 慰亲应试

陈献章在科举道路上屡屡受挫，而在学术道路上颇有建树，他在四十岁左右时，便是名扬遐迩的大儒了。一些学子慕名而来，投师于他的门下。他教育学生很讲究因材施教，注意调动学生的学习积极性和主动性，针对每个学生的资品高下、学力浅深加以培养，循循善诱，绝不人为地拔苗助长。他并不要求学生死记硬背，注意引导学生自己去体验大道。对于入室弟子，他首先提出的要求是静坐，让学生通过静坐培养善端。他经常对学生们说：做学问的目的在于求道，光在书本上用功是不够的，只有从自己的本心上去求，才可达到目的，才可祛除“务外”之弊。对此一定要有清醒的认识，否则便会流于“为人之学”而不是“为己之学”。认识到了这一点，便会一齐塞断诗文末习著述等头路，涵养善端，求得静中观道的效果，形成自己独到的学术风格。

陈献章教学的内容很广泛，不限于传播书本上的知识。在讲学的空暇时间，他时常同弟子们在一起练习射礼。于是，有人造谣说他要聚众起兵，大家都为他捏一把汗，可是他并不放在心上。他认为练习射礼乃是儒学中不可少的科目，无可厚非。

陈献章很满意这种读书、教书、求道的生活，没有再赴科举的打算。可是在别人看来，像他这样一位大贤高才，不应该被埋没在乡间。学士钱溥被贬谪到顺德县做县令，他雅重陈献章的才学，写信劝陈献章再去应试，不要辜负了母亲对自己的期望。陈献章读了钱溥的信，仔细地想了想，觉得也有道理，于是便决定进京重返太学，准备应考。

成化三年（一四六七年），他来到北京，复游太学。太学祭酒邢让以《和杨龟山此日不再得韵》为题，要他作诗一首。陈献章接过试题，略加沉思，写下长诗一首，共四十八行，二百四十字。杨时（字中立，学者称龟山先生）是程门四大弟子之一，他在《此日不再得韵》一诗中叹人生短暂，鼓励学子们抓紧时间读书。陈献章在和诗中回顾了自己十六年来走过的学术道路，翻出新意来。他在诗中写道，自己把谋道看得比谋衣食更为重要，从小就立下希圣希贤希天之志；曾把朱子奉为宗主，从朱子“涵养须用敬”中受到启发，找到静坐涵养善端的方法，体会到“枢纽在方寸，操舍决存亡”的道理，因而不再受书本经传的束缚。陈献章以朱子之学为出发点，但没有受程朱支离之弊的限制，要求由博返约，把握本心，体现出由理学转向心学的趋向，思想深刻程度无疑超过了杨时。难怪邢让读了陈献章的《和杨龟山此日不再得韵》会拍案叫绝，惊叹“龟山不如也！”

邢让读了陈献章的和诗，对他大加赞赏，视他为真儒复出。他在朝廷上向同僚们宣扬陈献章的才学人品，一时在京城引起不小的轰动，许多名士都愿意同他交游、论学、酬对，其中有罗伦（字一峰）、章懋（字德懋）、庄昶（字孔旸）、贺钦（字克恭）。贺钦愿意执弟子礼向陈献章求教，为陈献章捧砚研墨。侍郎尹旻景慕陈献章的名望，执意要送儿子到陈献章处学习，陈献章极力推辞，尹旻送了六、七次，陈献章始终没有接纳。

不过，真儒的名声对于陈献章并非完全是福音。他受到一些人的倾慕，也受到一些人的妒忌。成化五年（一四六九年），礼闱开考，由于有人做了手脚，陈献章再次落第。一时舆论大哗，京师竟传出“会元未必如刘戬，及第何人似献章”的民谣。他的好友们纷纷到陈献章借居的神乐观安慰他，他竟大笑不止。庄昶对他说：“他人戚戚太低，先生大笑太高。”其实这次科考失败对陈献章的打击是相当大的，事后他大病一场。他在《与张宪副廷学书》中写道：“仆自己丑得病以来，人事十废八、九，齿发都耗，精力寖衰。”这是他最后一次应考，从此他再也不肯迈进科场一步。

6. 归隐白沙里

成化五年秋，陈献章离开北京，返回故乡白沙里。从此，杜门却扫，潜心治学，开始了他大儒大隐的晚年生活。他从早到晚都忙着与门人宾友讲学，纵论天下事。他虽居住在偏僻的小山村，可是名声远扬，到他书馆求学的人来自四面八方。东南边陲的封疆大吏乃至潘王白夷宣慰使也纷纷致礼于他的庐舍。

成化十七年（一四八一年），江西观察使陈炜修复朱熹创办并讲学多年的白鹿洞书院，专门派人到广东白沙里请陈献章出山主持书院。这本来是许多学者求之不得的事，可是陈献章却婉言拒绝了。他在《复江右藩宪诸公》中写道，我并不是不想为彰明儒道而尽力，无奈我做学问很不得法，见识多有胡涂、错误之处，志向也不大，气力也不足，文风也不行时，加上老之将至，所以实在不能胜任。他在信中写得很客气，其实真正的原因是他告别了科场之后，经过多年钻研，已经告别了理学而转向了心学。他心里很清楚，自己的学术理路同程朱并非一脉，当然不便担任白鹿洞书院的主持。

成化十八年（一四八二年），广东布政彭韶和巡抚朱英上疏朝廷举荐陈献章。陈献章本来并不想去做官，心甘情愿一辈子都过着隐居的日子，朱英生怕陈献章不肯应聘，特地写信对他说："我已对皇上说你愿意应聘，如果你迟迟不动身，我岂不犯下欺君之罪吗？"话说到这种程度，看在老朋友的面子上，陈献章不得不同意应聘。接到明宪宗征聘的诏书后，陈献章立即动身前往北京。

到北京后，陈献章以为会得到朝廷的任用，没想到宪宗下的圣旨竟是"考试了，量拟职事"，要他先到吏部考试，然后量才而授职。这着实使他大感失望。他以有病为由，要求朝廷延期考试，并且一拖再拖，最后，他索性写了《乞终养疏》，请求皇帝恩准他回家侍奉年事已高的老母。宪宗皇帝反复读了他的上疏，降旨称："陈献章与做翰林检讨，亲终疾愈仍来供职。"据陈建《皇明通纪》记载，陈献章得到这一官职，同宦官梁芳有关。陈献章同梁芳有文字之交，梁芳"素慕献章名，言于上"，起到了一定的作用。

陈献章接到圣旨之后，写了《谢恩疏》，派侄儿陈景星送鸿胪寺转呈皇上，表示接受朝廷的任命，然后立即收拾行装返回白沙里。事后有人议论说，陈献章不应该接受朝廷任命的虚衔，认为他这样做有失其大儒大隐的身分，不如效法乃师吴与弼干脆拒绝任命。陈献章解释说：他的情况同先师吴与弼不一样，先师吴与弼是布衣身分，当然可以拒绝朝廷的任命；而他是举人、监生出身，有听命朝廷的义务，所以只能这样做，否则会有沽名钓誉之嫌。

陈献章应征赴京虽然仅得了"翰林检讨"的虚职，但却大大提高了他的知名度。应聘归来，向他问学的人更多了。向他求教的人除了读书人之外，还有和尚、道士乃至平民百姓、贩夫走卒，他都本着“有教无类”、“诲人不倦”的原则，耐心地回答他们提出的问题，因而赢得了大家对他的尊敬。南畿有一个很有名的僧人，法名太虚，他写信给陈献章，向他请教佛法方面的问题，陈献章回信写道：“逝者如斯夫，不舍昼夜。”太虚参证数日，对佛法有了更深的体会，他回信告诉陈献章：“我以此证也。”二人遂结为讲友。向陈献章求教的还是以读书人为多，他们甚至不远千里，投至陈献章门下。陈献章在白沙村讲学，对当时的社会造成很大的影响，也得到当地官府的尊敬和支持，甚至主动资助他发展教育事业。张诩在《行状》中提到，参政伍某、佥事戴某等人都愿意出钱帮助陈献章翻盖房屋，改善教学条件，都被他拒绝了。他自己营造了小庐山书屋供四方学者寄宿。他同当地官府有来往，但保持着个人的操守，不卑不亢。他是以民间教育家的身分办学的。在他的处所备有专门供学者使用的宿舍，可见他的教育事业已经发展到相当的规模。据《新会县志》中《白沙弟子传》记载，仅在新会县陈献章的弟子就有一百零六人。

陈献章讲学的目的不是为了应考，而是为了传道。他讲学的内容就是他本人的学术思想。以他为中心，形成了明朝第一个心学学派——江门学派。张诩（字廷实）、湛若水（字甘泉）、李承箕都是这一学派中的著名人物。

陈献章的学问卓然成家，他的书法也独具一格。他住在小山村里，不容易买到毛笔，他就把一束茅扎成笔，用来写字，因此，陈献章的字被人们称为“茅笔字”。他在诗中多次提到他独到的茅笔书法，如“耻独不耻独，茅根万茎秃”，“茅君颇用事，入手称神工”。他的茅笔字居然成为书法中的珍品，许多人都希望得到他的片纸只字并且当作传家宝珍藏起来。先师吴与弼的女婿家境困难，找到陈献章的门上，陈献章写字数十幅相赠，他回到江西小坡后，每幅卖白金数星。有一位官员出使越南，发现越南人特别喜欢陈献章的茅笔字，每幅可以卖绢数疋。他的随员中有人带了一两幅，颇后悔没有多带上几幅。

明孝宗弘治十三年（一五〇〇年），一代大儒陈献章在白沙村溘然长逝，终年七十二岁。临终前，他早早地穿上朝服，命弟子扶着，向北方瞻拜，对明朝皇帝行告别礼。就在他去世的那一年，给事中吴世忠又向朝廷荐他，明孝宗批准陈献章入阁的诏书送到白沙村，他已经离开了人世。陈献章接受了"翰林院检讨"的职衔，实际上并没有做过一天官，他以大儒大隐的形象，留在青史上。在他去世八十五年之后，明万历十三年（一五八五年），神宗诏准他同王守仁一起从祀孔庙，谥文恭。

7. 著作

陈献章没有写出专门的学术著作，正如他的高弟湛若水所说，陈献章的思想全部寓于他的诗文中。陈献章看重的是内心体验到的活学问，而不是写在纸上的死学问。他瞧不起那些皓首穷经的儒生，并不以传疏为业。他在诗中写道："莫笑老慵无著述，真儒不是郑康成（即郑玄）。"他的志向是："他年傥遂投闲计，只对青山不著书。"有人劝他著述，他巧妙地回答："伏羲著述数画耳，况画前又有易乎。"

尽管陈献章无意于著述，他还是留下了大量的文字，死后由他的门人辑成《白沙子全集》。《白沙子全集》最早的版本是新会县知事罗侨（字惟升）委托陈献章的门人容贯编辑而成，门人张诩（字廷实）作序，弘治十八年（一五〇五年）刊行。嘉靖十二年（一五三三年），湛若水的门人高简在维阳修订《白沙子全集》，增加了一些内容，删掉了一些内容。嘉靖三十年（一五五一年），萧友山重刻全集，湛若水作序。以后还有隆庆三年（一五六九年）刻本，万历八年（一五八〇年）刻本，万历二十九年（一六〇一年）刻本，万历四十年（一六一二年）刻本，明末刻本。清康熙四十九年（一七一〇年），何九畴新编全集，又增加了一些内容，使之更加完备。一九八七年，中华书局以何九畴刻本为底本，参校其他刻本，重新加以整改、校勘、标点，并将书名改为《陈献章集》(上、下两册)，这是目前最好的版本。

二、哲学思想

尽管陈献章没有写出专门的哲学著作，但在他的大量的诗文中洋溢着哲学思想，这是大家公认的事实。他没有写出形式上的哲学体系，但他毕竟构筑了事实上的哲学体系。他的哲学体系由天道自然的本体论、万化我出的主体论、操存涵养的工夫论构成，兹分述如下。

1. 天道自然

陈献章的哲学思想是在他放弃举业之后逐渐形成的，因而与正统的儒家有所不同。在科场失意后，他重新调节自己的价值取向，从对功名的关注转向对自然的关注，从紧张的心态转向放松的心态。他的世界观是一个儒家隐者的世界观。

在陈献章的诗文中，最具有哲学意味的文章是《论前辈言铢视轩冕尘视金玉》这组文章。这组文章由上、中、下三篇构成。宋明理学的奠基人周敦颐在《通书·富贵》第卅三中提出了“铢视轩冕尘视金玉”的清高思想。“轩冕”表示拥有官爵利禄，“金玉”表示拥有财富。周敦颐认为，君子应当把“道”当作唯一的价值目标，应当以道充实自己，绝不会把利禄财富看得很重。在君子的眼里，利禄功名、金钱财宝同尘土没有什么两样，陈献章接受了周敦颐这种清高思想，并且从哲学方面加以发挥，提出“道”的范畴，并以道作为他的本体论思想的核心。

陈献章认为道是宇宙万有的实体，具有形而上的意义。具体事物都是道的体现，而道同具体事物相比，更具有根本性。他在《论前辈言铢视轩冕尘视金玉》上篇中首先肯定道的至上性，指出：道是最高的范畴，天地也可以说是最高的范畴，在通常的意义上，道和天地都可以说是最高范畴。不过，在本体论的意义上，只能说道是最高的、终极的本体，因为道是天地的根本。从道的角度看待天地，则天地不过是太仓中的一粒粟米、沧海中的一勺水而已。在这里，陈献章区分了“哲学的宇宙”和“物质的宇宙”两种意义上的存在：道是“哲学的宇宙”，天地是“物质的宇宙”；道是无形的存在，天地是有形的存在；道是无限的，天地是有限的；道是总体，天地是部分；道是形而上的本体，而天地是形而下的现象。因此天地之大是不可以同道之大相提并论的，只有道才真正称得上“至大”。

陈献章把道与天地区别开来，明确地把道作为哲学思考的中心。关于道的哲学规定，他指出以下几点：

（一）道是抽象的实体，它是天地万物之本，在整个宇宙中处于最崇高的位置。他在《次韵张东海》诗中写道：“道超形气元无一，人与乾坤本是三。”道是宇宙万有之本，但不能简单地等同于万物之中的任何一物，因为它是超形气的。任何具体的事物都是具有形气的，即有形状和质料的规定，但道没有形状和质料的规定。“超形气”并不等于说无形气，而是说形气尚处于混沌未分的原始状态，故而道为“元”，为万物的本体、始基；道没有具体的规定，故而可称为“无”。陈献章所说的“无”不是虚无的意思，而是无具体规定的意思。正因为道无任何具体的规定，才可以规定任何具体的事物，从而成为万物赖以存在的本体。他所说的“无”同周敦颐所说的“无极”是一个意思。道本身没有具体的规定，但为任何具体事物所依据，从这个意义上说，道构成宇宙万有的统一性，故而道又可以称为“一”。他所说的“元”、“无”、“一”都是从不同的角度对道的称谓，三者是同等程度的范畴。在这里，他接受并阐发了周敦颐“无极而太极”的命题，把无极与太极都归结为道，使这个命题的意思更明确了。“人与乾坤本是三”，是说人、乾（天）、坤（地）都是道的体现，从另一个角度说明道的实体性。

（二）道是包罗万象的总体。从逻辑上说，道具有在先性；从范围上讲，道包容一切，囊括一切，无处不在。陈献章强调：“道之全体，初无不该。”在常识中，天地是最大的事物，然而天地也包括在道的范围之内。天地不是道以外的物体，道至少同天地同样伟大。道与天地相比，有本末之分，大小之殊，主次之别，所以只有道才可以称为总体，才可以成为哲学思考的对象。

（三）道的无限性、普遍性以及永恒性。陈献章指出，道是包罗万象的总体，但并不意味着道是封闭的系统。恰恰相反，道是开放的系统。所谓开放的系统，就意味着道是超时空的、无限的。他在《与林郡博（其六）》中写道：“此理干涉至大，无内外，无终始，无一处不到，无一息不运”，“此理包罗上下，贯彻终始，滚作一片，都无分别，无尽藏故也”。从空间上说，道无内外，是无限的，又是普遍的，它无一处不到，体现在一切事物之中。道既然是无限的和普遍的，当然也就是永恒的，道是天地万物的实体、本体、总体，并且自己运动着，“无一息不运”。他从佛教中借来“无尽藏”一语，用来表明道的无限性、普遍性和永恒性。

（四）道具有自为性。道是自然而然的运动过程，不受其他任何因素的支配。陈献章在《与林时矩书》中说：“宇宙内更有何事，天自信（伸）天，天自信地，吾自信吾；自动自静，自阖自辟，自舒自卷；甲不问乙供，乙不待甲赐；牛自为牛，马自为马；感于此，应于彼，发乎迩，见乎远。”在他看来，道就是宇宙内的事，道不在宇宙之外。道不是孤立存在的，它就体现在天、地、人、牛、马等等具体的存在物之中，使天成其为天，使地成其为地，使人成其为人，使牛成其为牛，使马成其为马，……，道自动、自静、自阖、自辟、自舒、自为，它就是运动发展的终极原因。在道的支配下，任何具体的事物都处在特定的运动状态。每一事物处于怎样的运动状态，取决于道，也取决于这一事物自身，这二者是一致的，因为道要通过事物自身起作用，道并不是在事物之外的支配者。每一事物借助道使自己处于某种运动状态，绝不受任何外因的干预，“甲不问乙供，乙不待甲赐”。尽管每一事物都是自己运动的原因，但毕竟还在道的范围之中，所以各个事物又处在内在的总体联系之中，“感于此，应于彼，发乎迩，见乎远”。陈献章关于道的自为性的解释，同神秘主义的宇宙观划清了界限。他把道视为事物之间的内在的、普遍的联系，建立起一个有机的宇宙观。

从以上关于道的哲学规定中可以看出，陈献章的“道”本体论思想同朱子的本体论思想既有联系又有区别。陈献章承认道的抽象性，强调道与天地之间的区别，同朱熹强调“形而上”与“形而下”的区别是一致的。朱熹认为理、太极是形而上之道，是生物之本，道在逻辑上先于气，先于具体事物，陈献章同意朱熹的这样一些提法。但是朱熹过分强调道的抽象性，甚至使道变成了脱离了具体事物的抽象化了的绝对，这招致了陆九渊对他的批评。陆九渊在鹅湖之会上表示不同意朱熹的二重化的本体论，认为太极是理，而理又是心，所以不需要区别形而上和形而下。他指责朱熹关于“无极而太极”的解释是“头上安头”。陈献章强调道的总体性和自为性，一方面借鉴了朱熹的理论思惟教训，另一方面也吸收了陆九渊的观点。在陈献章的道本体论思想中，尽管还留有脱胎于朱子学的痕迹，但已明显地表现出向陆九渊心学靠拢的趋势。

在道本体论的基础上，陈献章进一步提出关于宇宙生成的看法。他认为道是天地万物的逻辑起点，在道没有表现为某个具体事物之前，只是一种可能性，陈献章称这种可能性为“混沌”或“一”。从混沌到具体事物的形成有一个过程，这是一个自然变化的过程。他在《太极涵虚》一诗中写道：“混沌固有初，混沌本无物，万化自流形，何处寻吾一。”他承认有一个“混沌”、“浑沦”、“无物”的阶段，但这只是逻辑上的前提而已，表明道是万物所以能够形成的根据。傥若没有道，万物的生成将是不可解释的。在他看来，混沌的道仅仅是逻辑上的前提，并非事实上的发展过程，道与万物不是派生的关系，而是“化生”的关系，所以说“万化自流形，何处寻吾一”。从无形的道到有形的物，不是像从甲产生到乙那样直接、简单，因为道与物不是个体与个体之间的关系，而是本体与现象之间的关系。道不是物所由产生的原因，而是物所由存在的根据。万物依据道而存在、而化生，道也不能与物相互外在。道既然不与物构成外在的关系，当然也就不存在着物怎样从道中产生出来的问题了。陈献章拒绝从发生论的角度说明道与物的关系，只是从本体论的角度说明道物关系，这一看法相当深刻。他没有采取“道生物”的观点，从而避免了“无何以会生出有”的理论困难。他从《周易·乾大象》的“流形”说中受到启发，提出“万物流形”说，用以表达“万物一体”的整体意识。他的万物流形说表明，道在物中，道与物同在。这是一种泛道论的哲学识度。

陈献章以泛道论的观点处理道与物的关系问题，也以泛道论的观点处理道与气的关系问题。他认为气是构成天地间万物的质料，“天地间一气而已，屈信（伸）相感，其变无穷”，(《云潭记》) 道与物是相通的，道与气同样是相通的。陈献章虽然没有明确提出“道即气”或“道在气中”的命题，但他明确地肯定了道与气的一致性，明确地肯定气并不在道之外。陈献章对气谈得不多，并没有像朱熹那样把气当作“道”或“理”的挂搭处，把气当作由道或理到物的中介。在他看来，道作为本体，直接地全部地显现为物，并不需要以气为中介。他不否认气是构成物的质料，但气如何构成物，乃是一个形而下的问题，同形而上的道关系不大，故而他不怎么重视气这个范畴。他没有把气摆在同道或理并列的位置，因而也没有必要讨论道与气孰先孰后的关系问题。朱子认为道或理是生物之本，而气是生物之具，于是带来了理与气的关系问题。关于理气关系，朱熹有两种说法，一是理气不分先后，“天下未有无理之气，亦未有无气之理”，(《朱子语类》卷一）二是理为主，气为从，“气之所聚，理即在焉，然理终为主”。(《朱子文集·答王子合》) 这两种说法如何协调起来，则是朱熹难以解决的问题。陈献章抛开了道与气孰先孰后的关系问题，直接把物与道相沟通，当然也就不会遇到朱熹所遇到的困难。

陈献章指出：道转化为万物之后并没有消失，道一方面作为天地万物的实体，一方面也构成天地万物间的相互关系、运动形式以及规律。基于这一观点，他在《云潭记》一文中集中阐述关于“变”的看法。他在这篇短文中指出，任何事物都遵循着自然规律发展变化着，美的东西有其所以为美的道理，丑的东西也有其所以为丑的道理。这种规律是客观存在的，事物本身具有的，既非外力所加，也非人心所能主宰。比如，潭水表现出“洁”的特性，而云表现出

“变”的特性，“水以动为体，而潭以静为用”。看起来十分平静的潭水，其实仍遵循着规律处于运动变化状态。宇宙万物都按照规律运动变化着，人也不例外。“人自少而壮，自壮而老，其悲欢得丧，出处语默之变，亦若是而已，孰能久而不变哉！”陈献章作为一位哲学家，只是从思辩的角度肯定规律的普遍性，而没能从自然科学对自然规律做具体的研究，这当然是他的不足；但他毕竟充分地揭示出运动发展的必然性。这对于一个十五世纪思想家来说也是难能可贵的。他以自然主义的决定论反对神秘主义的目的论，给人以理性的启迪。

在宇宙论方面，陈献章受道家思想的影响较深。他从老子“道法自然”的思想中受到启迪，试图按照自然界的本来面貌来了解自然，解释万物的发生发展过程。他拒绝任何神秘主义的观点，在文章中表现出清醒的理性智慧。他没有像老子那样陷入“有生于无”的虚无主义误区，而是创造性地提出“万化流形”说，更加贴近客观世界的本来面貌。他的宇宙论思想，同庄子的“物物者与物无际”的观点比较接近。陈献章沿着泛道论的思路，进一步弥合了“形而上”与“形而下”之间的裂缝，化解了理气之间的紧张对立，给人们提供了一个更为简洁、更为完整的世界图景。

陈献章注意研究道与物的关系问题，更注意研究道与人的关系问题，对于后一个问题，陈献章投入相当大的精力。他认为道对于人来说乃是一种超越的存在。他在《仁术论》中说：“天道至无心，比其着于两间者，千怪万状，不复有可及，至巧矣，然皆一元之所为。”天道同人心是有区别的，二者不能等同。天道在天地之间的表现形式多种多样，千变万化，千姿百态，巧妙无比，这是人的意识所无法改变的。天道作为一元本体，具有无所不为的至上性，它并不需要依赖其他任何东西，当然，也不需要依赖人的意识。道与人的关系应该是：人在道中，道包容人。从自然存在的角度上看，人不过是万物中之一物而已。尽管人是万物之灵，也不可能凌驾于道之上。在道的面前，人是渺小的。人们常常引以为自豪的高官厚禄、金银财富更是微不足道。这正是陈献章“铢视轩冕尘视金玉”的理由。陈献章这样处理道与意识之间的关系，明确地肯定了道乃是客观本体。他划清了道与意识的原则界限，并没有陷入人类中心论的误区。

一些研究者给陈献章冠以“唯心论”的帽子，这一结论恐怕难以站得住脚。如上文所述，陈献章明确地肯定道具有实体性、至上性，同意识有区别，并没有把意识摆在第一性的位置，怎么可以说是唯心论呢？也有一些研究者喜欢给陈献章戴上唯物论的帽子，这样做也未必合适。因为陈献章并没有把道界定为物质，从未说过“道即气”一类的话，所以很难用唯物论一语称谓陈献章的哲学体系。其实，唯心论唯物论一类从西方哲学中借用来的术语，未必适用于中国哲学。我们在了解陈献章哲学时，最好还是采用具体问题具体分析的方法为宜，不要让一些笼统的字眼模糊了陈献章哲学的本来面貌。

陈献章指出，在道的面前，人虽然渺小，但人在天地万物之中处于特殊位置。“万物之中人为灵”，人的特殊性就在于人有自觉的意识。正是由于人具有自觉的意识，所以人具有认识道的能力，从而构成认知主体，而道作为被认知的对象，构成知性客体。他说：“至大者道而已，而君子得之。”又说：“吾或有得焉，心得而存之。”从本体论的角度看，道是本体，道不依赖于人，而人作为万物中之一物，同其他事物一样，也必须依赖道才能存在，“人得之为人”，人只是道的一部分；而从认识论的角度看，道是可知的，道与人心构成同一关系。他说：“心乎，其此一元之所舍乎！”正是由于心的缘故，道才可能由自在之物转化为为我之物。显然，在认识论领域，陈献章把理论重点从天道移向人心。这一转捩使他告别理学一派，而趋向心学一派。

值得注意的是，陈献章哲学中的认识论是广义的认识论，有别于通常意义上的知识论。准确地说，人心认识天道，所得到的不是知识，而是智能。人心认识天道实际上是超越的本体内在化的过程，这里既有对本体的体验或认同，也有主体的反思或自觉。这两个方面是同一过程的不同侧面，构成不可分割的整体联系，有如手心和手背一样。陈献章强调，人心在认识天道的时候，应当保持虚静状态，“惟至虚受道”。这同老子“为学日益，为道日损”的意思是一致的。陈献章还指陈认识道与认识物的另一点区别，即作为道的认知主体，并不是一般的人，而必须是“君子”，也就是有很高道德修养和哲学智慧的人。

陈献章指出，如果采用通常的认识物的方法去认识天道，必将是一无所得。从这个意义上说，道是“不可见”、“不可言”的。人心要想获得关于道的认识，必须采取特定的方法。这种特定的方法就是举一反三，告诉你一个正方形的角，便可以推知其他三个角。认识道并不难，而掌握认识道的方法却是很困难的。比如有人不懂得怎样使用发射弹子的弹弓，有人告诉他：弹弓的形状同射箭的弓一样，但弓弦是竹子做的。如果这个人不会拉弓射箭，就相当困难了。同样道理，对于不认识道之大的人，有人对他说：道是最大的，与道相比较，天是小的，而轩冕金玉更微不足道，他肯定会感到迷惑不解。按照陈献章的解释，在认识道的方法中包含着推理的成分，但这不是主要的；认识道更需要理性的直觉，很难对不认识道的人用语言传述道。尽管陈献章认为掌握认识道的方法很难，但他毕竟肯定了道的可知性。一方面，他把道放在意识之外，强调道不依赖于意识，换言之，道并不必然地存在于人的意识之中，从而便维护了道的独立的本体论地位；另一方面，他承认人们掌握特定的方法便可认识道，从而肯定了道与意识的同一性。

陈献章认为，对于人来说，道还是人应当效法的价值本体。他对自己的门人说："人与天地同体，四时以行，百物以生。若滞在一处，安能为造化之主耶？古之善学者，常令此心在无物处，便运用得转耳。学者以自然为宗，不可不着意理会。"（《遗言湛民泽》）他指出，人与天地都以道为体，"四时以行，百物以生"的自然流行过程就是道的体现，这一过程永远不会完结。倘若万事万物都停滞在某一处，也就体现不出道为"造化之主"的本体意义了。万事万物都在道的支配下发展变化着，人作为万物中之一物，也不例外。对于人来说，道是意义的世界或价值的世界。作为一个理想的人格，应当自觉地追求与道为一的最高境界，"常令此心在无物处"。他所说的"无物处"，也就是指与道为一的境界，在他看来，这种境界乃是人追求的终极价值目标。

陈献章把求道设立为终极的价值目标，并且提出以"自然为宗"的主张。这一主张最能体现陈献章哲学思想的特色。他所说的"自然"有多层意义。从抽象的意义上说，自然是指天道，是指宇宙万有的本体，从这个意义上说，"以自然为宗"就是时时刻刻都遵道而行，确立"道无所不在"的哲学意识。有了这种意识，才可以称得上自觉的人。以自然为宗，也就是以本然的道为宗，即以道为安身立命之地，以道作为精神家园，以道为价值尺度，体会人生的意义，体验人生的价值，从而获得精神的充实感和归依感。在陈献章"以自然为宗"的主张中，一方面继承了老子"道法自然"的观念，一方面继承了孟子"上下与天地同流"和《易传》中"与天合德"的观念，实现了儒、道两家的合流。他的"以自然为宗"同中国传统哲学中"天人合一"的境界追求是一致的，都是一种形而上的价值体验。

陈献章指出，以自然或道为宗的境界是一种令人愉悦的和乐境界。他在写给湛甘泉的信中说："此学以自然为宗者也"，"自然之乐，乃真乐也”。之所以称为“真乐”，是因为这种乐不是建立在感官刺激的基础上，而是建立在价值理性自我体验的基础上；这种乐乃是“得道”之乐，它给人一种真正的洒脱、旷达的心境。按照陈献章的理解，这种真乐也就是《论语》中所提到的“曾点之乐”。据《论语·先进》记载，有一天孔子同子路、曾点、冉有、公西华在一起聊天，问他们每个人的志向。子路、冉有、公西华都希望得到一个官职，以便实现自己治国的抱负。唯独曾点继续弹琴，不以为然。孔子问到他，他铿地弹了一下琴，站起来说：“我和他们三位所说的不一样，我只希望能在暮春时节，和五、六位成年人，六、七个少年，去沂河里洗洗澡，在舞雩台上吹吹风，然后一路唱着歌走回来。”孔子听后，长叹一声，表示赞同。陈献章认为，从表面上看，曾点的说法似乎卑之无甚高论，其实不然。因为曾点的价值取向不是现实世界中的功利目标，而是道。他所追求的正是“以自然为宗”的超凡脱俗的精神境界。

在怎样理解儒家的价值观问题上，宋明理学家有两种不同的意见，一派是以周敦颐、程颢为代表的洒落派，另一派是以程颐、朱熹为代表的敬畏派。洒落派欣赏孔颜之乐，有“吾与点也”的意愿，讲究价值体验和胸次洒落。周敦颐“绿满窗前草不除”，别人问他为什么，他回答说：“与自家意思一般。”这是一种要与生生不已的道体融而为一的价值体验和人生胸怀。师承周敦颐的程颢也继承了乃师的这种学风，常常借用《中庸》中“鸢飞鱼跃”的比喻，描述鹰击长空、鱼翔浅底的活泼、洒落的境界。敬畏派主张敬畏恐惧，常切提撕，讲究整齐严肃，很重视伦理规范的约束作用。陈献章主张“以自然为宗”，显然是继承了洒落派的风格，但他并不排斥敬畏派。他认为讲究戒慎恐惧目的在于防止邪恶，也是十分必要的，但不应当让恐惧敬畏伤害了心境的自得与和乐，他力图用“以自然为宗”的理论把两派综合起来。

从具体的意义上说，“以自然为宗”也就是以自然界为归宗，以山林为归宗。陈献章“以自然为宗”的主张中，包含对朝廷生活、都市生活的厌弃，对归宿山林的颂扬。从他的哲学立场上看，天地万物都是道的体现，天地万物取法于道是自然而然，并不受人为的干扰。“自然”与“人为”是相对的。在朝市之中，人为的成分太多，而自然势必受到干扰；只有在山林才可以减少人为的干扰。亲近自然，也就是亲近道本身。他曾表示，自己的志趣是：“悠然得趣于山水之中，超然用意于簿书之外。”(《复江右藩宪诸公》)可见，他选择归隐白沙里的道路并不是偶然的，而是他的价值观的具体贯彻。

在陈献章的眼里，山林归隐的生活充满了诗意。在他的笔下，大自然生机盎然，令人陶醉。他在《归田园》诗中唱道：“东篱采霜菊，南渚收菰田。游目高原外，披怀深村间。禽鸟鸣我后，鹿豕游我前。冷冷玉台风，漠漠圣池烟。闲持一觞酒，欢饮忘华颠。”广漠的大自然使他心旷神怡，忘却人间的种种烦恼，获得精神上的解放。他的诗文处处透着大自然的清新、淡泊、静穆，表达出他对自然之道的真切的感受。

从价值体验的角度说，“以自然为宗”也叫做“自得”。陈献章说：“山林朝市一也，死生常变一心，富贵贫贱，夷狄患难一也，而无以动其心，是名曰自得。”他指出，对于一个自得于道的人来说，不再受到外界的牵累，不受耳目的牵累，进入了“鸢飞鱼跃在我”的最高境界。在这种境界中之人才真正懂得了“善”的意义。如果只在书本中探讨生活，没有真正的价值体验，书读得再多也没有用处。他强调“学贵自得”，要通过自觉的体验去把握道的全部含义，以道作为人生的最高准则。他所说的“自得”，也就是完成对道的自觉。他说：“人争一个觉，才得我大而物小，物尽而我无尽”。这种觉，也就是对小我的超越，对物欲的摒弃，实现与道为一的复归，以道义上的“大我”，取代功利上的“小我”。

陈献章指出，只有体验到“自得”的人，才是一个真正的精神上的富有者，才会有充实的、圆满的人生，才会真正懂得“铢视轩冕、尘视金玉”这句话的内涵。按照陈献章的理解，这句话的真正含义应该是：君子贵道而轻物。君子怎么会把富贵、贫贱、死生、祸福看得很重呢？就把天下之物归他所有，对他来说也没有增加什么，故而他绝不会惊喜若狂；就是让他受到任何意想不到的打击，他也不会惊慌失措，这样的人怎么会让“轩冕”、“金玉”一类微不足道的东西扰乱了平和、自然的心境呢？在他的这种释义中，既有对道义目标的认定，也有对功利目标的否定。

总括起来，陈献章的“以自然为宗”的思想包含着三方面内容：（1）奉天道本体为最高法则；（2）要求回到山林自然之中；（3）养成恬淡、平和、愉悦、自然的心境。陈献章“以自然为宗”的思想，同“到山林中去修行”的道家思想比较接近，而同“到朝廷去做官”的正统儒家思想有一定的距离，但还不能把他归结到道家的行列中。他本人不愿意到朝廷去做官，但并没有否认做官的人生价值。他的价值观有很大的包容性，不像道家那样坚决地采取与当局不合作的鲜明立场。他并不主张逃避现实，而是主张顺时应变，不要让名缰利锁束缚住自己的身心。他认同于儒家可以仕则仕，可以处则处的观念，因而仍属于宋明理学中洒落派中的一员。

陈献章把道视为价值本体，建立的是一个古代儒家隐者的价值观，但对于现代人来说仍具有相当的指导意义。在当今时代，由于科技理性的片面发展，使人离自然越来越远，离人性本然越来越远，甚至变成了“单向度的人”，即为物欲驱动的人。现代人的片面发展，使人们丧失了精神家园，带来了迷惑和不解：人类究竟应当向何处去？我们今天重温陈献章天道自然学说，也许会从中受到启发。陈献章哲学告诉我们，人应该以本体为归宗，应当以自然为归宗，而决不能做物欲的奴隶；人应当像人那样活着，人不应当把自己物化。他给我们指示了一个形上的世界，一个意义的世界，这对于现代人解决价值迷失、重建精神家园无疑是有帮助的。陈献章的本体论和价值论思想就像一股清凉的甘泉，可以解决现代人的精神饥渴，就像一帖良药，可以消解现代人精神生活中的烦恼与紧张。

2. 万化我出

陈献章哲学主要讨论三个问题。第一个问题是客体问题，即何为宇宙万有赖以存在的实体？针对这一问题，他提出“天然自然”的本体论学说，上文已述。第二个问题是主体问题，即宇宙万有同人的意识是什么关系，作为主体的人同作为客体的道之间关系怎样？针对这一问题他提出“万化我出”的主体论学说。

司马迁把中国哲学家的哲学思想模式概括为“究天人之际，通古今之变，成一家之言”，陈献章也未超出这种模式。他在论证了天道的本体地位之后，马上转到人与天道的关系问题上。借用西方哲学的术语说，就是解决“自在之物”如何转化为“自我之物”的问题。于是，他从本体论转到人自身的哲学思考。

在陈献章看来，人的存在可以从两个方面去理解。从物质存在的意义上看，人是肉体的存在物，这就是人的身。人的身体作为万物中的一物，同其他事物相比并没有什么特殊之处。仅从物质存在的意义上看，人与其他动物并没有什么两样。“人具七尺之躯，除了此心此理，便无可贵，浑是一包脓血裹着一大块骨头。”（《禽兽说》）倘若一个人只懂得饿了吃饭，渴了喝水，冷了穿衣服，结婚生孩子，“凡百所为，一信气血”，这样的人称为“禽兽”亦未尝不可。因为在他的身上并没有体现出人之所以为人的特质。从陈献章的“禽兽说”中反映出，他是不同意仅从物质存在的角度去观察人、理解人的。

从陈献章的“天道自然”论的角度看，肉体意义上的人，可以说天人同质或天人一气，即天人都是物质存在的形式，他指出：“元气之在天地，犹其在人之身。”（《祭先师康斋墓文》）元气构成“耳目聪明”的生理机制，因而对每个人的个性的形成有着不容忽视的影响。元气由阴阳二气构成，对于一个人来说，如果阳气有余而阴气不足，容易养成“骄”的品格；反之，阴气有余而阳气不足，则容易养成“吝”的品格。人来到世上便有阴阳禀气偏的倾向，如果不注意纠正这个偏向，形成不良习气，骄者便变得更加骄，而吝者变得更加吝。对于这种先天的气禀上的偏失，可以通过后天的涵养得到补救，求得阴阳二气的平和，养成不骄不吝的品格。陈献章认为，气禀仅构成人的形而下的方面，而不是形而上的方面，他并没有用很多精力去研究。

从精神存在的意义上看，人是意识的主体，这就是人的心，或者称为自我意识。在宋明理学中，理学家最关注的哲学范畴之一就是心，而分歧最大的也是心。关于心的看法，大体有两种意见，一种意见是朱熹一派的看法，他们认为心不属于形而上的范围，而属于形而下的器。陈淳在《北溪字义》中对心的解释是“心只似个器一般，里面贮底物便是性”。陆九渊一派认为心即理，心具有形而上的意义，声称“宇宙便是吾心，吾心即是宇宙”。

陈献章关于心的看法，既不同于朱熹一派，也不同于陆九渊一派。他综合两派的观点，提出了一种新的见解。他没有把心看成形而上的本体，在他看来，本体只能是作为客体的道，而不是作为主体的心。所以，他没有接受陆九渊“心即理”的提法。他强调，任何一个人的心都是具体的，并非是抽象的，身与心有着紧密的联系。“此身一到，精神俱随。”换句话说，心作为认识能力或主体精神，必须以身体为生理机制才能发挥作用。心离不开身，心不能单独地存在，从这个意义上说，心是形而下的。在这里，他肯定身心的一致性，部分地接受了朱熹一派“心只似个器一般”的观点，但他没有把心看成性的储存器，没有对心的认识能力作任何限制。

在处理身与心的关系时，他一方面承认心与身的一致性，另一方面却强调心的主导作用，认为“心寓于形而为之主”。心虽然通过身体得以表现出来，但它却是支配者。心的认识能力是不受身体限制的。正是因为它不受身体的限制，方显出它的可贵，使人获得异于禽兽的特质。在他看来，心是独立的、主动的。强调心的作用，这是陈献章人论的特色之一。

正因为心的认识能力是不受身体限制的，可以以任何客体为认识对象，当然也可以以天道为认识对象。心既是一身的主宰者，又是能够接受天道的主体。在陈献章看来，心就是沟通主体与客体相互联系的通道，能够使人达到与天道同一的形上境界。他说：“心之大用，初无不贯。”（《语录》）又说：“高明之至，无物不覆，反求诸身，把柄在手。”（《示黄昊》）“高明”是指天道，意思是天道无所不在；“把柄”是指心，意思是只要发挥心的作用，便能把握天道，使之由自在之物化为为我之物。陈献章认为，心虽然不是陆九渊说的那种形而上的本体，但它是使人进入形而上境界的根据。通过心的作用的发挥，使人超越身体的限制，从万物中的一物提升到形而上的本体境界。他关于人的看法，同德国近代哲学家莱布尼兹的“人是形而上学的动物”的说法有相似之处。

归结起来，陈献章关于心的看法包括以下几个具体观点。第一，心以身体为生理机制，心离不开身。第二，心是人的主宰，他称心为“神气”，强调“神气人所资”。心就是人资以为生的神气，没有了心，人就不能成其为人，失掉了人的本质规定。人正是因为有了心，才把自己同其他动物区别开来。第三，心的作用有至上性。心虽是方寸之地，却具有无限广阔的容量。它是人认识道、体验道、把握道的唯一途径，是人之所以能够道化即进入形而上境界的根据。第四，心具有主动性。道是自在的、被动的客体，“天道至无心”，天道不以人心为转移，也不会自动地进入人心。人要认识、体验、把握天道，必须反求诸己，使“把柄在手”。从以上四点可以看出，陈献章虽不否认人的物质存在（身），但更看重人的精神存在（心）。他把心看成与客体的天道相对的精神主体。

陈献章立足于上述心学理论，进一步讨论了天人关系问题。他接受儒家天人合一的传统观念，并且作了四点发挥，提出一组命题。

（一）天人一气。陈献章认为，天和人都以气为物质基础，人的身体来自于气，天地万物也都来自于气。在他看来，这是不证自明的事实，故而并没有用多少笔墨详加说明。

（二）天人一理。他在《天人之际》一诗中写道：“天人一理通，感应良可畏。千载陨石书，春秋所以示。客星犯帝座，他夜因无事。谁谓匹夫微，而能动天地。”他在诗中明确肯定天人一理相通，都遵循着天道自然运行的规律。正因为天人一气，一理相通，故而可以相互感应。他以严光的一段故事作为例证，说明天与人的感应关系。据《后汉书·严光传》记载，有一次汉光武帝请老朋友严光作客，晚间与严光同床共眠，严光把脚放在光武帝的肚子上。第二天早朝，太史上奏说，昨夜有一颗忽隐忽现的星急促地干犯御座。光武帝笑着解释说：这是我昨夜与老朋友严光同床共眠的缘故。陈献章举的这个例证当然不能证明天人之间存在着感应关系。

其实，陈献章的天人感应思想主要来自董仲舒的影响，并非是他的发明。他在这首诗中着重强调的是天人一理，并且得出“匹夫动天地”的新结论，从而同董仲舒有所区别。董仲舒的天人感应说中的“人”是指封建皇帝，宣扬君权神授的帝王思想；而陈献章的天人一理说中的“人”是指平民百姓，表达的是一种平民意识，旨在唤起人的责任感。他所说的“天”是一种自然的运行变化过程，并没有什么神秘之处。他提出的天人一理的命题无非是说，天地万物与人都遵循着最一般的规律，这无疑是一种理性的观点，只不过被裹上了一层天人感应的外衣罢了。

陈献章指出，既然天人一理，那么，人就应当取法于天，取法于理。他在《程乡县社学记》中写道："夫子一太极也，而人有不见太极而生者乎？"在宋明理学中，太极常常被当作天理的同义语，陈献章沿袭了这种用法。他指出：既然为人师表的孔夫子都把太极奉为圭臬，我们普通人还能离开太极而生存吗？陈献章虽然沿用了理、天理、太极一类理学术语，但赋予其不同的含义。在朱熹哲学中，天理被赋予伦理的含义，他在提出"宇宙之间，一理而已"的命题，立即从中引申出"其张之为三纲，其纪之为五常"的伦理规范。陈献章"天人一理"的思想与朱熹"宇宙一理"的观点类似，但他把天理描述为一种自然而然的流行变化过程，没有着意凸显其伦理规范的意义，这同他的"天道自然"的价值取向是一致的。朱熹的天人一理说给人一种紧张、敬畏的感觉，陈献章的天人一理说并不会给人这种感觉，只给人一种精神上的归依感。陈献章说："神理为天地万物之本，长在不灭，人不知此，虚生浪死，与草木一耳。"（《与马贞》）在他看来，一个人如果没有"天人一理"的意识就等于虚度一生，同草木没有什么区别；只有确立"天人一理"的观念，才算获得人之所以为人的本质规定。

（三）天人合德。这是陈献章从主体方面对"天人一理"原则的引申与发挥。天人合德的提法最早见于《易·文言》"夫大人者，与天地合其德，与日月合其明，与四时合其序，与鬼神合其吉凶"。孟子在《尽心》篇中说的"尽其心者，知其性也；知其性，则知天矣"也表达了类似的思想。陈献章接受了这些传统的思想，对天人合德的原则表示认同。他认为，天人合德，就是先儒一向重视的"诚"的心境。他在《无后论》中写道："此心存则一，一则诚，不存则惑，惑则伪。”他所说的“诚”，是指认同于天人一理的原则，真诚遵循这一原则为人处世；他所说的“伪”，是指言行不一，表面上表示拥护天人一理的原则，而骨子里却加以拒斥。陈献章指出，诚是开万世的根本，而伪则是丧家邦的祸根。只有立足于诚，才会真正体会到天地之大和万物之富，才会有宽广的胸怀和坦荡的心境。“盖有此诚，斯有此物；则有此物，必有此诚。”诚是人所拥有的最圆满的心态，人们拥有了诚的心态，才可以自觉地参与天地间万物流行大化的过程，担负起“开万世”的重任。只有这样的人，才称得上有道君子。“诚”是天地万物发生发展真实无妄的根本道理，也是人认同这一道理的最佳心境。

诚是儒学的主要范畴之一，可以从主体与客体两个方面理解。孟子说：“诚者天之道也，诚之者人之道也。”从客体角度界定诚，把诚视为天道的同义词。荀子说“君子养心莫善于诚”，从主体心态的角度界定诚，强调诚是心性修养达到的最佳心境。《中庸》则把这两种用法混同起来，写道：“诚者天之道也，诚之者人之道也。诚者，不勉而中，不思而得，从容中道，圣人也。诚之者，择善而固执之者也。”理学家周敦颐、程氏兄弟乃至朱熹一般都从客体角度理解诚，认为诚的意思就是无妄。朱熹在《中庸注》中写道：“诚者，真实无妄之谓。”无妄意即无虚妄、真实无误的意思，于是，诚变成了凸显天理实在性的修饰语。

陈献章对诚的理解与宋代理学家们有所不同，他不是从客体的角度而是从主体的角度界定诚，强调诚是人们认同于天道的心境。他没有把诚解释为与“妄”相对立的范畴，而是看成与“伪”相对的范畴。“伪”是虚假、虚伪的意思，不涉及真实或虚妄的问题，而只是一种与真诚相反的心态。陈献章认为人们在天道的面前，应当抱着一心一意、真诚归依的心态，不能抱着虚与委蛇的伪善心态。在陈献章哲学中，诚主要是同人道相联系，而不同天道相联系。他倡导真诚的人道，是有感而发的。在陈献章时代，儒学已不再成为读书人的真诚信仰，大多数人读书只是为了猎取功名，一旦金榜题名，他们便会把儒学讲的道理抛到九霄云外。儒家的道理并未真正进入他们的内心世界，对于他们来说，完全是外在的，毫无真诚可言。正是针对这种儒学的工具化倾向，陈献章才大声呼唤着天人合德，呼唤人们对于天道的真诚信仰，抨击那种伪君子式的人生态度，要求重新建立起“诚”的心境，做一个真诚的儒者。

陈献章对“诚”的另一新的理解是顺其自然，这同他的“天道自然”的价值取向是一致的。在他看来，天道至诚无妄，天自然成其为天，地自然成其为地，万物自然成其为万物，没有半点矫揉造作；人取法至诚无妄的天道，就应当养成至诚无伪的心境，顺应天道行事，不要受到个人私欲的干扰。他说：“圣道至无意，比其形于功业者，神妙莫测，不复有可加，亦至巧矣，然皆一心之所致。”(《仁术论》) 这里所说的“至无意”，就是放弃个人狭隘的功利目标，顺应自然，一切以天道为归宗的意思。在他的心目中，“至无意”就是衡量一个人是否拥有“诚”的心境的尺度。一个人一旦养成“至无意”的心态，他便成为自己内心世界的主宰者，而不再成为功名利禄的奴隶。这样的人在事业方面永远处于主动的位置：他获得成功，绝不会被成功冲昏头脑；他遇到失败，亦能泰然处之，顺随自然，绝不会因失败而一蹶不振。

（四）天人同体。陈献章在《致湛民泽》的信中明确提出“人与天地同体”。这是他从主体与客体相统一的角度对“天人一理”的引申与发挥，也是他所追求的最高的道境，即形而上的得道境界。他在《题吴瑞卿采芳园记后》写道：“随时屈信（伸），与道翱翔，固吾儒也。”他指出，儒家的终极目标应当是天人同体、与道翱翔的境界。天人同体的意思是实现天道与人道的统一，这里的“体”是指作为究极本体的自然之道，他主张以道为基础实现人道与天道的统一，实现主体与客体的统一。按照他的“天道自然”本体论观点，天地变化，草木蕃时，是万物的自然；随时屈伸，与道翱翔，是人的自然。站在道的立场上看，这两方面是同一的。

陈献章指出，天人同体是人的道化，而不是道的人化。换句话说，天人同体是人追求道的过程，因为只有人才具有主体性、能动性，才可以设立追求的目标；而道作为客体来说是被动的，当然不会主动地追求与人同体。他在《认真子诗集序》中说：“夫道以天为至，言诣乎天曰至言，人诣乎天曰至人，必有至人能立至言。”他在文章中经常使用“得之”、“会此”、“凑泊吻合”等字眼描述人主动追求与道同体的心路历程。为什么说天人同体是人的道化，而不是道的人化呢？因为道在陈献章哲学中是自然的本体或实体，具有自在性，天自己成其为天，地自己成其为地，每一事物都是自然的存在，并不受外力的干预，“甲不问乙供，乙不待甲赐”。也就是说，天道是不依人的意志为转移的自在之物，当然不会自己去实现人化。与天道相对而言，人具有自主性，有能力将天道由自在之物转化为为我之物。不过，天道由自在之物转化为为我之物后，并不意味着天道服从人，而是人服从天道。他在《与林郡博书》中指出，人得道之后，进入“往古来今，四方上下，一齐穿钮，一齐收拾”的境界，但在这种境界中仍需遵循“色色信他本来，何用尔脚劳手攘”的顺道自然的原则。换句话说，人们进入天人同体的得道境界后，并没有取得支配一切的权力，只是达到了顺道自然的自觉而已。

进入天人同体境界中的人，有哪些特征呢？陈献章指出，第一，在这种境界中的人摆脱了名缰利锁的束缚，真正获得了超越感。他在《随笔》诗中这样形容得道之人：“断除嗜欲想，永撤天机障。身居万物中，心在万物上。”嗜欲想是指小我的私欲，私欲是妨碍人进入天人同体境界的最大障碍。只有除掉了这障碍，才能进入得道境界，获得心灵的解放。进入天人同体境界中的人，身体虽然仍为万物中之一物，但他的心已超越万物之上，他即世间而出世间，有一种类似宗教的超越体验，与佛教中讲的“得证真如”有异曲同工之妙。他在写给僧人太虚的信中说：“太虚师，真无累于外物，无累于形骸矣。儒与释不同，其无累同也。”所谓无累，即不受名利等身外之物牵累，甚至不受肉体的牵累。在这种境界中之人，勘破名利关，铢视轩冕，尘视金玉，断除世俗的种种烦恼，以儒家的方式实现了对于私欲小我的超越，获得心灵的宁静，找到了安身立命之地。

第二，在这种境界中的人真正有了自我意识，获得了精神上的自由。陈献章在《论前辈言铢视轩冕尘视金玉》上篇中指出，对于得道之人来说，“天地之始，吾之始也，而吾之道无所增；天地之终，吾之终也，而吾之道无所损”。他有了真正的自我意识，真正成为认识道、体验道、掌握道的主体。这种人与天道为一，精神上不再受任何限制。他遗世独立，无牵无挂，不勉而中。陈献章写道：“天地无穷年，无穷吾亦在，独立无朋俦，谁为自然配。”（《晓枕》）得道之人首先必须是独立的主体，然后才说得上得道。我掌握了道，掌握了自然，也就是取得了自由。在这里，他揭示了“自由就是掌握必然”的道理。陈献章用诗的语言描绘精神上的自由，如“江门洗足上庐山，放脚一踏云霞穿”。（《示诸生》）“虚空一拍手，身在飞云处。”（《登飞云》）诗中所描绘的境界，正是达到天人同体的那种无拘无束的自由境界。

第三，在这种境界中的人真正体味到形而上的意义，充分展现人之所以为人的本质规定。陈献章在《与林郡博》的信中这样形容与天同体的人：“此理干涉至大，无内外，无终始，无一处不到，无一息不运。会此则天地我立，万化我出，而宇宙在我矣。”这里的“我”显然不是人的肉体，而是指人的精神，指人的心。人心作为主体本来是同作为客体的道相对而言的，但到了天人同体的境界，主体与客体已经完全统一起来了：人通过心从道那里获得了形而上的本质，从而成为道的自觉的体现者。在陈献章哲学中，道是宇宙万有的实体和发展演化的自然过程，具有无限性、普遍性和永恒性。得道之人已成为道的代表，将道的无限性、普遍性和永恒性已充分体现于此人的一身之微中。对于得道之人来说，他的精神世界与道已合而为一，不再有主体与客体的分别。

一些研究者抓住陈献章“天地我主，万化我出，而宇宙在我”一类的话，把他视为主观唯心主义者，这是一种误解。因为陈献章在这里是描述天人同体的精神境界，而不是描述客观事实。在对天人同体境界的描述中，他似乎把天地、万化、宇宙都归结为我，但并没有因此而取消道的本体地位。他是在肯定天地道立、万化道出、宇宙在道的前提下说这番话的，这些话只是适用于那些得道之人，并不是一般性的判断。其意思无非是说，对于得道之人来说，他的精神主体已取得了与道同等的意义，因此，对于他来说，可以说“天地道立，万化道出，宇宙在道”，说“天地我立，万化我出，而宇宙在我”亦未尝不可。得道之人只是体味到道的形而上意义而已，并不意味着他的心就是宇宙万有的本原。由此看来，主观唯心论的帽子对于陈献章来说并不合适。

陈献章在处理道与心的关系问题时，同陆九渊、王阳明是有区别的，他从来没有提出过“心即理”、“心外无理、心外无物”一类的哲学命题。他始终把道的实在性作为自己哲学思想的基本点，并没有把道与心直接等同起来。他承认道与心具有同一性，但在他的哲学体系中，这种同一性是在克服了道与心的对立之后实现的。道与心的第一层关系是道心分立，道为本体、实体，同时也是客体，心为主体，心是道的一部分，心从属于道。第二层关系是以心求道。道虽然具有实在性，但没有能动性，只有心才具有能动性，只有心才可以自觉地追求道。第三层关系是道心合一。道与心完全地融为一体，不再有主体与客体的分别。我心即是天道，天道即是我心。但这乃是心经过涵养之后实现的，况且并不是任何人都能进入这种境界。陈献章关于道心关系的看法，显然比陆九渊“心即理”的粗疏之见深刻得多。他在承认道的客观实在性前提下，阐扬心的主观能动性，对于王阳明的致良知之教无疑具有启迪作用。

综上所述，陈献章提出“天人一气”、“天人一理”、“天人合德”、“天人同体”一组命题，以独到的方法对儒家的天人合一观念作了新诠释。在这组命题中，天人一气是基础，天人一理是核心，天人合德是最佳的心境，而天人同体是最高的道境。这组命题论说的重点是人，而不是天，因为天与人能否合一，关键取决于人。陈献章的人学思想有两个值得注意的特点。第一，他强调自我，强调在道的面前人人平等。他认为只要认真涵养，任何人都可以进入得道境界，表现出某种程度的平民倾向。第二，他肯定心是人掌握道的根据，认为万化道出可以转化为我出，对心的主体性作了充分的肯定。他承认道的实在性，但没有凸显道的绝对性和权威性。他强调人有求道、掌握道的自由，具有某种思想解放的意义。

3. 操存涵养

儒家哲学既是学识，又是工夫，包括学、问、思、辨、行等项内容。陈献章继承了儒家的这一学统。他在讨论完本体（客体）问题和主体问题之后，涉及的第三个问题便是主体与客体如何统一的问题。这正是他的“操存涵养”的工夫论所要解决的问题。

陈献章的工夫论是服务于他的本体论和主体论的。我们在上文曾提到，陈献章把天人同体视为最高的得道境界，照他看来，进入这一境界应当是儒者治学、修身、做人要达到的终极目标。只有进入这种境界，才不枉为人；否则，徒具形骸，喘息于天地之间，便同昆虫没有什么区别。能进入天人同体境界的人便是他心目中的圣人，他在《枕上》诗中唱道 :“仲尼不作周公梦，天下共嗟吾道衰，总为乾坤元气薄，圣人诚处众人知”。他把孔子视为圣人，而他的工夫论正是对于入圣域的进路所作的探索。

陈献章指出，一个人要想把自己造就成为圣人，就必须加强自我修养。平常人与圣人之间固然有很远的距离，但只要坚持不懈地加强自我修养，这段距离一定会不断地缩短，终究会成为圣人。自我修养是什么意思呢？就是以圣人为标杆，去掉自己身上不如圣人的地方，学习圣人比自己高明的地方，逐步地向圣人看齐。他主张“今日修之，明日修之，修之于身，修之于家园，修之于天下，不可一日而不修焉者也”。(《重修梧州学记》) 这就是所谓“作圣之功”。

那么，怎样实施作圣之功呢？陈献章在《与贺黄门》的信中提出四条纲领。他写道 :“心地要宽平，识见要超卓，规模要阔远，践履要笃实。能是四者，可以言学矣。”第一条是心地宽平而不狭隘。要有兼收并蓄、从善如流的气度，对他人要宽容，要有听得进不同意见的雅量，不斤斤计较于毁誉。他在《示学者帖》中告诫自己的门人说，对于别人的批评，自己不必介意。因为每个人由于禀习不同，自然有自己的好恶、自己的是非尺度 ; 人往往用自己的是非尺度去衡量别人，又常常以自己的是非尺度去判断别人的批评意见，这就未免造成偏见。一个心地宽平的人应当放弃这种偏见，不必责人以周。对于别人的批评意见应当平心静气，应当认真地检查自己，有则改之，无则加勉，以求“无毁之实”。假如你自己并没有可指责之处，别人硬是对你吹毛求疵，那么，错的并不是你，而是无端指责你的那个人。

第二条是识见超卓而不随波逐流。识见超卓就是站得高看得远，有独到的见解，不满足于流俗之见，不做古人的奴隶，不做书本的奴隶，更不做世俗的奴隶。陈献章倡导独立思考的精神，他在《次韵张廷实读伊洛渊源录》诗中唱道：“往古来今几圣贤，都从心上作心传，孟子聪明还孟子，如今且莫信人言。”意思是要继承前圣的精神实质，而不是死守章句，要自己用心把握儒家的根本道理，而不能轻信后儒的传疏解释，力求获得真知灼见。他曾在《赠陈秉常》诗中唱道：“我否子亦否，我然子亦然，然否苟由我，于子何有焉？人生寄一世，落叶风中旋。胡为不自返，浊水连清渊。”如果人生在世，只是跟着别人亦步亦趋，随声附和，毫无主见，这样的人在陈献章看来，有如旋风中的落叶，实在可悲可怜。他奉劝这样的人幡然悔悟，挺起腰杆做人。

第三条规模阔远而不浅陋。这条纲领包含两层意思。一层意思是说作为一个立志成为圣人的儒者，要闻多识广、博学深思，不能如井底之蛙，只看到巴掌大的一块天。陈献章认为，只有见得广，思想才会有深度。另一层意思是说要立足于求道，不能只关注眼前的东西。只有进入与道同一的境界才称得上规模阔远。用陈献章的话来说：“至大者道也，而君子得之。”（《论前辈言铢视轩冕尘视金玉》）

第四条是践履笃实而不蹈虚。前三条属于知，这一条属于行。陈献章认为自我修养最终应当落实到行动上，贯彻到实践中，按照道的指引去为人处世。他强调，遵道而行一是要“笃”，即坚持不懈、毫不动摇；二是要“实”，即脚踏实地，绝不飘浮。陈献章指出，知仅仅是“学之指南”，知最终要落实到行上，否则就算不上真知。他在《送罗养明还江右序》中说：“君子所以学者，独诗云乎哉？一语默，一起居，大则人伦，小则日用，知至至之，知终终之，此之谓知。”他主张为学应当从人伦日用出发，并且贯彻到行为践履之中，不能半途而废；如若不然，容易走上“虚无寂灭”的歧途。总之，在陈献章看来，知和行是统一的关系。他虽然没有像王阳明那样明确地提出“知行合一”的命题，但也表达了类似的思想。

朱熹在白鹿洞书院学规中制定的为学之序是“博学之，慎思之，明辨之，笃行之”。如果我们把朱熹提出的四条为学之序同陈献章的四条纲领比较一下，不难发现他们的思想倾向是不一样的：朱熹把博学放在首位，而陈献章把正心地放在首位；朱熹重视穷理，陈献章重视明心。在如何成就圣人问题上，他们采取了不同的进路，但在重行这一点上，却是殊途同归。

基于上述四条纲领，陈献章认为作圣之功的下手处是心。他在《书自题大塘书屋诗后》一文中说：“为学当求诸心必得。所谓虚明静一者为之主，徐取古人紧要文字读之，庶能有所契合，不为影响依附，以陷于徇外自欺之弊，此心学法门也。”他指出，做学问的目的在于把自己造就成圣人，这就必须在自己的心上下工夫，走为己之学的路子，而不是为人之学的路子。要达到这一目的，首先必须有主体意识，有独立思考的精神；不作影响之谈，不依附于别人的说法；既不徇外，也不自欺。这是求之于心、掌握心学法门的最基本的要求，陈献章称之为“举足第一步”。

为什么作圣之功要在心上下手呢？因为心与道是相通的，惟有心才能成为连接主体与客体的桥梁。他在《示诸生》一诗中给门人们的赠言是：

无我无人无古今，天机何处不堪寻。
风霆示教皆吾性，汗马收功正此心。
水火鼎中非玉液，鸳鸯谱里失金针。
道人欲向诸君说，只恐诸君信未深。

这首诗中的“天机”指的是天道。天道无我无人无古今，说明天道是永恒的本体。人要掌握天道，唯一的途径就是在心上用功。“汗马收功正此心”一句是这首诗的中心意思。他告诫自己的门人，风霆示教不过是我们的天性，能否体会到天人合一的境界，关键还在于涵养此心。外部教育环境只能当作涵养此心的条件，并不能代替心的涵养。读书如同绣花女看鸳鸯谱，如果只在鸳鸯谱上下工夫，而不去练习刺绣技巧，永远不会拥有“金针”。读书、受教育也是这样，这只能是辅助心性涵养的必要条件，但并不能代替心性涵养。如果一味地读死书，而不注意涵养心性，有如笨拙的绣花女只读鸳鸯谱而不动手去掌握绣鸳鸯的本领。总之，只有涵养此心，才能在实践中贯通万物，使天地万物与我浑成一体，进入最高的得道境界。

陈献章指出，涵养心性的关键在于造就“胸次澄澈”的心境。他在《书自题大塘书屋诗后》中写道：“此理洞如，然非涵养至极，胸次澄澈，则必不能有见于一动一静之间。”何谓“胸次澄澈”？就是使心处于“虚明静一”的状态。所谓“虚”是指排除耳目的干扰，不抱有任何成见，以求与至虚的道合而为一。陈献章很重“虚”，主张“全虚圆不测之神”。所谓“明”是指洞察天道的直觉能力，心处于清醒、明觉的状态，不为谬见所误。陈献章所说的“明”，也就是宋代理学家常说的“惺惺”。所谓“静”，是指心态平静，具有静中观道的定力，排除各种干扰。所谓“一”，有两层含义。一层含义是真诚专一的心理状态，心排除一切杂念，专注于道，保持着定向兴奋的状态。陈献章认为这是求道时必不可少的心理条件，没有这个条件无法进入得道境界。另一层含义是太一，即天道。他在《读张地曹偶拈之作》诗中唱道：

拈一不拈二，乾坤一为主。
一番拈动来，日出扶桑树。
寂然都不拈，江河自流注。
濂洛千载传，图书及祖宗。
昭昭《圣学篇》，授我自然度。

这里的“乾坤一为主”的“一”是指天道，“拈一”就是与道为一。他把道的“太一”与心理状态上的“专一”看作同一东西的两个方面。天地万物都以“太一”为实体，都是“太一”的表现形式。“太一”动则出扶桑，静则江河流注。人作为万物中的一物，也以道为实体。人心理状态的“专一”正是对“太一”的明觉。所以，“拈一”就是心通道境，普照万物，有见于天道一动一静之间。陈献章强调，胸次澄澈的心境是涵养至极的结果。因此，能否成为圣人，关键在于能否在涵养二字上用功。只有使心保持虚明静一的心境，才可以体认阴阳动静、万化流形的大道理，并且坚定地用以指导自己的人生实践。这就是陈献章的“心学法门”的真谛之所在。

那么，涵养心性的具体方法是什么呢？陈献章提出的第一条办法就是静坐。这是“心学法门”的入门工夫。他的门人林熙缉回忆说：“先生教人为学，始初必令静坐，以养其善端。”他本人也曾在《与林友》的信中说：“学劳扰则无由见道，故观书博识，不如静坐。”倡导静坐养心，这是陈献章治学方法的最显著的特色。静坐的方法是陈献章在应用朱子读书穷理方法失败之后逐步摸索出来的。他本人曾有过多年苦读的经历，但并没有找到“吾心与此理”的凑泊吻合处。于是舍繁返约，找到静坐的方法。经过多年静坐，他的体验是：“见吾此心之体隐然呈露，常若有物。”有了这种体验，在日用伦常中便可以应付裕如；如同抓住了驾驭马的衔勒。有了这种体验，体认物理、了解圣贤思想来历，有如找到了源头活水。

从心性涵养的意义上说，陈献章提出的静坐方法包含着三层意思。首先，静坐是读书的负面，即“不读书”的意思。陈献章认为，学问有两种，一种是由积累而至的书本知识，这种知识是可以言传的。另一种是不由积累而至的关于道的知识，这种知识是不可以言传的。道“至无而动，至近而神”，要想求道，仅靠读书是不成的，必须抛开书本，用心去体验道、直觉道。由此可见，他所说的静坐是一种以道为对象的直觉的方法。这种方法同他的本体论思想是一致的。

其次，静坐是主体意识的挺立。陈献章反对读死书，反对为读书而读书、为科举而读书，反对“为人之学”，倡导“为己之学”。在他看来，涵养心性首先要解决的问题就是如何使主体意识（己）挺立起来。主体意识的挺立是寻求“为己之学”的必要前提，没有这个前提当然谈不上为己之学。主体意识的挺立不是读书听讲可以达到的，唯一的途径就是自我去开发；而开发的手段之一就是静坐，由静坐见心体。他常常对自己的门人说：“为学须从静坐中养出个端倪来，方有商量之处。”（《与贺克恭黄门》）在这里，他所说的“端倪”指的就是心体呈露，就是主体意识的挺立。有了这样一种体验，才算找到了“为己之学”的立足点，“方有商量之处”。

再次，静坐是一种心理定力的训练。陈献章指出，做学问不但要有主体意识，还要有一种坚定不移、虚明静一的心态，这就涉及心理定力的训练问题。心理定力的获得不能依靠外力，而应从主观方面去解决，所以他才大力提倡静坐。他还指出，培养心理定力应当遵循以自然为宗的原则，“始终一境，勿助勿忘”。既不可以急躁，又不可以懈怠。通过持之以恒的静坐修养，养成矢志不渝的信念，并且将之贯彻于人生实践之中。

陈献章很重视静坐的方法，但他并非以静坐为涵养心性的惟一手段。静坐固然可以取得一定的效果，但毕竟有些消极，如果使用不当，容易流于禅学，故而只可以当做入门工夫。要想使心性涵养达到更高的水平，除了采用静坐的方法之外，还应当采用积极的方法。这积极的方法，他称之为“洗心”。“洗心”的概念出于《易传·系辞》“圣人以此洗心，退藏于密”。意思是说，应当使心运行不息，不滞于物，以易理为归宿。陈献章接受了《易传》的这一观点，很重视洗心的必要性。他在《梦作洗心》诗中唱道：

一洗天地长，政教还先王。
再洗日月光，长令照四方。
洗之又日新，百世终堂堂。

他在诗中告诉我们，所谓洗心就是“日新”的意思，即去掉心中不符合道的私见、欲望、机巧、狂驰等等杂念，使心保持与道为一的清洁状态，有如新鲜的山井山泉。他在《题心泉赠黄叙仁》一诗中以山井山泉喻心地清洁：“夜半汲山井，山泉日日新。不将泉照面，白日多飞尘。飞尘亦何害，莫弄桔槔频。”他的门人湛甘泉在解释这首诗的意思时说，诗中的泉比喻本心，飞尘比喻物欲，而桔槔比喻机巧之心。这种解释是符合陈献章的原意的。

关于洗心的具体方法，陈献章指出以下几点：

（1）拨闷。他写有《拨闷》、《拨闷漫书》二诗，抒发自己在病中的心境。他吟道：“久病在床，展转莫舒；我欲观化，有握其枢。”他抱病在床，辗转反侧，苦不堪言。然而却由此想到痛苦何由产生的哲学问题。他的结论是：一切痛苦、烦恼都是由于主观欲望与客观规律之间发生矛盾造成的。病痛原本是自然现象，如果想不开便会造成精神上的痛苦，愈加不能自拔。那么，怎样才能排遣痛苦和烦恼呢？陈献章的办法是“天岂不知，天偶遗之。吾将尤谁，我聊任之，拨闷以诗”。恶劣的情绪会妨碍心境的平和，一旦体会到顺应自然的真乐，便会消除恶劣的情绪。

（2）忍怒。陈献章指出，除了痛苦和烦恼以外，愤怒也是一种不良的情绪，为了保持心境的平和，控制愤怒情绪也是十分必要的。他在《忍字赞》中说：“七情之发，惟怒为遽。”“当怒火炎，以忍水制；忍之又忍，愈忍愈励。”在忍怒方面，他很佩服唐代的张公艺。张公艺家九世共居，唐高宗问他家族何以如此和睦兴旺，张公艺写了一百个忍字呈给皇帝，皇帝对他加以奖赏。陈献章认为忍怒是涵养本心必不可少的工夫，因为“小不忍则乱大谋”。一个人有了善于忍怒的涵养，才能处逆境而不慌，坚定地向着成功目标前进。

（3）慎独。慎独是《礼记·中庸》提出的涵养方法，要求人在独处而无人觉察的时候，仍旧谨慎地严格地要求自己，使自己的动机和行为都符合道德准则。陈献章对慎独这项儒家传统的涵养方法很重视，他在《冬夜》诗中写道：“平生昧慎独，即事甘掣肘。”可见他是经常运用慎独的方法涵养心性的。拨闷、忍怒是要克服不良情绪，使心态恢复平和，都是有针对性的洗心方法，而慎独与二者不同，它是一项经常性的涵养工夫，讲究心性涵养的自觉性。实行慎独工夫，要求心心在道，一刻也不脱离。不但在行动上遵道而行，而且要时时刻刻检查自己的动机是否违背了道。对于那些违背了道的动机，即便没有表现出来，没有被人发觉，但自己心里是清楚的，绝不能原谅自己，而应当戒慎恐惧，加以清除。慎独是一项比拨闷、忍怒要求更高、更严格的涵养工夫。

陈献章指出，心性涵养工夫的顶点就是自得。他对自己的学生说得最多的一项工夫就是自得。他在《李文溪文集序》中说：“士从事于学，功深力得，华落实存，乃浩然自得，则不知天地之为大，死生之为变，而况于富贵贫贱，功利得丧、屈信（伸）争夺之间乎！”照陈献章看来，自得是心体（主体）掌握道体（客体）的最高表现，这是一个心性涵养的艰苦过程，故而谓之“功深”；又是心与道凑泊融会的过程，故而谓之“力到”。这两个过程统一起来，标志着修行者已达到与道同一的最高境界，如同花落之后结出丰硕的果实。这个果实就是“浩然自得”的收获，真正属于自家的东西。修行者以此为安身立命之地，什么富贵贫贱、功利得丧、屈伸争夺都不会使他动心。心性涵养到了自得的程度，才算工夫到家了。

综上所述，陈献章从涵养的纲领讲起，讲到静坐、洗心等涵养的方法，建立了一个独到的工夫论系统。陈献章的工夫论，注重本心自省，不像朱熹那样注重读书穷理，已把为学工夫心学化了，从而开启了明代心学运动的先河。陈献章的工夫论，涉及自我控制、心理锻炼、情绪调整、境界提高、本体体验、意义寻求、终极关怀等问题，这对于我们现代人仍具有启迪意义。其不足之处在于，由于过分注重主体方面，过分强调开大源、立大体，而对于经世致用方面重视不够，表现出空疏的倾向，由此反映出他的儒家隐者哲学思考方式的局限性。

三、伦理思想

儒学一向以阐人伦、助教化著称，十分重视怎样做人的伦理学问题，在陈献章的身上，也体现出儒家的这一共同特征。他从事哲学思考，主要目的不在于帮助人们掌握“所以然”的规律，获得自然科学知识，而在于帮助人们认识自己、认识人生，掌握“所当然”的伦理规则，从而拥有积极的、健康的、圆满的人生。换句话说，他的哲学思考以伦理学为归终。基于“天道自然”的本体论、“万化我出”的主体论以及“操存涵养”的工夫论，他认为“仁”是最高的道德原则，对儒家的某些伦理规范表示认同，表明他关于人生态度和处世之道的看法。陈献章的伦理思想既有儒家的共同色彩，又有鲜明的个性特征。

1. 仁德至善

“仁”是儒家伦理思想的核心，由儒家的创立者孔子率先提出。他的“仁者，爱人”的论断，成为后世儒者坚定不移的信条。陈献章继承了孔子的仁学思想，也把“仁”视为道德的最高准则，并且力图从理论上加以证明，赋予其新的内涵。

自从孔子把“仁”作为儒家伦理思想的核心之后，后世儒者都从不同的角度予以解释和证明，赋予其绝对的价值。简略地说，后世儒者的解释方法和证明方式大体上有两种类型。一种是神学的进路，以天意说明仁的绝对价值，以汉儒董仲舒为代表。他声称：“人之血气，化天志而仁；人之德行，化天理而义。”（《春秋繁露·为人者天》）董仲舒视天为人的祖宗，认为仁德来自有位格的天。另一种是理学的进路，以哲学本体论说明仁的绝对价值，这是宋代理学家们比较一致的做法。理学的奠基人周敦颐说：“天以阴生万物，以阳成万物。生，仁也；成，义也。故圣人在上，以仁育万物，以义正万民。”（《通书·顺化》）他从天地间阴阳变化之道中引申出仁义之道。理学的集大成者朱熹也在《仁说》中指出：“天地以生物为心者也，而人物之生，又各得天地之心以为心者也。故语心之德，虽其总摄贯通，无所不备，然一言以蔽之，则曰仁而已矣。”这里的“天地之心”，乃是指化生万物的天理。天理化生万物，这就是仁德的终极来源。朱熹把哲学本体论与伦理学中的仁德紧密地联系起来：哲学本体论为仁德提供普遍性的前提；而仁德则为本体论提出具体性的验证。朱熹这里所说的“仁”是广义的，是一切道德观念的总称，具有总摄贯通、无所不备的普遍性。

陈献章对仁德的论证和阐发也采取了宋代理学家的进路，力图从他的本体论学说中直接引申出仁的观念。他认为天地间万事万物都以道为本体，道构成万事万物之间最普遍的有机联系，“动于此，应于彼”。这种普遍的有机联系，就是仁德的客观基础。道又是动态的实体，是无限的运动变化过程，“默而观之，一生生之机，运之无穷，无我无人无古今”。道在运行过程中的盎然生机就是仁德的体现。道将宇宙万物连结为一个整体，“塞乎天地之间，夷狄禽兽草木一体，惟吾命之沛乎盛哉”。(《古蒙州学记》) 仁德就是道的整体性的升华。总之，在陈献章看来，仁德来自天道的普遍性、生化性和整体性，仁德并不仅仅是人的道德观念的总和，追本溯源，仁德乃是以天道为本原。换句话说，仁德不仅仅是人德，而且是天德。禽兽草木也都体现着仁德，不过禽兽草木是不自觉的，只有人才能达到对仁德的自觉。陈献章同意二程“切脉可以体仁”的说法，因为切脉可以通过局部帮助医生了解病人的整体状态。哲学家对仁德的研究也是如此，他从人类自身入手，但并不局限于人类的自身，而要揭示出仁德出自天道的原理。对于人来说，体认仁德，也就是体认天道。

陈献章指出，最能体现天道仁德的莫过于春天了。春季里，东风送暖，万物复苏，大地上一派生机，到处洋溢着温馨的气息，体现出天道的好生、仁爱之德。周敦颐曾说：“天以春生万物。”陈献章也有与周敦颐相同的感受。他写了大量歌颂春天的诗作，动情地唱道：

> 一物春知物物春，一年春亦万年春。
> 总在乾坤形气内，敢诬当世谓无人。

在陈献章的眼里，春就是仁。万物沐浴着春的温暖，也就是沐浴着天道的仁德。人作为万物中的一物，同样分享着天道的仁德。人作为万物之长，有责任自觉地领略仁德，以仁德作为自己行为的最高准则。

陈献章没有仅仅从人类自身去考察仁德的起源，他从人德推到天德，把形而上的天道视为仁德的究极本原。他之所以这样做，目的在于凸显仁德原则的至上性、权威性。立足于“天道自然”的本体论，陈献章认为存在着客观的仁，这种客观的仁就是天道自然流行、化生万物的本性。人们正是从天道的本性中获得仁德意识。按照他的这种说法，人恪守仁道，不仅仅是对自己负责，而且也对天道负责；道德行为不仅仅是自律，而且也是他律。陈献章试图从天道方面为他律找到形而上的理论根据，唤起人们履行仁德的使命感，督促人们时时刻刻效法天道的仁德，使自己的行为处处符合道德原则。这样，陈献章便从形而上的高度赋予仁德绝对价值，把人们的道德行为视为追求形上意义、追求终极关怀的神圣过程。经过这样的解释，陈献章把道德信念、道德原则都建立在他的本体论学说的基础之上了。

陈献章指出，仁德不但有客观的依据，而且有主观的依据。客观的依据是天道，主观的依据则是人心。他在《古蒙州学记》中写道：“仁，人心也。充是心也，足以保四海，不能充之，不足以保妻子。”他认为，圣人正是为了保养人心之仁，才制定礼义等行为准则。其实，圣人制定礼义规则并非出于个人私智机巧，只不过是找到恰当地表现人心之仁的形式而已，“君子因是心制是礼，则二者两全矣，巧莫过焉。”（《仁术论》）他以内容与形式的统一说明礼乐制度的合理性，从人心中为礼义制度寻找内在根据，把礼乐的约束作用归结为人心的自我约束。在他看来，形式是由内容决定的，圣人制定的礼义作为行为准则来说，乃是由人的道德理性决定的；一切行为准则无非是道德理性的选择，都是理性为自身立法并且自己遵守。这样，陈献章就为儒家的自律原则找到了理论根据。

圣人制定礼义考虑到人心，也考虑到人情。陈献章指出：“夫人情之欲在于生，圣人即与之生，人情之恶在于死，圣人不与之死。”（同上）圣人的道德理性与众人是一致的，圣人的道德情感同众人也是一致的。圣人欲众人之所欲，恶众人之所恶，他所制定的行为准则，既出于理性的自觉，又出于情感上的自愿。这样，陈献章便把自觉与自愿两个方面巧妙地统一起来了，没有像宋代理学家那样，把天理与人欲截然对立起来。陈献章这样处理人心与人情的关系，显然比宋代的理学家们开明得多。

陈献章认为主观的仁同客观的仁是统一的，二者的统一就构成了天人合一的道德境界。在这种境界里，“物我一体，惟吾命之”，充满了生机和仁爱。这种境界就是孟子所说“上下与天地同流”的境界，就是程颢所说的“仁者与万物同体”的境界。陈献章同孟子、程颢一样，把天人合一视为最高的道德理想，而进入这种境界中的人，也就是他心目中的圣人。圣人就是集天德人德于一身的人，在他的身上充分体现道德原则，从而成为众人应当效法的楷模。

以上，陈献章从客观的仁谈到主观的仁再谈到主客观统一的仁，确认仁为最高的道德原则。那么，人应当怎样在行动中贯彻仁道原则呢？陈献章指出以下几点。

第一，以仁的原则严格要求自己，把仁的境界视为安身立命之地。《易传·系辞》有“安土敦乎仁，故能受”的观点，陈献章写了《安土敦乎仁论》一文，加以阐发说：“寓于此，乐于此，身于此，聚精会神于此，而不容惑忽，是谓之曰：安土敦乎仁也。”他认为“仁”就是人之所以为人的根本，“仁”就是人的本质。如果失掉了仁，就等于失掉了人的本质，失掉了人之所以为人者，从而也就同禽兽所差无几了。仁是做人之道，是一切德行的总汇。所以，人能有仁，便是一个完人。做人应当以仁为安身立命之地，时时刻刻把握仁的准则，以行仁为乐事。对自己行仁道，也就是忠于自己的修身之道。对自己行仁道应当全心全意、毫不含糊，用仁的原则规范自己的一言一行，以仁存心，不能有所疏忽。孔子曾提出“我欲仁而仁至矣”、“为仁由己”等等著名的论断，陈献章表示认同。他强调，实行仁道原则必须从自己开始。一切从自身做起，一切从我做起，这乃是儒家仁道的首要一条。

第二，对待他人实行推己及人的原则，尽己尽忠，以仁爱之心相待。陈献章认为，仁既是自我约束的最高准则，也是处理人际关系的最高准则。所谓仁，应当在与人交往的过程中得以实现，假如一个人独居荒野，与人老死不相往来，他即便有崇高的仁德意识，也无法表现出来。所以，仁道必须体现在与他人相交往的过程之中。从这个意义上说，仁道就是与人相处之道。仁道要求每个人应当爱自己的父母，爱自己的兄弟姊妹，爱自己的亲朋好友，乃至爱全体社会人民。

陈献章主张每个社会成员都应当以仁爱之道相待，尤其是各级官员，更应当成为履行仁道的模范。他在《潮洲三利溪记》一文中指出，做学问应当讲究“为己之学”，而不是“为人之学”；至于做官刚好与此相反，应当讲究“为人之仕”，而不是“为己之仕”。这两个方面是有联系的：只有讲究“为己之学”的人才能成为“为人之仕”；反之，那些热衷于“为人之学”的人只能成为“为己之仕”。他认为，作为一位官员，理应当做到，为官一任，造福一方，对百姓实行仁政。成化十二年（一四七六年），巡抚都御史朱英督两广军定荔浦之乱，在桂山岩将七百多胁从者释遣归农。陈献章对此事大加赞赏，特写《古蒙州学记》一文，赞扬此种仁政之举动。

在陈献章看来，对他人实行仁道，包含着对他人人格尊重的意思。他在《梦记》中写道，他在梦中呼童子取行具，童子不理睬，慨叹“越人歌之，楚人听之”。醒来之后，他发了一通议论：楚人和越人气质不同，语言不同，爱好不同。假如一位楚人唱歌，楚人听后会从内心受到感动，而越人听了却无动于衷。由此看来，楚人就是楚人，越人就是越人，这是不可更改的事实，假如有一位越人到楚人所居之地强迫楚人迁往越地，必将受到反对。反过来也是如此。正确的做法应当是“守其为越者，无遽责楚以必同”。这就是说，人们应当彼此尊重，才能和睦相处，绝不可以把自己的喜好强加于人。陈献章认为，楚人和越人应当彼此尊重，和睦相待；同样道理，汉族和少数民族也应当彼此尊重，和睦相处。他主张华彝一体，反对种族歧视。他在《木犀》诗中唱道：“名花得见太平年，击壤声高压管弦，化日熙熙春荡荡，华彝何处不同天。”陈献章从儒家的仁道原则中引申出民族和睦的思想，这是他对儒家仁学的丰富与发展。在他的身上丝毫没有大汉族主义的气味。当然，他对异族侵犯中原是持反对态度的。

第三，不但对他人实行仁道，而且对物也实行仁道。对物行仁是对人行仁的扩延，陈献章主张对物加以爱惜、保护、不要糟蹋，更不可残忍。他认为，人作为有生命的存在物，同其他有生命的存在物息息相关，应当一视同仁，不应随便戕害。在他家的房东檐下，栖息一窝不知名的小鸟，母鸟每天衔虫而归，育养着三只幼雏。有一天，不懂事的小仆人夜里掏鸟窝，将一只幼雏摔死。陈献章知道后十分生气，特写《感鸟》一诗，向鸟表达自己的歉意。他仿佛觉得小鸟飞到他的枕边，叽叽喳喳叫个不停，似乎在诉说着哀怨。“吾甚愧此鸟，感之欲沾缨。”他把小仆人狠狠地教训了一番，“再拜谢此鸟，此意何由平”。

在陈献章正节堂东侧的高墙上，有一窝八哥鸟。一天，两只幼雏从鸟巢中坠下，母鸟只得到地上哺育自己的幼雏，时常还发出悲惨的叫声，丝毫不顾及旁边是否有人。陈献章发现后深为母鸟爱护幼雏的行为所感动，不禁大发恻隐之心，他赶紧把幼雏送到鸟巢之中，并作诗一首：“将雏无力上榱题，声断残阳翅忽低。高栋托身君亦误，鷦鹩安稳只卑栖。”他有感于八哥从高墙上坠落，借题发挥说，人与鸟是一样的，久居高栋也有坠地的危险，不如像鷦鷯一样低枝而栖倒安全一些，以此表示自己铢视轩冕，甘于淡泊的情怀。

陈献章不但对禽兽充满仁爱之心，对植物也施以仁道。他在《菊逸说》中写道："草木之品在花，桃花于春，菊花于秋，莲花于夏，梅花于冬。四时之花，臭色高下不齐，其配于人也亦然。"他认为，各种花都是草木之精气下发于上的英华，与人的伦理精神息息相通，对于人培养仁德大有帮助，人应当本着仁爱之心善待百花。陈献章写了大量的诗作，讴歌菊花、素馨、梅花、枳壳……在他的笔下，百花争艳，生机盎然，洋溢着仁爱和温馨。他认为，赏花、爱花，会从花中受到启迪，陶冶自己美好的心灵。

除了花之外，陈献章对竹也颇为钟爱。他在《对竹》诗中唱道："窗外竹青青，窗内人独坐。究竟竹与人，元来无二个。"他对竹独坐，觉得宇宙间万物浑然同体，皆以生生之气为本，自己同青竹之间似乎并无区别，本来无二。正如陈献章的高足湛甘泉对此诗所解释的那样："先生随处察仁体，真得洙泗濂洛之正传矣。"（《白沙子古诗教解》）

以上，陈献章从对己、对人、对物三个方面阐述了他关于如何贯彻仁道原则的看法。其实，这三个方面贯穿一个基本观点，即本着对天道负责的精神待己、待人、待物。天道既是仁德至善的动机的出发点，又是仁德至善的行为的落脚点。他在《与张廷实主事》的信中写道："道无往而不在，仁无时而或息，天下何思何虑，如此乃至当之论也。圣人立大中以教万世，吾侪主张世道，不可偏高坏了人也。"他强调道与仁是圣人立教万世、确立不移的最高原则，主张将这一原则贯彻到对己、对人、对物的行为实践中，倡导仁爱精神，倡导和谐精神，反对残暴，反对酷政，充分表达了他的儒者情怀。

2. 规范认同

陈献章作为一位儒者，对仁德观念表示认同，并且从他的本体论加以阐发与论证。但他同时又是一位隐者，因而同官方哲学家还有所不同。他并没有公开拒斥儒家的伦理思想体系，但立足于自己的哲学立场作了某些加工改铸。他从整体上接受仁的观念，而对传统的道德规范系统则有所选择，并没有完全接受。他对某些道德规范不感兴趣，对某些道德规范大力宏扬，从而表现出不同于俗儒的个性特征。

宋代理学家在谈到仁的时候，一般都同三纲五常相联系。例如，程颢说："学者须先识仁，仁者浑然与物同体，义礼知信皆仁也。"(《二程遗书》卷二上）朱熹也说："盖天地之心，其德有四，曰元亨利贞，而元无不统；其运行焉，则为春夏秋冬之序，而春生之气无所不通。故人之为心，其德亦有四，曰仁义礼智，而仁无不包。"(《朱文公文集·仁说》)他们从天理的普遍性引申出仁德的普遍性，然后再把仁德同三纲五常相联系，把仁视为一切道德规范的总汇。陈献章也以天道的普遍性论证仁德的普遍性，但并没有着意从仁德中引申出三纲五常等道德规范。他没有着意张扬三纲五常，但也并没有明确地表示拒斥。他作为中世纪的学者，无法跳出他所在的时代。他毕竟有自己的思考，并没有盲目地随波逐流、人云亦云，没有做影响附和之论。他按照自己的理解，只对为数不多的儒家传统的道德规范表示认同，而对三纲五常一类的正统观念几乎不置一词。

陈献章认同的第一个道德规范是孝。他在《望云图诗序》中写道："夫孝，百行之源也。通乎神明，光于四海。尧舜大圣也，孟子称之曰'孝弟'而已矣。故君子莫大乎爱亲。"他把孝行看成各种道德行为的根源，认为孝道与天道相通，尧舜等圣王皆是行孝的典范，可见他对孝是相当重视的。“孝”为四德（孝悌忠信）之首，历来受儒家的关注，但各个时代的儒者对“孝”的理解并不完全相同。孔子和孟子把尊亲、事亲看作孝的主要内容，孟子说：“孝子之至，莫大于尊亲。”后来孝又被当作宗法等级伦理道德的基础，《中庸》强调“夫孝者，善继人之志，善述人之志也”，主张子继父业。随着封建制度的确立与巩固，孝被提到根本大法的地位，《孝经》认为“夫孝，德之本也，教之所由生也”，“夫孝，天之经也，地之义也，民之行也”，强调孝是人们必须遵守的天经地义的伦理纲常。宋代的理学家把孝与忠紧紧地联系在一起，主张移孝作忠。程颐说：“臣之于君，犹子之于父。”（《河南程氏粹言》）他们把孝变成单方面的道德规范，主张子绝对地服从父，如同臣绝对地服从君，宣称“天下无不是的君父”。经过这样的解释，孝道便成了维护君父权威的工具，变成了维护人身依附关系的工具，从而也就变得越来越不近情理。陈献章强调孝为百行之源，粗略看来同汉儒和宋儒的说法没有多少区别，但仔细琢磨一下便会发现，陈献章对孝的理解与他们的说法有很大距离。他把“孝”界定为“爱亲”，这是一种与他们的提法都不同的新见解。

陈献章把“孝”界定为“爱亲”，其实质含义是把孝理解为对母爱的回报。这是他从自身的经历中得来的最真实的感受。他是一个遗腹子，是母亲含辛茹苦一手把他抚养成人。他的母亲林氏二十四岁就守寡，为了培养陈献章兄弟二人真可以说吃尽了苦头，奉献出自己全部的爱。陈献章很感激自己的母亲，很爱戴自己的母亲，他正是从爱母亲的崇高而真挚的感情出发提倡孝道的。他主张普遍的爱亲，把孝视为人生的第一位的道德信条。在他看来，为人之子对双亲实现孝道，完全是自然而然、理当如此的事情。这种孝道观同他的“天道自然”的哲学本体论是一致的。陈献章的孝道观同孔孟的“尊亲、事亲”的观念比较接近，但把孝同母爱紧紧地联系在一起，却是他的独到之处。他对孝的理解，更有人情味，更能体现出人道主义精神。

在传统的儒家孝道思想中，孝往往同父权相联系，所谓“三年无改于父道，可谓孝矣”。孝对于父亲来说是一种权力，而对于儿子来说只是一种义务。在陈献章孝道观中没有父权意识，因而也就没有造成权力与义务的疏离。在他的心目中，行孝的对象是母亲。众所周知，女性在中世纪是没有社会地位可言的，可见，陈献章对母亲行孝道，完全出于内心的真感情，出于人性之自然，并不涉及家业的传承问题。在传统的孝道观中，由于权力与义务的疏离，父为子纲，子成了父的附庸，于是孝成了论证人身依附合理性的工具。而陈献章的孝道没有把父亲视为行孝的主要对象，因而没有传统的孝道观的弊病。

陈献章所表彰的孝子几乎都是向母亲行孝的模范。他在《望云图诗序》中，表扬王公事母至孝的事迹。王公是山西人，少年丧父，与母亲一起生活。后因赴广东南海县做官，不得不离开老母亲。到任以后，一想到年迈的老母亲无人陪伴，便流涕呜咽而不自胜。南海县一些有名望的人请人绘制了一幅《望云思亲图》，题诗其上，并请陈献章作序，然后赠给王公，表彰他一片孝心。陈献章欣然为图及诗作序，称赞说：“盖公之孝自天性，非由勉慕乎外。”他在《永慕堂记》中所提到的御史李昆，也是一位对母亲行孝的孝子。李昆进拜老母于堂，十分恭敬孝顺，使陈献章颇受感动。他应李昆之邀，特写“永慕堂”匾额相赠，并写《永慕堂记》，阐扬孟子“大孝终身慕父母”之意。

其实，陈献章本人就是一位爱母至深的孝子。他最关心最挂念的人就是自己的母亲。他宁肯在家而不出去做官或执教，都是为了侍奉自己的老母，他违心地再次赴考也是为了自己的老母。据张诩

《白沙先生行状》载，陈献章“孝弟出于天性，事太夫人甚谨”。陈献章不在身边，母亲林氏吃饭都不香。陈献章外出，每每挂念自己的母亲，归心似箭。“母爱子慕，惟日不足。”陈献章晚年身体状况不佳，而林氏却康强如壮。他生怕自己死在母亲前面，不能为母亲送终，常常向天祈祷，但愿能死在母亲之后。弘治八年（一四九五年），林氏病故，享年九十一岁，这时，陈献章已是六十八岁的老者了。他服丧素食，心情十分悲痛，非常怀念自己的母亲，母亲死后，他再也不肯穿好衣服，以表达自己的哀思。母亲死后五年，他也离开人世。陈献章事母至孝，有口皆碑。他去世后，申时行奏请朝廷批准陈献章从祀孔庙，上疏说：“今孝友如献章，出处如献章而谓之禅可乎？”（《从祀文庙疏议》）可见，行孝是陈献章之所以能够得到从祀孔庙这一殊荣的原因之一。

在中世纪的中国，“孝”几乎是人人都会讲的口头禅，但有人讲孝是真诚的，有人讲孝却是虚伪的，他们把孝挂在口头上，并不打算实行，更有甚者竟把讲孝当做沽名钓誉的手段。针对这些伪君子，陈献章强调孝应该出于本心，出于真诚，出于对双亲的至爱。他在《风木图记》中说：“夫孝子之事其亲，视于无形，听于无声，致爱则存，致悫则著，著存不忘乎心，奚存殁间哉？”他认为孝子对待自己的双亲，应当体贴入微，发自内心，至诚相待，才算尽了孝道，而不能只作表面文章。所谓孝应当是两代人心灵的感召，情感的沟通，精神的互慰，“具足于内者，无所待乎外，性于天者，无所事乎人。又非事亲一事为然也，一以贯之”。在他看来，这才是儒家孝道的真正含义。可惜，孝道的真正含义并没有得以发扬。在普通人的眼里，孝不过是“丰其养，厚其葬，生之封，死之赠”一类的事情，在陈献章看来，这距真正的孝道相去甚远。他并不否认“丰其养，厚其葬”之类的行为也属于孝，还曾对别人赡养亲人表示赞赏。但他认为，养亲只能算是行小孝，而不算行大孝。因为这种孝是外在表现出来的，大家有目共睹的，并且这种孝行是针对亲人的，只能算作意向所向的好，还不是意向本身的好。

陈献章认为，大孝应当是意向本身的好，应当是发自内心的孝的动机，而不仅仅是孝的行为。他在《与邱苏州》的信中谈到事亲时说："仆闻之，君子之事亲也，尽其在我者，不必其在人者。苟吾之所为，不畔（叛）乎道，不愆乎义，则其为孝也大矣，禄之失得弗计也。"大孝的标准是内在的，而不是外在的。大孝应当建立在把握道义的基础之上。他所说的道是指"天道自然"，而义则是仁义的天德。在他看来，是否算作大孝，不在于别人甚至是双亲对你的评价，而是你自己以天道天德为尺度对自己进行评价。所以，行孝实质是自己按照天道天德行事，尽其在我，禄所弗计。这样一来，他便把大孝提到尊重天道天德、尊重自我的高度，从而把传统儒学中的"孝"从外在的道德规范转化为内在的价值取向，从他律变为自律，使之心学化了。陈献章的这种理解可以说发前人所未发。

陈献章指出，心中的天道或心中的仁德是孝的根据，因此行孝实质就是正心、诚意、修身。然而行孝并不仅仅是个人的行为，其影响面是很大的。立足于孝道，可以齐家、治国、平天下。首先，孝道有利于家族的繁荣和兴旺。"古之仕者世继，死者有庙，生者为宗。思相庆而死相吊，百世不相忘。"（《增城列氏祠堂记》）如果每个家族成员都认同孝道，势必增强人们之间的团结，形成良好的家风。孝道不仅可以影响有血缘关系的家族成员，也可以影响其他社会成员，收到"慎终追远、民德归厚"的社会效应。因为家族与国家密切相关，"家之谱，国之史也"。（《汤氏族谱序》）实行孝道可以改善家风，也可以改善社会风气。总的来看，陈献章对孝道的理解虽有独到之处，但并没有超出儒家思想的范围。

陈献章认同的第二个道德规范是忠。他在《永慕堂记》中说："夫忠孝之推也，不孝于亲而忠于君，古未之有也。"他认为忠是孝的逻辑延伸，忠与孝是密切相关的。孝于亲是忠于君的前提，假如离开这个前提，忠于君就无从谈起。孝的对象是同自己有血缘关系的双亲及其他长辈，忠的对象是同自己没有血缘关系的君主，尽管所指向的对象不同，但道理是一样的。按照他的看法，如果说孝的涵义是爱亲的话，那么忠的涵义便应当是爱君了。

忠也是儒家伦理学中的一个重要的道德范畴，是指诚恳、积极为人的人格和态度，即所谓“尽己之谓忠”（朱熹《四书集注》）孔子很重视忠道，把它看作人的重要品德，主张“君使臣以礼，臣事君以忠。”（《论语·八佾》）孟子认为，“教人以善谓之忠”，（《孟子·滕文公上》）把忠当作重要的道德规范。汉代的《忠经》认为忠是“为国之本”，《白虎通义》把忠德列为三纲之首，主张臣民对君主绝对尽忠，视忠为天经地义的法规。在儒家传统的忠道中，既有积极的因素也有消极的因素。其积极的因素包含着忠于祖国、忠于民族的合理内核，曾培育出岳飞、文天祥等一大批民族英雄，他们不愧为中华民族的脊梁。其消极因素是带有封建专制主义倾向，常常把尽忠的对象仅定为君主一人，臣民似乎只有尽忠的义务，而君主享有不受限制的权力，从而导致“君叫臣死，臣不敢不死”的愚忠。这两种因素是紧密地结合在一起的。

陈献章对忠道的阐发，主要是侧重于其中的积极因素，即侧重于阐发其中的爱国主义思想。陈献章居住地新会县南面的大海中有一座厓山，为宋末抗元的最后据点。宋祥兴二年（一二七九年），元将张弘范率军攻打厓山，少傅张世杰与元军在海上决战，兵败突围，遇台风溺死。左丞相陆秀夫在厓山被攻破时，背负宋帝赵昺投海殉国，慈元后亦一同殉难。白沙离厓山很近，陈献章从小就受这一历史事件的影响，萌发爱国主义感情，长大成人以后，他经常到厓山凭吊为国尽忠的先烈，留下大量诗篇，忠烈们不惜以身殉国的精神使他感奋不已。他在《寄贺柯明府》诗中唱道：“寥寥二百年，大忠起江渍。”他把张世杰、陆秀夫、文天祥、慈元后看成彪炳史册的民族英雄、爱国忠烈。有一次，他到厓山受风所阻，七日方才归回。他突发奇想：莫非是陆、张的英灵在挽留自己？他在诗中唱道：“言归辄风涛，无乃疑张陆。”他还在《登厓山观奇石碑》诗中写道：

长年碑读洗残潮，野鬼还将野火烧。
来往不知亡国恨，只看奇石问渔樵。

我们从陈献章的这些慷慨激昂的诗句中，不难领略到他对忠德的颂赞，领略到他同殉国忠烈在精神上的共鸣，领略到他作为一个儒者所具有的爱国主义情怀。为了纪念殉国的忠烈，他曾倡议在厓山建“大忠祠”和“慈王庙”。成化二十二年（一四八六年）御史徐瑁命人削去张弘范刻在奇石上的“镇国大将军张弘范灭宋于此”的字样，陈献章建议改刻“宋丞相陆秀夫负帝沉此石下”，可惜未被采纳。

陈献章颂赞宋末殉国的“三忠”，并不仅仅是“发思古之幽情”，在当时是有实际意义的。在他所处的时代，明王朝与外族之间的斗争相当激烈。明英宗曾被瓦剌军掳去，明孝宗时鞑靼屡犯塞内，这不能不使他联想起宋末殉国的忠烈。由此反映出，陈献章宏扬忠道带有抵抗外族入侵的进步意义，透露出他的一片忧国之心。

对于传统忠道的消极方面，陈献章当时虽然不可能有清楚的认识，却能保持一定的思想距离。他对那种“文谏死，武战死”一类的愚忠并不怎么欣赏。汉成帝时，槐里令朱云请斩安昌侯张禹。成帝大怒，欲杀朱云，朱云竟把殿槛攀折。后来成帝原谅了他，并下令保存原槛，只作修补，以表彰朱云直谏，史称“引裾折槛”。东汉汉安元年（一四二年），张纲到洛阳都亭就把车停下来，把车轮拆下来埋在地里，发誓上书弹劾当权的大将军梁冀及其弟梁不疑，京师为之震动，史称“都亭埋轮”。在传统的儒家伦理思想中，引裾折槛、都亭埋轮被视为忠臣的典范，陈献章却不以为然。他在《与张宪副廷学》信中表示，朱云、张纲的举动同真正的忠臣相比，有如以猛禽比凤凰，二者相去甚远。对于他们的举动许之以“勇”尚可，许之以“忠”则不妥。

陈献章同意忠君就是爱君的说法，但他认为爱君是有条件的，而不是无条件的。假如君主真的有恩于你，你当然应当表示感谢。比如，明宪宗朱见深旌表陈献章的母亲，赐予他翰林检讨官职，他自然应当上表谢恩。尽管如此，他还是不肯放弃意志自由，无条件地拜倒在皇帝的脚下。他在处理忠孝冲突的时候，没有像所谓的忠臣那样，在忠孝不能两全的情况下舍孝求忠，相反，他倒是舍忠求孝。他接受了皇帝赐予的官职，却不肯到任，理由是自己要对年迈的老母尽孝。他在《望云图诗序》中说：“君与亲一也。在亲为亲，在君为君，世宁有笃于亲而遗其君乎？”在他看来孝亲与忠君是等值的，不主张绝对地对君主尽忠。这样，他就同愚忠划清了思想界限。

陈献章认同的第三个道德规范是节。“节”是“节操”的缩语，包含节气、操守、骨气、志气等意思，是指道德品质上的坚定性和坚持性。节也是儒家历来所重视的道德范畴之一。据《左传·成公十五年》记载，诸侯们要拥立子臧为王，子臧推辞说：“圣达节，次守节，下失节。为君非吾节也，虽不能圣，敢失守乎？”说罢便逃到宋国去了。这是关于守节的最早记载。宋代理学家对守节作了狭义的限制，特指妇女为亡夫作出不再嫁的承诺。程颐的弟子向他请教：有一位寡妇既孤独又贫穷，并且无依无靠，她是否可以再嫁？程颐的答复是：“只是后世怕寒饿死，故有是说。然饿死事极小，失节事极大。”（《河南程氏遗书》卷二十二）在中世纪的中国，年纪在三十岁丧夫而不再嫁，独居五十年以上的妇女，便是社会所公认的节妇。

陈献章基本上接受了宋儒的守节观念，因为他的母亲就是一位受到皇帝旌表的节妇。他在这样一位母亲的哺育下长大成人，自然会对守节观念有很强的认同感，这完全是可以理解的。他在《书韩庄二节妇事》一文中对节妇韩氏和庄氏肃然起敬，他写道："今之诵言者，咸曰：'饿死事极小，失节事极大。'故临利害，比二氏乃能之，学者固不能于此。"在他看来，二节妇的高风高节，远非那些只会读书的书生们可比。他还在《止迁萧节妇墓赋》中为萧节妇大唱赞歌："嗟此烈妇兮，彼丈夫弗如。"他把萧节妇视为令男子汉汗颜的道德楷模。

值得注意的是，陈献章对节妇们的表彰，并非仅仅凸显她们为亡夫守节的行为，而且凸显她们不畏强暴，宁死不屈的气节。据《新会县志》记载，陈献章提到的庄节妇原本是海康人，随着丈夫吴金童逃荒来到新会县刘铭、梁狗的家中，刘、梁二人贪图梁氏貌美，想占有她，遂在海上将金童害死，庄氏数日后发现丈夫的尸体，放声痛哭。当天夜里，她便背着幼女投海自杀。陈献章提到的萧节妇名叫乌头娘，在逃难时被水军掠到香山小榄，欲强暴她。她宁死不从。后来水军要把她卖掉，并且威胁她说："你若不让卖就杀死你！"萧氏并不怕死，伸长脖子让刀砍下。围观的民众无不被感动得落泪。陈献章对她们的表扬，包含对抗暴精神的肯定。由此看来，他虽然赞扬节妇，但并没有完全落入宋儒的窠臼，也包含着一些合理的因素。

陈献章对"节"的理解不像宋儒那么偏狭。他认为，守节不仅是女性应尽的道德责任，同样也是男性应尽的道德责任。无论男人还是女人，都应该做一个有节气、有操守的人，都应该向着自己所选定的价值体系和道德理想矢志不渝地努力前进，绝不轻易地放弃或改变，从而保持人格和道义上的纯洁性和一贯性。他在《与贺黄门》的信中说："人无气节不可处患难，无涵养不可处患难。"他指出，在守节方面，韩愈不如苏轼。同样是遭贬官，韩愈到潮州以后，便撑持不住，整天价愁眉苦脸，急急忙忙地同太颠和尚交朋友，以排遣心中的苦闷。这同他以前坚定排佛的态度大相径庭。而苏轼被贬到海南以后，仍旧能保持儒者平和的心境，居然有兴致在诗中唱道："日啖荔枝三百颗，不妨长作岭南人。"陈献章对苏轼处逆境而守节的举动表示由衷的赞佩，感叹地说："此皆是患难奈何不得，气象何其壮哉！"

陈献章指出，"节"既适用于私德，同时也适用于公德。守节既能够用以维护自己的名誉，也能够用以表达自己对祖国、对民族的忠贞。他认为宋末英勇献身的抗元英烈都是为祖国为民族守大节的典范。据张诩《白沙先生行状》记载，陈献章"少读宋亡厓山诸臣死节事，辄掩卷流涕"。陈献章关于"节"的看法，虽然没能摆脱宋代理学家的影响，但毕竟同他们有区别。他关于守节的看法比较接近这一观念的原初意义。

3. 处世之道

陈献章把"仁"视为道德的最高准则，对"孝"、"忠"、"节"等道德规范表示认同。虽然提出一些与先儒不同的看法，可是他的道德观仍然以儒家为主调，这是无可辩驳的事实。然而，在人生态度方面，他却较多地接受了道家的思想。他将儒、道两家的思想加以整合，提出了关于处世之道的看法。

陈献章认为，人生在世，要解决的第一个问题就是如何立世的问题。一个人首先必须在社会上站得住脚，然后才谈得上处世问题。人怎样才能在社会上站得住脚呢？陈献章指出，那就是要使自己成为一个有本事的人，成为对社会有用的人。他在《诫子弟》中说：“人家成立则难，倾覆则易。”一个人能否成才，他的父兄固然负有教育责任，但关键还是看他自己是否肯努力。一个人只有掌握一门对于社会有用的专长，才能在社会上站得住脚。他讲了这样一个故事。村里有一户人家，以弹琴为职业。弹琴本是一项高雅的艺术，用来陶冶情操未尝不可，然而作为一项专门的职业，在农村中却是无法糊口的。这位琴师把弹琴的艺术传授给儿子，希望他的儿子托琴而衣食。然而他的希望很快破灭了，不但糟蹋了琴艺，而且还坑害了儿子。他的家境败落，一家人几乎不能生存。村里的人都瞧不起这户人家，不愿意同他家来往，把他家孤立起来。讲完这个故事，陈献章评论说，琴师家之所以无法在农村里住下去，并不是他的道德品质不好，而是他选择了在农村中没有用的职业。他“既无高爵厚业以取重于时，其所挟者率时所不售者也，而又自贱焉，奈之何其能立也”。看起来，一个人要在社会上站住脚，必须掌握一项对社会有用的本领，否则必将遭到社会无情的淘汰。他语重心长地告诫晚辈们：如果自己没有掌握一种社会需要的本领，那是无法在社会上站得住脚的；自己无法立于世上，却推诿于命运不佳，那就更不应该了。

陈献章指出，一个人要在社会上站得住脚，并不是一件容易的事，稍有不慎就可能身败名裂。有一种人，自以为才高意广，不愿意久居人下，虚荣心极强。他们附庸风雅，不自量力，讲排场、摆阔气，把钱都花在畋猎驰骋、宾客应酬、舆马服食等方面，只图一时的快乐，而不知穷之将至。乡下人把这种败家子称为“大头虾”。大头虾挺须瞪目，头比身子还大，看起来个头不小，其实没有多少肉，吃起来味道也不好，真是“丰乎外，馁乎中”。乡下人以大头虾讥讽那些不务实、图虚荣的人，陈献章认为“言虽鄙俗，明理甚当”。他专门写了《大头虾说》教导晚生后辈，希望他们从中吸取教训，引以为戒。

陈献章的立世主张是一种入世主义的人生态度，这也是儒家的一贯思想。在中国古代哲学史中，人生态度大致分为三种类型。一种是出世主义的人生态度，以佛教为代表，佛教认为人生是苦，主张摆脱痛苦，放弃对人生的执着，看破红尘，皈依佛门，到达涅槃寂静的无生境界，彻底脱离苦海。另一种是避世主义的人生态度，以道家为代表。道家不像佛教那样直截了当地否定人生的价值，但他们对社会生活并不热心，主张寄意于山林，以躲避社会上人与人之间的纷争。再一种就是入世主义的人生态度，以儒家为代表。儒家肯定人生的价值，强调人生的责任感和使命感，主张积极地参与社会生活，在现实的社会生活中实现人生的价值。在上述三种人生态度中，陈献章主要认同于儒家，把“立世”视为人生的首要任务，他主张认认真真地生活，做一个有益于社会的人。

与立世问题相联系，人生在世遇到的第二个问题是如何看待名利的问题。一个有事业心的人，对社会作出自己应有的贡献，社会对他所作的精神回报就是名，对他所作的物质回报就是利。陈献章指出，由于社会是复杂的，社会所作的回报未必恰当。有的人努力上进，贡献很大，却是默默无闻，所得甚少；有的人投机取巧，善于钻营，却名利双收。因此，一个人不可把名利看得太重，而应当学会淡泊名利。他认为，名利并不是人生的目的；倘若把名利看成人生的目的，那在他看来，实在是一个可怜的鄙夫。“鄙夫患得失，较计于其实。高天与深渊，愁绝徒嗟吁。”（《得何时矩书》）一个人整天价患得患失，争名于朝，争利于市，实在活得太苦太累。陈献章把名利看成身外之物，主张摆脱名缰利锁的束缚，堂堂正正地做一个人，而不做名利的奴隶。他在《送李世卿还嘉鱼》一诗中唱道：

富贵何忻忻，贫贱何戚戚？
一为利所驱，至死不得息。
夫君坐超此，俗眼多未识。
勿以圣自居，昭昭谨形迹。

我们从陈献章关于名利的看法中，很容易发现道家对他的影响。庄子把对名利的追求称之为“丧己于物，失性于俗”，警告人们不要把自己“物化”了，陈献章的看法同庄子很相似。他们都不把得失际遇放在眼里，主张在人生的道路上，保持清醒的自我意识，不为物所移，不受变于俗。不过，陈献章作为一个儒者，同道家还是有所区别的。基于入世主义的人生态度，他虽反对把名利当作人生的目的，但承认事功的价值。当然，他认为事功应当服从于仁道原则，只有服从于仁道原则的事功才是有价值的，否则即使闻名于世，也是不足称道的。他在《书漫笔后》中写道：“文章、功业、气节，果皆从吾涵养中来，三者皆实学也。唯大本不立，徒以三者自名，所务者小，所丧者大，虽有闻于世，亦其才之过人者耳，其志不足称也。学者能辨乎此，使心常在内，到见理明后，自然成就得大。”可见，他反对为名利而求事功的态度，但不反对为实现仁道而求事功的态度。这样，他便在名利观上把儒道两家的思想综合起来了。

与名利观相联系，人生在世遇到的第三个问题是如何看待苦乐问题。名利是来自社会方面的回报，苦乐是人生的自我体验。名利观与苦乐观是一致的：一个以名利为人生目的的功利主义者，他必然以有所得为乐，以有所失为苦。他有所得便沾沾自喜，有所失便愁眉苦脸。他的情绪完全受到外因的左右，已丧失掉独立的自我意识。陈献章认为，功利主义的苦乐观是不足取的，不应当把苦乐同外物相联系，而应当把苦乐同心中之道相联系，同自然之道相联系。唯有得道之乐、自然之乐才是真正的快乐，才不会让身外之物来骚扰平和洒脱的心境。他在《真乐吟效康节体》中以诗的形式抒发了自己关于真乐的看法。他写道：

真乐何从生，生于氤氲间。
氤氲不在酒，乃在心之玄。
行如云在天，止如水在渊。
静者识其端，此生当乾乾。

在他看来，真乐应当以得道为基础，同饮酒等外在刺激不相干。这是一种动静自如的超然境界，一种求道得道的哲人之乐。他在《湖山雅趣赋》中说："富贵非乐，湖山为乐；湖山虽乐，孰若自得者之无愧怍哉！"明确地否定了功利主义的苦乐观，而认同道家寄意山林、返回自然的苦乐观。他一转笔，强调必须把湖山之乐提到自得之乐的高度，这样，便把道家的苦乐观同儒家的"寻孔颜乐处"的说法沟通了：无论是儒家还是道家，都以得道为真乐。尽管儒家的道和道家的道有不同的内涵，道家侧重于天道，儒家侧重于人道，但这种差异在陈献章思想体系中完全被化解了。在他的眼里，天道与人道本来就是一回事。由此看来，陈献章的苦乐观也体现出儒道合流的特征。

人生在世还会遇到的第四个问题，那就是如何看待生死。由于人生态度不同，人们对生死意义的理解和认识也不同。功利主义者以名利为人生目的，他们对死亡抱有着无比的恐惧心理，甚至临死时还带着永远不得满足的可怜相。佛教否定人生的价值，认为人生老病死无一不苦，主张归依佛门，跳出六道轮回，进入涅槃境界。陈献章关于生死的看法，既不同于庸俗的功利主义者，也不同于虔诚的佛教信徒。他以哲学家特有的慧眼，把生和死看成不可避免的自然现象，并不抱有过分的伤感。人生本来就是自然万象的组成部分。在自然界中，草木有荣有枯；同样，人应该也有生有死。面对荣枯、生死，最好的办法就是顺其自然，不必有任何忧愁与焦虑。他在《盆池栽莲至秋始花》一诗中教导不懂事的小女孩要明白花开自有花落时的道理，不必眼泪汪汪地自寻烦恼。

开花恨不早，花落却生愁。
白露能消物，红莲不耐秋。
频来痴小女，对此泪长流。
不识荣枯理，哀乐空相雠。

明白了植物有荣必有枯的道理，也就会明白人有生必有死的道理，从而对生死坦然相待。他在《奠何教授文》中抒发了这样的感慨："於乎！生之谓来，死之谓往，往来之间，奚得奚丧？河岳星辰，鼠肝虫臂，大小则殊，由其所遇。"陈献章这种任其自然的生死观同庄子"不知说（悦）生，不知恶死"（《庄子·大宗师》）的看法相当接近。

以上，陈献章关于立世、名利、苦乐、生死等问题的看法构成他的处世之道的组成部分，但还不是他论说的重点问题。他的处世之道所要解决的主要问题是"出"与"处"的关系问题，这乃是古代学业有成的知识分子所面临的一个最严峻的切身问题。

在中世纪的中国，知识分子的选择向度大体上有两个，一个是出仕，即通过科举或选聘到朝廷中去做官。古代又称为"现"、"用"、"在田"。另一个是处家，即拒绝到朝廷中任职，心甘情愿地保持平民身分，继续过着耕读传家的生活。古代又称为"隐"、"藏"、"在渊"。对于这两个向度到底应当选择哪一种？这是古代思想家常常谈论到的一个话题。孔子认为处理出处关系的原则应当是"天下有道则见，无道则隐"，（《论语·泰伯》）意思是说，当权者奉行儒道时应当出来做官，为君王效力；否则就隐居在家，绝不能为了一官半职而放弃儒家的原则立场。《易传·系辞上》说："君子之道，或出或处，或默或语。"同孔子所说的意思大体相同。儒家认为，一个学有成就的知识分子可以出仕朝廷，也可以隐居在家，究竟应当选择哪一种，必须视儒道是否得以实行而定。这就是儒家倡导的时中原则。道家的看法与儒家不同。基于避世主义的立场，道家抱着与当局持不合作的态度，拒绝出来做官。楚威王听说庄子很有才学，派使者带着很多金钱到庄子家拜访，请他到楚国任卿相。庄子笑着对楚国的使者说：金钱的确是重利，卿相的确是尊位，可是你没有看见郊祭用的牺牛吗？平时喂养得很好，可是一旦被杀掉当做供品摆到太庙的供桌上，它就是想当一个平常的小猪也都不可能了。所以，请你离开吧，别来打扰我。我宁肯在污泥中自得其乐，也不想受到当权者的羁绊。庄子的志向是"终身不仕，以快吾志焉"。(《史记·老庄申韩列传》)在出处问题上，道家奉行清高原则，视出世为污行。

陈献章在处理出处关系时，理论上认同于儒家的时中原则，而实际上却接受了道家的清高原则的影响。他把儒家的时中原则和道家的清高原则结合起来，提出"咸率乎自然"的处世之道。他在《与顺德吴明府》的信中说："出处语默，咸率乎自然，不受变于俗，斯可矣。"这句话包含着丰富的哲理。他所说的自然，也就是我们前文提到的"天道自然"。在陈献章看来，在处理出处关系时，应当立足于本体论的哲学识度，认识到出或处都是体现天道的手段，既不要矫揉造作地拒不出仕，也不要煞费苦心地往官场里面挤。"自然"的内化便是"自我"，或出或处，都应当自己拿定主意，切不可受世俗之见的左右。无论是出还是处，都不能作违心之举。

陈献章"率乎自然"的主张同儒家时中原则是兼容的，其中包含着随遇处宜、随时处宜的意思。用现在的话说，就是具体情况具体对待，不要受任何条条框框的限制。他在《复朱都宪》信中说："在亲为亲，在君为君，无所往而不然矣。夫天下之理至于中而止矣。中无定体，随时处宜，极吾心之安焉耳。"他认为衡量"时中"的终极标准是形而上的天道，而把握天道的主体则是自我。所以，到底是该出仕，还是隐居，归根究到底是一种自我选择。依据心中之理，你觉得应该出仕，便当仁不让地出仕；你觉得应该隐居，就理直气壮地隐居，不必顾及闲言碎语。陈献章不像道家那样一概反对出仕，而承认选择的自由，这是一种儒家的处理方式。他在《客乞题随时子轩》中以诗的形式表达自己"随时处宜"的观点：

无雨笠且罢，未晴蓑不舍。
蓑笠用无穷，我是随时者。

这表明，随时处宜也就是顺乎自然的意思。到什么时候办什么事，且勿拘泥呆板，正如雨天披上雨具、晴天收起雨具一样自然。到底是出仕还是归隐，陈献章很尊重每个人的自我选择。他的门人和朋友中很多都是仕途中人，他并不因此而中断同他们的交往。他在《与罗一峰》的信中说："应魁止于贫而已，若能进退以道，甚佳。至于甚不得已为禄而仕，亦无不可，但非出处之正也。"尽管陈献章本人并不赞成出仕，但他还是坦然地表示尊重罗应魁的选择。即便在不得已的情况下采取权宜之计，他也表示充分理解。他本人也游移于出与处之间，他应过科考，因屡屡失败而放弃；他愿意过江门垂钓的隐居生活，但仍旧接受了朝廷的招聘；他接受了皇帝的任命，却不肯到任。他以自己的行动为"随时处宜"作了最清楚的说明。

不过，从陈献章一生中总的倾向来看，他所选择的是隐居之路，而不是出仕之路，对道家的清高原则表现出很强的认同感。他在《与湛民泽》的信中表明自己隐居不出的心迹："古人托居，必有所见，傥今日之图可遂，老脚一蹬祝融峰，不复下矣。"他所倾慕的理想人物不是诸葛亮式的名臣贤相，而是历代闲云野鹤般的高才大贤。他在诗文书信中赞赏过巢父、许由、颜渊、曾点、严光、陶潜、李白、邵雍、林逋等等，这些人都是历史上有名的处士或归隐者。他有时还把庄子当做自己的楷模，在《题庄子泉》诗中唱道："闲看千丈雪，飞下玉台山。争知白沙子，不是南华山。"诗中的白沙子指他本人，南华山指庄子，表示自己要像庄子那样清高、那样逍遥、那样潇洒。

陈献章之所以选择了归隐的道路，有他不得已而为之的苦衷。这主要取决于他对"时"的看法。在他看来，当时的政治是黑暗的，"忠信于人真可仗，爪牙当道却须还"。(《鳄洲山遇虎》)在这样的世道上，贤愚美丑都被颠倒了。他在《梦记》中慨叹："西子蒙不洁，掩鼻过者疾趋而争先。虽有恶人，斋戒沐浴，被服明鲜，以祀上帝，执侍周旋，与世骈肩。"在这爪牙当道、小人得志的年月，还能指望行道有为吗？莫不如抽身退步、远离官场。他作为一个儒者，当然希望有机会施展自己治国安邦的才干，可惜历史并没有给他这样一个机遇。在这种情况下，他只好走归隐的道路了。他在《处士陈君墓志铭》中抒发了生不逢时的感慨："世无我遗，安以隐为，世不我须，其隐亦宜。"可见，他选择归隐之路，其实也是对当时昏闇世道的抗议。

陈献章不因不得志而烦恼，而能随时处宜，另辟人生蹊径。他住在"天高皇帝远"的边陲小山村，刚好为他归隐提供了方便条件。他可以远离喧嚣的闹市，得到几分安宁，他很满足于归隐的生活，从自然中体味到无穷的乐趣。他在《南归寄乡归》诗中唱道：

山童呼犬出，狂走信诸孙。

乳鸭争嬉水，寒牛不出村。
圩烟浮竹杪，田水到桑根。
邻叟忻相遇，笑谈忘日曛。

在这乡居归隐的生活中，他获得了精神上的自尊，甚至有几分自傲。在他眼里，那些在官场中竞奔的人实在有点可笑，劝他们早点省悟，摆脱官场的烦恼。他的朋友罢官归来，他竟以《可左言赠宪副王乐用归瑞昌》一诗相赠：

可可可，左左左，费尽多少精神，惹得一场笑唾。百年不满一瞬，烦恼皆由心作。若是向上辈人，达塞一齐觑破。归来乎青山还我，白云满座。莫思量，但高卧。

如果以为陈献章真的甘于寂寞，对于现实生活漠不关心，那是对他的误解。他毕竟是儒家的隐者，在他那清高的风度里，仍然挟裹着“位卑不敢忘国忧”的儒者情怀。他的眼是冷的，可心却是热的。他身在山村，心系国事，仍旧思考着如何革除弊政的问题。他的结论是，要想革除弊政，首先必须从“正淑人心”入手。他说：“在今日正淑人心、正风俗，扶世教之第一义也。”（《程乡县社学记》）而要做到这一点，就必须兴办教育事业。他的主张是儒家一向倡导的老办法，“昔者尧、舜、禹、汤、文、武、周公道大行于天下，孔子不得其位，泽不被当世之民，于是进七十子之徒于杏坛而教之，择善力行，以底于成德。其至也，与天地立心，与生民立命，与往圣继绝学，与来世开太平。”（《龙岗书院记》）他效法孔子，在白沙村办起颇有规模的学馆，担负起“传道、授业、解惑”的重任，以期实现“庶政无不修，用人无不当，理财无不富，治兵无不强”的美好理想。他在自己的人生实践中，把儒家的入世的时中原则同道家的避世的清高原则巧妙地统一起来了。

综观陈献章的伦理思想，其突出的特点是：一方面宏扬儒家的仁道观念以及孝、忠、节等道德规范，另一方面又从道家学说中汲取精神资粮，构成儒道互补的理论体系。在他的伦理思想中，洋溢着儒家入世进取的精神，又透露出道家脱俗超然的风范。他的学说源于儒学，而异于传统儒家，不属于道家，却带有道家的色彩。他糅合儒道两家，走出了一条独特的理路。他像其他儒家大师一样，重视内圣工夫，却不认为一定要把内圣落实到外王。他反对强求功业，主张顺道自然，向往“勿助勿忘、鸢飞鱼跃”的最高的人生境界。总的来说，他所建立的是一个儒家隐者的伦理思想体系。

四、结语

陈献章是明朝中期杰出的思想家。他在宋代理学走向衰微、趋于工具化的情况下，毅然放弃科举道路，重振“为己之学”，经过多年探索，发挥思想原创力，别开生面，独辟蹊径，建立了一个独具一格的道学思想体系，为学林吹来一股新风，成为有明一代心学的奠基人。

陈献章的道学思想体系的鲜明特色是突出一个“自”字。(1)注重自然。他认为道是宇宙万有之本，道通万物，具有至大、至虚、至上的品格。但道并不是主宰者，宇宙中的一切事物都依据天道生存着，发展着，“化化生生各自然”，处于“自动自静，自阖自辟，自舒自卷”的演化过程之中，构成生动活泼的大千世界。（2）注重自得。自然的天道是本体，同时又是客体。与客体相对而言则是主体自我。自我具有认识天道的能力，以天道为认识对象。自我认识天道不是被动的认识过程，而是自我主动的追求过程，因此，自我要想掌握天道，必须发挥主体的能动作用，得到直接、切身的体会。这就是他反复强调的“学宗自然”、“学贵自得”。（3）注重自修。自我了解天道，也就是主体与客体的统一，这一过程要通过长期的自我修养得以实现。为了达到这一目标，他提出了静坐、洗心等修养方法。（4）注重自律。他依据上述哲学识度阐述伦理思想，把仁道视为人生最高的道德原则，认同“孝”、“忠”、“节”等道德规范。他不否认他律的作用，但更强调自律，强调在道德理性基础上的自我约束、自我完善。（5）注重自立。他在尊重道德原则和道德规范的前提下，主张养成独立的人格，这种独立的人格就是他心目中的理想人生。他在处理立世、名利、苦乐、生死、出处等问题时，都表现出强烈的自立意识，绝不受种种世俗之见的困扰。在他的自立意识中，还包含着自尊、自爱、自洁、自信等多种意思。上述自然、自得、自修、自律、自立五个方面都相互联系，构成陈献章道学思想体系的基本内容。

陈献章道学思想开心学风气，对王阳明心学思想的形成有很大影响。正如黄宗羲在《明儒学案·白沙学案》中指出的那样：“有明之学至陈白沙始入精微，其吃紧功夫全在涵养，喜怒未发而非空，万感交集而后动。至阳明而后大。两先生之学最为相近。”陈献章对王阳明的影响是通过他的高足湛若水实现的。湛若水继承陈献章的心学思想，进一步加以发展，把心提到本体论高度。他认为：“心也者，包乎天地万物之外，而贯夫天地万物之中者也。”（《湛甘泉集·心性图说》）这种看法同王阳明“心外无理、心外无物”的思想已经相当接近了。湛若水同王阳明的关系很密切，他们曾订终身共学之盟。他们经常吃住在一起，相互砥砺，切磋学问。王阳明承认：“晚得友甘泉湛子，而后吾之志益坚，毅然若不可遏。则予之资于甘泉多矣。”（《王文成公全书·别湛甘泉序》）湛甘泉对于王阳明的影响实际上也就是陈献章对王阳明的影响。在明代心学发展史上，陈献章首开风气，始入精微，王阳明缵其余绪，成为集大成者，终于把心学提到正宗地位。在宋明道学思想发展史上，心学之所以能够发展为足以同理学相抗衡的分枝，陆九渊、王阳明的作用固然很大，但陈献章亦功不可没。他的学术思想构成心学发展过程中的重要环节。

参考书目

《白沙子全集》，陈献章，明罗侨刻本。

《陈献章集》，陈献章，中华书局。

《明史》，张廷玉等，中华书局。

《明儒学案》，黄宗羲，上海商务印书馆。

《陈白沙哲学思想研究》，章沛，广东人民出版社。

《宋明理学史》（上卷），侯外庐、邱汉生、张岂之主编，人民出版社。

《中国古代著名哲学家评传》（续编四），赵宗正、李曦编，齐鲁书社。

《宋明理学》，陈来，辽宁教育出版社。

《中国近世儒学史》，宇野哲人著，马振君译，中国文化大学出版部。
《湛甘泉集》，湛若水，明刻本。
《白沙遗言纂要》，张诩，明刻本。
《东所文集》，张诩，明刻本。
《中国哲学史资料选辑》（宋元明之部），中国社会科学院哲学研究所中国哲学史研究室编，中华书局。

图书在版编目（CIP）数据

中国历代思想家．宋明．2 / 中华文化总会，王寿南主编；王民信等著．—北京：九州出版社，2011.3
ISBN 978-7-5108-0854-8

Ⅰ．①中… Ⅱ．①中… ②王… ③王… Ⅲ．①思想家－评传－中国－宋代②思想家－评传－中国－明代 Ⅳ．①B2

中国版本图书馆CIP数据核字(2011)第026378号

中国历代思想家．宋明．2

作　　者	中华文化总会　王寿南 主编　王民信等 著
出版发行	九州出版社
出 版 人	徐尚定
地　　址	北京市西城区阜外大街甲 35 号（100037）
发行电话	(010)68992190/2/3/5/6
网　　址	www.jiuzhoupress.com
电子信箱	jiuzhou@jiuzhoupress.com
印　　刷	涿州市星河印刷有限公司
开　　本	880 毫米 ×1230 毫米　32 开
印　　张	13.125
字　　数	327 千字
版　　次	2011 年 5 月第 1 版
印　　次	2011 年 5 月第 1 次印刷
书　　号	ISBN 978-7-5108-0854-8
定　　价	28.00 元